Christian Dickinger

ÖSTERREICHS PRÄSIDENTEN

Von Karl Renner bis Thomas Klestil

Ueberreuter

Die Deutsche Bibliothek – CIP-Einheitsaufnahme

Dickinger, Christian:
Österreichs Präsidenten : von Karl Renner bis Thomas Klestil / Christian Dickinger. - Wien : Ueberreuter, 2000
ISBN 3-8000-3789-0

AU 0545/1

Coverabbildungen: Karl Renner, Theodor Körner, Adolf Schärf, Franz Jonas, Rudolf Kirchschläger, Kurt Waldheim, Thomas Klestil
(alle: Int. Pressebildagentur Votava)

Printed in Austria
7 6 5 4 3 2 1

Ueberreuter im Internet: www.ueberreuter.de

INHALT

Vorwort

Dieses Buch widmet sich der reizvollen Aufgabe, anhand des Lebens und Wirkens der Bundespräsidenten die Grundzüge der Geschichte der Zweiten Republik mitsamt ihren in die Zwischenkriegszeit und natürlich auch teilweise noch in das alte Österreich zurückweisenden Bezügen nachzuzeichnen. Eine Annäherung an die politische Geschichte kann entweder den Weg der Konzentration auf die Institutionen und »kollektiven Akteure« (Parteien und Verbände) beschreiten oder aber ihre Aufmerksamkeit auf die »individuellen politischen Akteure« lenken. Während journalistische Interpretationen zumeist die Persönlichkeit in den Vordergrund stellten, wurden seitens der sozialwissenschaftlich ausgerichteten Zeitgeschichtsschreibung auch solche Politiker, die über einen langen Zeitraum prägenden Einfluss auszuüben in der Lage waren, lediglich als mehr oder weniger relevante Teile einer Entwicklung angesehen. Indem sich die Historiker primär der Erforschung von politischen, sozialen und ökonomischen Strukturen zuwandten, traten sie gegen eine »Geschichte der Kabinette und Persönlichkeiten« auf. Es ist zwar unbestreitbar, dass die einzelnen Politiker innerhalb von begrenzenden und sehr wohl auch prägenden Strukturen agieren, doch dessen ungeachtet ist die Rolle der Persönlichkeit in der Politik ein bedeutsamer Faktor. Jede Struktur gewährt Freiräume und es hat sich immer wieder gezeigt, dass vorgefundene Strukturen nach persönlichen Werten und Zielvorstellungen verändert werden können. In der Folge werden die Lebens- und Karrierestufen der bisher sieben Bundespräsidenten der Zweiten Republik – Karl Renner (1945–1950), Theodor Körner (1951–1957), Adolf Schärf (1957–1965), Franz Jonas (1965–1974), Rudolf Kirchschläger (1974–1986), Kurt Waldheim (1986–1992) und Thomas Klestil (seit 1992) – zu interpretieren versucht. Den »Sozialisationsagenturen« Familie und Schule wird hinsichtlich der Herausbildung von politischen Werthaltungen und Überzeugungen ebenso Raum geschenkt wie später zum Tragen kommenden »Sekundärgruppen politischer Sozialisation«, worunter diverse Jugend- und Studentenorganisationen sowie Verbände und Parteien zu verstehen sind. Es wird versucht, den jeweiligen Wirkungskreis der einzelnen Staatsoberhäupter vor und nach ihrer Wahl zum Bundespräsidenten auszuleuchten sowie spezifische Fähigkeiten und persönliche Stile herauszuarbeiten. Wie verhielten sich die sieben Politiker in den drei als relevant vorausgesetzten Rollen als *Kommunikator*, *Verhandler* und *Organisator*? Konnten sie zumindest *einzelne* Aspekte des politischen Systems beeinflussen? Welchen Problemstellungen widmeten sie ihre Aufmerksamkeit? Worin lagen ihre *ganz persönlichen* Beiträge zur Politik? Die Beantwortung dieser Fragen soll ein lebendiges und differenziertes Bild der Bundespräsidenten und der Zeit, in der sie lebten, entwerfen.

Der Staatsphilosoph
KARL RENNER

Wie bereits 1918 standen die Menschen dieses Landes 1945 vor den Trümmern einer falschen, einer fatalen Politik. An der Wiege der neu zu errichtenden Ordnung stand beide Male ein Mann, dessen große Erfahrung und stets wacher Intellekt ihn zur Führung des Landes durch die Klippen unsicherer Zeiten prädestinierten: Karl Renner, der »Baumeister zweier Republiken«. Ein ehemaliger kaiserlicher Finanzminister, Alexander Spitzmüller-Harmersbach (1955, 417), bemerkte in seinen Erinnerungen: »Ich habe Renner etwa seit 1910 gekannt, seine ganze Entwicklung verfolgt und bin auch wiederholt mit ihm in politische Berührung gekommen. Trotz seiner Zugehörigkeit zur sozialdemokratischen Partei ist es ihm als Bundespräsidenten gelungen, eine Position über den Parteien einzunehmen, die an höchste Muster gemahnt: ein Gelehrter an der Spitze des Staates – also das Ideal Platos – dabei aber ein Mann von reicher politischer Erfahrung, der sich in musterhaftem Patriotismus sowohl 1918 als 1945 dem Vaterlande zur Verfügung stellte, obwohl dies in beiden Fällen nach der Lage der Dinge nicht als Ziel des Ehrgeizes betrachtet werden konnte.« Renners von Spitzmüller angesprochene Entwicklung verlief tatsächlich spektakulär. »Der arme Bauernbub, der sich sein Studium selbst verdient; der Sozialdemokrat, der sich als ›gemäßigt‹ profiliert und eben deshalb für seine politischen Gegner noch der Akzeptabelste unter den Sozialdemokraten ist«, analysierte Pelinka (1995, 491), ... »der Österreicher, der bald eine deutschnationale Tradition für sich beansprucht (so 1918 und 1938), bald eine österreichisch-patriotische (so andeutungsweise 1934–1937 und insbesondere 1945 und in den verbleibenden Jahren). Für jede denkmögliche Position innerhalb des Extreme ausschließenden Spektrums der

Zweiten Republik liefert Renner Bezugspunkte und Identifikationsmöglichkeiten.«

Die frühen Jahre[1]

Karl Matthias Renner wurde am 14. Dezember 1870 als achtzehntes Kind der verarmten Bauersleute Matthäus und Maria Renner im südmährischen Unter-Tannowitz geboren. Die Mutter war eine recht einfältige und bigotte, jedoch gütige Frau, die – so Renner – »unter ihren Kindern zeitlebens ein Kind« blieb. Seinen Vater behielt er als »kenntnisreichen Mann« in Erinnerung, »dem es weder an Tüchtigkeit noch an Ernst gebrach«. Das Verhältnis zu seinen zahlreichen Geschwistern (»Die zwei älteren konnten ihr lebelang kaum mehr als ihren Namen schreiben ...«), schien eher getrübt gewesen zu sein, nur zu seiner Schwester Anna unterhielt er eine herzliche Beziehung. Die erste der zahlreichen Geschichten und Anekdoten über Renner reicht weit in dessen Kindheit zurück. Um ihn von seinem Zwillingsbruder Anton unterscheiden zu können, wurden den Säuglingen verschiedenfarbige Maschen um die Ärmel gebunden, doch diese lösten sich und niemand vermochte mehr mit Sicherheit die Identität der Knaben zu bestimmen. Renner konnte sich nie in Gewissheit wiegen, ob er nicht in Wirklichkeit den Namen seines früh verstorbenen Bruders trug. »Ach hoffentlich muss mein armer Zwillingsbruder im Himmel nicht die Sünden für den Karl abbüßen«, bemerkte er einmal im Scherz, »denn ich glaube, ich bin der Anton und er ist der Karl.«

Die bittere Armut seiner Kindheit und Jugend, der schleichende soziale Abstieg der Familie, der am Ende dazu geführt hatte, dass die Eltern im Armenhaus landeten, sowie die damit verbundenen Demütigungen und Entbehrungen prägten Renners soziales und politisches Empfinden. In seinen Erinnerungen bilanzierte er diese traumatischen Erfahrungen folgendermaßen: »Ein Kind, das hineingeboren ist in eine Weinbauernfamilie, erfährt den alltäglichen Verfall von deren bäuerlicher Wirtschaft als Folge von Kinderreichtum, Agrarkrise und ländlichem Wucher, erlebt die Erschütterung exekutiver Versteigerung seines Vaterhauses und zieht, hinabgestoßen ins Proletariat, zugleich mit seinen zahlreichen proletarisierten Geschwistern hinaus in die ungewisse Fremde; die Familienangehörigen verstreuen sich in die Welt und verteilen sich auf die verschiedensten Berufe und Lebensstellun-

gen, ein typischer Vorgang für die soziale Umschichtung um die Jahrhundertwende.«
Renner wuchs zwar in einer deutschsprachigen Gemeinde auf, doch er kam aufgrund verschiedener Kontakte auch mit stocktschechischen Soldaten und tschechischen »Austauschkindern«, die bei der Familie ihre Mahlzeiten einnahmen, bereits als Knabe mit dem in der Donaumonarchie grassierenden Nationalitätenproblem in Berührung. Neben der »sozialen Frage« war es vor allem die »nationale Frage«, die den Wissenschafter und Politiker jahrzehntelang intensiv beschäftigen sollte.
Im Herbst 1876 trat Renner in die Volksschule ein, wo seine Begabung von einem Lehrer erkannt wurde. Dieser konnte Matthäus Renner überzeugen, den intelligenten und wissbegierigen Buben, der den achtstufigen Lehrplan in nur fünf Jahren bewältigte, »studieren« zu lassen. Renner bestand die Aufnahmeprüfung im Piaristengymnasium in Nikolsburg, doch da sein Vater das Kostgeld bald nicht mehr bezahlen konnte, musste Renner zwei Jahre hindurch jeden Tag einen etwa dreistündigen Schulweg zurücklegen. Auf der Landstraße hatte er die ersten Begegnungen mit Sozialisten, mit Handwerksburschen auf der Walz, die von August Bebel und Karl Liebknecht erzählten, welche »wirkliche Freunde der Arbeiter seien«. Nachdem Renner sich schon zuvor in den Ferien als Taglöhner und Obstverkäufer versucht hatte, gab er ab seinem 13. Lebensjahr den Kindern einer Försterswitwe und später dem Sohn eines wohlhabenden Baumeisters Nachhilfeunterricht, als Gegenleistung bekam er freie Kost und Logis und auch etwas Geld. Außerdem war ihm ein Stipendium gewährt worden. Renner versuchte sich von seinem bäuerlichen Milieu zu emanzipieren, er bemühte sich in deutscher Schriftsprache zu reden und erlernte urbane Konventionen. Alles das, was ihn »geistig bereichern und zum Kampf um die große Welt stählen konnte«, wollte er aus seinen Lehrern und Büchern »herausholen«.
Den dramatischen Akt der Versteigerung seines Elternhauses betrachtete Renner im Rückblick als eine Art politisches »Erweckungserlebnis«. »Seitdem meine Eltern expropriiert und wir Kinder besitzlos in die Welt gestoßen worden sind«, schrieb er Jahrzehnte später, »ist das Leben und Leiden des Proletariats mein eigenes gewesen« (zit. nach Rauscher 1995, 21). Dieses Erlebnis bewirkte in Renner zweierlei: eine ausgeprägte Abneigung gegenüber dem Besitzbürgertum und eine Abkehr von der katholischen Kirche. In der Oberstufe entwickel-

te sich Renner zum Vorzugsschüler, selbst Cicero habe kein besseres Latein als er geschrieben, lobte ein begeisterter Lehrer. Anlässlich der Maturafeier ereignete sich ein Zwischenfall, den Renner mit Recht für ein »böses Omen« hielt. Betrunkene deutschnationale Burschenschafter brüllten antisemitische Parolen wie »die Juden hinaus«. Renner zeigte in dieser Situation Courage, er stieg auf die Bühne und rief: »Das gibt es nicht! Wer uns acht Jahre als Mitschüler gut genug war, ist es uns auch heute, am Tage des Abschieds. Die Juden bleiben!«
Seinen Wunsch, in Wien ein Studium aufzunehmen, musste Renner aufgrund seiner unsicheren materiellen Situation zunächst einmal verschieben. Ende 1889 meldete er sich als Einjährig-Freiwilliger zur Feldartillerie der k. u. k. Armee, wo er wie schon in seinem Heimatort mit dem Übel des Nationalismus konfrontiert wurde. Dispute mit einem ungarischen Kameraden, der im Namen des Nationalismus leidenschaftlich für die Auflösung der Doppelmonarchie plädiert hatte, machten Renner nachdenklich: »Und dort, in dem Mannschaftszimmer«, erinnerte er sich, »... reifte in mir der Entschluss: Man muss die Politik studieren! Und damals erhielt ich den Anstoß, einzusetzen bei der obersten Frage, bei dem Problem des Reiches und der Nationen.«
In dieser Zeit kam Renner auch mit marxistischer Lektüre in Berührung, ein Zugsführer hatte ihm das Werk »Die Frau und der Sozialismus« von August Bebel empfohlen. Als er Anfang Dezember in die Verpflegungsmagazinschule überwechselte, will er die »Massenversorgung in planvoller Wirtschaft« bereits »mit den Augen des Sozialisten« betrachtet haben. Erst am Einheitsparteitag von Hainfeld 1888/89 war es dem »Armenarzt« Victor Adler, der sich 1886 der sozialistischen Bewegung angeschlossen hatte, gelungen, das »lockere Bündel von sozialdemokratischen politischen Vereinen und Gewerkschaften, dessen Mitglieder recht heterogene national- und gesellschaftspolitische Zielsetzungen vertraten, unter einen Mantel zu bringen« (Ardelt 1981, 217). Als erste große Bewährungsprobe für die Sozialdemokratie erwies sich der 1. Mai 1890. An diesem Tag wurde in einer spektakulären, konzertierten Aktion in vielen Ländern für den 8-Stunden-Tag demonstriert. Die Regierung in Wien zeigte sich nervös und unsicher, wie ein Artikel in der »Neuen Freien Presse« belegt: »Die Soldaten sind in Bereitschaft, die Tore der Häuser werden geschlossen, in den Wohnungen wird Proviant vorbereitet wie vor einer Belagerung, die Geschäfte sind verödet. Frauen und Kinder wagen sich nicht auf die Gasse ...« Auf den jungen Renner dürfte diese friedliche

Kundgebung großen Eindruck gemacht haben, wenngleich er sich als Soldat gezwungenermaßen auf der »Gegenseite« befand, denn damals fasste er den Entschluss, unmittelbar nach dem Militärdienst der Arbeiterbewegung beizutreten.

Seit dieser Zeit standen die Bemühungen Renners in der fruchtbaren Verbindung von Theorie und Praxis. Das noch 1890 aufgenommene Studium der Rechtswissenschaft an der Universität Wien und diverse Nebenbeschäftigungen, denen Renner aus finanziellen Gründen nachzugehen gezwungen war, hinderten ihn nicht daran, sich den Leiden und Nöten der am stärksten Benachteiligten anzunehmen, wobei einige dieser bedauernswerten Zeitgenossen, Heimarbeiter im Bereich der Schuherzeugung, »von Renner erweckt und aus einer verborgenen Dimension ihres Menschseins emporgehoben« wurden (Leser 1982, 126). Er las ihnen aus Werken der klassischen Literatur vor und organisierte Wanderungen in die Umgebung von Wien, was übrigens bereits ausreichte, um sich bei den Behörden verdächtig zu machen und bespitzelt zu werden. Der observierende Beamte musste freilich eingestehen, dass Renner »ein ruhiger, bescheidener Mensch« sei, der dem »ihn verdächtigenden Treiben« fern stehen würde (Hannak 1965, 46). Gleich zu Beginn seines Studiums hatte der 20-jährige Renner, der an diesem Tag auf der Suche nach einer Unterkunft war, seine spätere Frau Luise, geborene Stoisits, kennen gelernt. Er wollte ein eben besichtigtes Objekt gerade verlassen, als ihm »ein brünettes Mädchen mit überaus ausdrucksvollen Augen, edler Nase und einem gewissen selbstbewussten Ernste begegnete, das mich auf der Stelle fesselte ... Ich vermutete eine Hausbewohnerin und nahm dies zum Vorwand, sie als möglicher Mieter über die Hausleute zu befragen. Zögernd verabschiedete ich mich, wendete mich zur Straße und schritt sporenklirrend dahin, mit dem Schleppsäbel die Pflastersteine klopfend, um mich alsbald umzudrehn – da stand auch das hübsche Mägdlein mit der roten Schürze unter dem Haustor und guckte mir nach.« Schon am nächste Tag sah er sie zufällig wieder: »Da traf ich sie wieder, sie errötete über den Zufall und lachte mir mit der Doppelreihe blendender Perlenzähne zu – da ging ich hinauf und mietete: die liebe Brünette sollte später meine Lebensgefährtin werden!«

Luise wurde Renner über die Jahre und Jahrzehnte der materiellen Not, des sozialen Aufstiegs sowie der politischen Umbrüche hinweg eine treue und hilfreiche Gefährtin. Bereits 1891 kam die gemeinsame Tochter Leopoldine zur Welt. Der damals spindeldürre Renner bewältigte während seiner Studienzeit ein ungeheures Arbeitspensum: Er arbeitete als Nachhilfelehrer und Schreibkraft, wirkte in den Bildungseinrichtungen der Arbeiterbewegung, fungierte als Mitbegründer der »Naturfreunde« und beschäftigte sich mit Nationalökonomie, Literatur, Geschichte und Philosophie, wobei er das Glück hatte, bei so herausragenden Universitätslehrern wie Franz Brentano, Anton und Carl Menger oder Heinrich Lammasch Vorlesungen besuchen zu können. Lammasch sollte 1918 zum letzten kaiserlichen Ministerpräsidenten berufen werden, Renner im gleichen Jahr zum ersten Kanzler der Republik. An der Alma Mater Rudolphina gehörte Renner einem Freundeskreis an, aus dem später die wichtigsten Theoretiker des »Austromarxismus« (Leser 1968) hervorgingen: Max Adler, Otto Bauer und Rudolf Hilferding. Um die Belange der sozialdemokratischen Studenten nahm sich speziell Engelbert Pernerstorfer an, der Jugendfreund Adlers und Miteiniger der Sozialdemokratie, den Renner als »Freund und Berater« bezeichnete. An seine erste Begegnung mit Adler selbst, die 1895 stattgefunden hatte, erinnerte sich Renner noch als 75-Jähriger in einer Diktion, die seine damaligen Gefühle anschaulich bündelte: Von einem »heißen Blutstrom der Freude« ist in seinen Memoiren die Rede, von einer »unvergessenen Unterredung«, die ihm und seiner ebenfalls anwesenden Frau zur »Lebensrichtschnur« geworden sei. Seinem jungen Parteifreund, von dem er bereits gehört hatte, soll Adler Folgendes mit auf den Weg gegeben haben: »Was wir brauchen und was die Arbeiter von den Studenten verlangen können, das ist, dass sie *studieren*! Das ist, dass sie was Tüchtiges in der bürgerlichen Welt leisten und dann mit dem ganzen Ansehen ihrer Persönlichkeit und Stellung der Arbeiterklasse nützen. Mit verbummelten Studenten, und wären es Genies, ist uns wenig gedient ... Werfen Sie sich ganz auf Ihr Studium, ohne jemals die Verbindung mit der Bewegung zu verlieren, erringen Sie eine bürgerliche Stellung und halten Sie sich bereit, bis die Bewegung Sie ruft. Je mehr Sie können, umso mehr wird diese Sie brauchen, umso eher wird diese Sie rufen.«

Berufseinstieg und intellektuelle Standortbestimmung[2]

Ursprünglich wollte Renner Rechtsanwalt werden, schon deswegen, um den von der Obrigkeit verfolgten Gesinnungsfreunden juristisch unter die Arme greifen zu können, doch als ihm das Angebot unterbreitet wurde, im Archiv des Reichsrats als »wissenschaftlicher Hilfsarbeiter« tätig zu werden, nahm er an. Die angestrebte Pragmatisierung als Bibliotheksbeamter war aber nur unter der Voraussetzung möglich, dass er sein Studium abschloss und heiratete. »Ohne alle Form und Festlichkeit, auch ohne Seelenbewegung« gaben sich Karl Renner und Luise Stoisits im Februar 1897 das Jawort, im November 1898 promovierte Renner mit Auszeichnung.

Der Preis für die materielle Sicherstellung für die Familie war hoch, denn als k. k. Beamter durfte Renner sich weder offensiv für die Sozialdemokratie engagieren noch ohne Genehmigung publizieren, weshalb er für seine sich in der Folge reich entfaltende Publikationstätigkeit Pseudonyme verwenden musste. Sein erstes Werk, »Staat und Nation«, erschien 1899 unter dem Pseudonym »Synopticus«, andere Bücher erschienen unter dem Autorennamen Rudolf Springer. Renners Anschauungen waren nicht von einer revolutionären, marxistischen Zertrümmerungsrhetorik getragen, er fühlte sich vielmehr einer evolutionistischen Schau der Gesellschaft verpflichtet, das Bestehende sollte im Sinne sozialistischer Zielvorstellungen verändert, nicht aber zerstört werden. Auch seine Bücher »Staat und Parlament« (1901) und »Der Kampf der österreichischen Nationen um den Staat« (1902), in welchen er sich für das allgemeine und gleiche Wahlrecht, einen demokratischen Umbau der Verwaltung und allgemein für die Demokratisierung aller Lebensbereiche stark zu machen wusste, standen im Zeichen dieser Perspektive, die den zukünftigen Staatsmann bereits erahnen ließ. Während das 1899 auf einem Parteitag beschlossene Nationalitätenprogramm der Sozialdemokratie mit der Forderung nach einer Umwandlung Österreichs in einen demokratischen Nationalitätenbundesstaat allgemein und unscharf blieb, entwickelte Renner die Idee einer »Eidgenossenschaft der österreichischen Nationen«, nach welcher jedem Angehörigen einer Nation unabhängig vom Territorium überall in der Monarchie die Wahrung seiner kulturellen und sprachlichen Identität garantiert sein sollte. Mit dem tschechischen Historiker Palacký, der erklärt hatte, dass man den österreichischen Vielvölkerstaat erfinden müsste, wenn es ihn nicht bereits gäbe, war Renner der Auffassung, dass das Ideal des übernationalen Staates etwas Positives sei. Seine Überzeugung, wonach sich die Monarchie auf Basis völliger Gleichberechtigung zu einer Föderation aller Nationen zu entwickeln habe, wurde auch von Otto Bauer bejaht, seinem späteren Antipoden in der Partei, der 1907 in seiner Schrift »Die Nationalitätenfrage und

die Sozialdemokratie« eine ganz ähnliche Meinung vertrat. Stalin, der sich 1912 in Wien aufhielt, konnte mit diesen Theorien, welche er als »spitzfindige Form des Nationalismus« entlarvt zu haben glaubte, nichts anfangen und auch Leo Trotzkis im traditionsreichen Café Central gefälltes Urteil war vernichtend: Renner sei, so Trotzki, »von der revolutionären Dialektik ebenso weit entfernt wie der konservativste der ägyptischen Pharaonen«. Renners visionäre Vorschläge, welche sich für die dahinsiechende, durch innere Kämpfe zerrissene Donaumonarchie als finaler Rettungsanker geradezu aufgedrängt hätten, wurden ignoriert. Ungeachtet der kämpferischen, antihabsburgischen Rhetorik nach dem Zusammenbruch des alten Österreich hatte sich die von der Sprengkraft der ethnischen Problematik im Prinzip ebenso wie die anderen politischen Kräfte überforderte Sozialdemokratie, die von Karl Lueger nicht ganz zu Unrecht als »k. k. Sozialdemokratie« verspottet worden war, der Erhaltung der Donaumonarchie verschrieben. Trotzdem galten »die Roten« als staatsfeindliche, umstürzlerische Macht, deren Ideen nicht ernst genommen wurden. »Wer mich Umstürzler heißt«, hatte sich Renner 1902 erbost, »weiß nicht, was er spricht ... Nicht wenige, die ihre Rechnung schon auf das nahe Ende gestellt, werden mich eher einen Patrioten, einen Schwarzgelben nennen.«
Als »die am gültigsten bleibende wissenschaftliche Leistung im Gesamtschaffen Renners« wurde von Fachleuten seine 1904 unter dem Pseudonym »Dr. J. Karner« veröffentlichte Arbeit »Die soziale Funktion der Rechtsinstitute, besonders des Eigentums«[3], bewertet, in der Marxens These von der fortschreitenden Polarisierung der Klassengegensätze in der Gesellschaft infrage gestellt wurde und dessen Forderung nach einer totalen Zwangsexpropriation einer differenzierten Betrachtung weichen musste.

Sozialdemokratischer Politiker im Abendrot der Monarchie

Wenngleich Renner sich immer wieder auch als Dichter versucht hatte (*»Schlage ruhig wieder, du mein krankes Herz! / Schweiget, meine Wünsche, sucht nicht Glück und Scherz! / Wohl ist er vor allen schön und lieb und gut, / Und ich gäbe gerne für ihn hin mein Blut!«*), galt seine vorrangige Aufmerksamkeit doch den wissenschaftlichen Arbeiten. Er hatte sogar ins Auge gefasst, sich mit dem Thema »Soziologie der katholischen Heiligsprechung« (!) zu habilitieren und eine Dozentur anzustreben, doch es kam ein Angebot der Parteiführung dazwischen: Renner sollte nach den Reichsratswahlen im Mai 1907 ins Abgeordnetenhaus einziehen. Kurz zuvor war nach zahlreichen friedlichen Demonstrationen – 1905 hatte die Sozialdemokratie 250 000 Menschen auf die Straße gebracht – mit der Beckschen Wahlrechtsreform in der österreichischen Reichshälfte das Kurienwahlrecht[4] durch das allgemeine, gleiche, direkte und geheime (Männer-)Wahlrecht ersetzt worden (Ucakar 1985, 290 ff). Renner, der sich immer wieder mit Fragen des Wahlrechts beschäftigt hatte, gelang bereits im ersten Wahlgang als Abgeordneter eines niederösterreichischen Wahlkreises, in dem er sich aufgrund des geltenden absoluten Mehrheitswahlrechts um die absolute Stimmenmehrheit bemühen musste, der Einzug ins Abgeordnetenhaus. Mit ihm wurden u. a. Otto Bauer, Karl Seitz und Otto Glöckel angelobt, die Sozialdemokratische Arbeiterpartei (SDAP) war zur stärksten Partei geworden. Das Parlament, der »Reichsrat«, bestand zwischen 1867 – in diesem Jahr war der Durchbruch zum Verfassungsstaat und zum (Halb-)Parlamentarismus gelungen – und 1918 aus zwei Kammern, eine als »Herrenhaus« firmierende feudale Ständekammer und das »Abgeordnetenhaus«. Die vom Kaiser ernannten Minister waren dem Reichsrat zwar rechtlich, nicht jedoch politisch verantwortlich, was bedeutete, dass das Kabinett auch gegen die parlamentarische Mehrheit regieren konnte. Außerdem besaß der Kaiser ein Notverordnungsrecht, von welchem Franz Joseph in seinen letzten Regierungsjahren exzessiv Gebrauch machte. Der Reichsratsabgeordnete Ernst Viktor Zenker schrieb einmal: »Das österreichische Parlament ist das schwächste, wenn schon nicht der Welt, so doch der Kulturwelt.«

Renner rechtfertigte seine Entsendung »auf die glänzendste Weise. Seine Reden waren Muster an rhetorischer Brillanz und sachlicher Tiefgründigkeit« (Leser 1982, 133). 1908 gelang ihm auch der Einzug in den niederösterreichischen Landtag, dem er bis 1921 angehörte. Im Juni 1911 – die föderative Struktur der Sozialdemokratie zersplitterte aufgrund der Separierung der tschechischen Fraktion – wurde Renner erneut ins Abgeordnetenhaus gewählt, insgesamt war er 26 Jahre lang Parlamentarier.

Renner spürte die zerstörerische Kraft des Nationalismus, dessen Ideologie er als »Raubtierphilosophie« zu bezeichnen pflegte, besonders aber warnte er davor, den südslawischen Nationalismus zu unterschätzen. Die Ermordung des Thronfolgers Franz Ferdinand und seiner Gattin Sophie am 28. Juni 1914 durch einen serbischen Nationalisten war schließlich nur mehr der den Weltenbrand auslösende Funke. Eine verhängnisvolle Bündnisautomatik entfaltete sich und riss Österreich-Ungarn in den Abgrund (Rauchensteiner 1993). Unermüdlich hatte Renner seiner Überzeugung Ausdruck verliehen, dass die Monarchie zum Untergang verurteilt sei, wenn nicht rasch einschneidende Reformschritte gesetzt würden. »Denn was heute die Voraussicht der Herrschenden im Rahmen dieser Staatsgrenzen nicht im Frieden vollzieht«, hatte er kurz vor Ausbruch des Krieges gewarnt, »wird morgen das Schwert vollbringen gegen diesen Staat.« In der Zeitschrift »Kampf« (Heft 7/1914, S. 289 ff) wurde er noch deutlicher: »Ein Staatswesen«, notierte er, »das solche Fragen [die gesellschaftlichen, verfassungsrechtlichen und nationalen Probleme, Anm. C. D.] von Jahrzehnt zu Jahrzehnt ungelöst fortschleppt, reizt die Nachbarn zum Krieg gegen sich auf und macht zugleich sich selbst unfähig, den Krieg mit Erfolg zu bestehen.«

Zu Kriegsbeginn war die Sozialdemokratie wie gelähmt, im Rückblick kann gesagt werden, dass sie 1914 aufgrund der Identifizierung mit den österreichischen und deutschen Kriegszielen völlig versagt hatte. Friedrich Austerlitz, der legendäre Chefredakteur der »Arbeiter-Zeitung«, schrieb in seinem Blatt: »Da das deutsche Vaterland in Gefahr, da die nationale Unabhängigkeit des Volkes bedroht, tritt die Sozialdemokratie schützend vor die Heimat hin, und die ›vaterlandlosen Gesellen‹, die ›rote Rotte‹, wie sie der Kaiser einst schmähte, leiht dem Staat Gut und Blut der arbeitenden Massen.«

Der alte Kaiser hatte sich im Laufe der Zeit an die Sozialdemokraten gewöhnt, da die Partei in der Praxis weit weniger radikal war als in ihrer Theorie und Rhetorik. 1907 hatte der Kaiser alle Abgeordneten zur Thronrede eingeladen, auch die 87 Parlamentarier der SDAP. »Die österreichische Sozialdemokratie ist heute so stark«, erklärte daraufhin der Arbeiterführer Franz Schuhmeier, »dass vor ihr nicht verschlossen werden kann das Tor der letzten Hütte, sondern auch aufgemacht werden müssen die Tore der Hofburg.« Genau einen Monat vor dem Tod Franz Josephs, am 21. Oktober 1916, setzte Friedrich Adler, der Sohn Victors, als Protest gegen die väterliche (Kriegs-)Politik einen verzweifelten Schritt: Er erschoss den unbeliebten, das Parlament verachtenden Ministerpräsidenten Karl Graf Stürgkh. Vor dem Ausnahmegericht griff Adler »diesen Doktor Karl Renner« scharf an, »der nichts anderes darstellt als einen Lueger der Sozialdemokratie, der den Geist der Prinzipienlosigkeit, den Geist der Gaukelei in unsere Partei gebracht hat, dass man sich immer schämen muss, das auf sich sitzen zu lassen«. Für die Partei-Linke war Renner als führender Repräsentant des »rechten« Parteiflügels, welcher der Auffassung anhing, dass der Klassenkampf hinter eine gemeinsame nationale Kraftanstrengung zurückzutreten habe, geradezu ein Feindbild.

Im Sommer 1917 schien ein Reformkabinett unter dem Verfassungsrechtler Josef Redlich in Aussicht zu stehen, in welchem nach Wunsch von Kaiser Karl alle Nationen und auch die SDAP vertreten sein sollten. Der Umstand, dass der Habsburger in diesem Zusammenhang ausdrücklich auf Renner hinwies, dokumentiert, dass dieser zum bevorzugten sozialdemokratischen Gesprächspartner der kaiserlichen Regierung aufgestiegen war (Rieder 1981, 165). Dies machte ihn bei der »Linken« erst recht verdächtig. Im Oktober 1918 wurde Renner, der das Geständnis abgelegt hatte, er könne sich den Fortbestand der Monarchie nicht ohne die Dynastie vorstellen, vom Kaiser schließlich sogar die Ministerpräsidentschaft angetragen, doch die Partei versagte ihm ihre Zustimmung (Glaise-Horstenau 1929, 498 f). Das kaiserliche Manifest vom 16. Oktober 1918, welches die Umwandlung Österreichs in einen Nationalitätenbundesstaat anordnete und somit den alten Vorschlag Renners aufgriff, kam bereits viel zu spät, das alte Reich war am Ende. Der Integrationsfigur Renner war es nunmehr beschieden, als Spitzenrepräsentant eines neuen, aus den Trümmern der Monarchie geborenen Staates, den er gewiss nicht herbeigesehnt hatte, das Erbe des alten Staates anzutreten, dem er sich noch im Klang der Totenglocken verpflichtet fühlte.

1918–1945[5]

Armee, Hochbürokratie und katholische Kirche waren als Stützen der alten Ordnung weggebrochen, die Dynastie der Habsburger wurde gestürzt. Wenngleich Otto Bauer (1923) von der »Österreichischen Revolution« – im Sinne einer parlamentarischen Revolution – sprach, ging diese »Revolution« in geordneten Bahnen über die Bühne. Eine Anekdote veranschaulicht den »österreichischen« Übergang von der Monarchie zur Republik: Fürst Franz Liechtenstein betritt das von ihm traditionell frequentierte Herrenmodengeschäft und will sich ein

Paar Handschuhe kaufen, doch er wird vom Verkäufer mit den Worten hinauskomplimentiert: »Wenn sich Eure Hoheit bitte morgen noch einmal herbemühen wollten. Heute ist Revolution!« ...

In der neuen politischen Ordnung nahmen die Kontinuität gewährleistenden politischen Parteien eine zentrale Stellung ein. Die Gründung der Ersten Republik war also ein Akt des Parlaments und der Parteien, Abgeordnete der Sozialdemokratischen Arbeiterpartei, der Christlichsozialen Partei und verschiedener deutschnationaler Gruppen hatten sich am 21. Oktober noch auf Grundlage des erwähnten kaiserlichen Manifestes als »deutschösterreichische Nationalversammlung«, die aus den Mandataren des 1911 gewählten Abgeordnetenhauses bestand, konstituiert und am 12. November die Republik Deutschösterreich ausgerufen, die zu einem Bestandteil der deutschen Republik erklärt wurde (Parlamentsdirektion 1984, 198 ff). Der »Staat, den keiner wollte«, war geboren. »Heil unser deutsches Volk und heil Deutsch-Österreich«, bekräftigte ein pathetischer Renner die ethnischen Bande. Die Zeremonie der Republiksausrufung wurde durch Kommunisten, welche die weißen Streifen der vor dem Parlamentsgebäude gehissten rotweißroten Fahne heraustrennten und nun die rote Fahne aufzuziehen begannen, zu behindern versucht. In dieser symbolischen Aktion manifestierte sich der Wunsch nach einer Räterepublik nach sowjetischem bzw. ungarischem Vorbild, doch die Regierung konnte sich auf die von Unterstaatssekretär Julius Deutsch herbeigerufene Volkswehr verlassen, die sowohl gegen kommunistische als auch gegen monarchistische Kräfte einen wirksamen Schutzschild bildete. Die Sozialdemokratie setzte nach dem Zusammenbruch der Monarchie alle ihre Kräfte ein, um für das junge Staatsgebilde eine demokratische Entwicklung zu gewährleisten. Die Hilflosigkeit gegenüber den Siegermächten von 1918, ohne deren Hilfe die lebenswichtige Versorgung mit Lebensmitteln und Heizmaterial nicht möglich gewesen wäre, drängte die Revolution »in die Schranken der bürgerlichen Demokratie« (Bauer 1923, 116 ff). Dass in dieser existenziellen Lage für die Koalitionspartner der SDAP (Christlichsoziale und Deutschnationale) Renner, von dem als dominierenden Vertreter des gemäßigten Flügels der Sozialdemokratie wohl am wenigsten revolutionärer Esprit erwartet werden durfte, als das »geringste Übel« erachtet wurde, war nur logisch. Renner, der sogar eine Hymne für das neue Staatsgebilde gedichtet hatte, bereitete die Übernahme politischer Macht im Gegensatz zu anderen Führungspersönlichkeiten der SDAP keine persönlichen Konflikte, weshalb die Bemerkung Friedrich Adlers, wonach Renner stets »der Präsidialist der jeweiligen Regierung« wäre, nicht ganz falsch schien. Dem am Vorabend der Republiksgründung verstorbenen Victor Adler war zwar formell Seitz als Parteichef nachgefolgt, doch die geistige *und* politische Führung konzentrierte sich bis zum Untergang der Sozialdemokratie in der Person des aus der Kriegsgefangenschaft heimgekehrten Otto Bauer. Bauer war ein brillanter, rhetorisch fesselnder Intellektueller, zu dessen Austromarxismus Renner freilich in Opposition stand.

Im Bereich des Verfassungsrechts war der SDAP im Jahre 1918 trotz konträrer Vorstellungen der anderen Parteien die Umsetzung ihrer radikalparlamentarischen Vorstellungen gelungen. Mit dem »Staatsgründungsbeschluss« vom 31. Oktober (»Oktoberverfassung«) wurde die provisorische Nationalversammlung (NV), also das Parlament, als oberste Trägerin der Staatsgewalt eingesetzt. Aus der Mitte der NV, welche die gesetzgebende Gewalt ausübte, wurde ein Ausschuss gewählt, der Staatsrat, dem die Regierungs- und Vollzugsgewalt übertragen wurde. Der Staatsrat, der sich aus drei gleichberechtigten Präsidenten[6] und 20 Mitgliedern der NV zusammensetzte, wurde in der Literatur oftmals auch als »kollektives Staatsoberhaupt« bezeichnet, da von ihm fast alle jene Rechte ausgeübt wurden, die vorher der Kaiser innehatte. Aus der Mitte des 23-köpfigen Ausschusses wurde neben dem Notar des Staatsrates der Leiter der Staatskanzlei gewählt, eine Schlüsselposition, die Renner übertragen wurde. Zusammen bildeten die drei Präsidenten, Renner und der Notar das geschäftsführende Staatsratsdirektorium, dem allerdings keine Zuständigkeiten eingeräumt wurden. Da es sich bei dieser kurz skizzierten Verfassung um einen »in aller Eile aufgerichteten Notbau« (Kelsen) handelte, wurde sie bereits am 19. Dezember novelliert. Unter anderem wurde das Verhältnis der drei Präsidenten zueinander geregelt, die sich jetzt in vereinbarter Reihenfolge wöchentlich beim Vorsitz in der NV (Präsident im Hause), im Staatsrat (Präsident im Rate) und in der Regierung (Präsident im Kabinett) abwechselten. Renner durfte sich nun auch offiziell Staatskanzler nennen, außerdem sollte er bei Verhinderung des Präsidenten den Vorsitz im Kabinett führen. Die Verfassungswirklichkeit sah so aus, dass Renner ohnehin fast immer den Vorsitz einnahm.

Am 16. Februar 1919 fanden die ersten freien Wahlen statt, die allerdings nicht alle deutschsprachigen Gebiete umfasste, da das Sudetenland, Südtirol sowie Teile Kärntens und der Steiermark von fremden

Truppen besetzt waren. Die Sozialdemokratie, welche mit der Parole »Wir wollen uns mit dem roten Deutschland vereinen. Vereinigung mit Deutschland bedeutet jetzt Vereinigung mit dem Sozialismus« angetreten war, wurde mit 72 Abgeordneten stärkste Partei, die Christlichsozialen erreichten 69 Mandate, die deutschnationalen Gruppierungen 26. Mit der vom neuen Parlament am 14. März verabschiedeten »Märzverfassung« wurden der Staatsrat und das Staatsratsdirektorium abgeschafft. Anstelle der provisorischen NV trat die konstituierende NV, die sich zum höchsten Organ des Volkes erklärte und die oberste Gewalt der Republik innehatte. Die Aufgabenbereiche des Staatsrates und des Direktoriums gingen auf die Staatsregierung, die aus dem Staatskanzler (Renner), dem Vizekanzler (Fink) und den Staatssekretären (z. B. Bauer für die Auswärtigen Angelegenheiten) bestand, sowie zu einem geringen Teil auf den Präsidenten der NV über. Letztere Funktion übernahm Seitz, der nun einige typische Funktionen eines Staatsoberhauptes ausübte. In den darauf folgenden Jahren geriet die Stellung und Bestellung des Staatsoberhauptes zu einem Kristallisationspunkt verfassungspolitischer Streitigkeiten.
Anfang Jänner war Renner noch nach Schloss Eckartsau gefahren, wo Kaiser Karl samt Familie und Beratern in Form eines Miniaturhofes die Fiktion einer intakten Herrscherresidenz aufrechterhielt. Der Kanzler wollte den Habsburger zur formellen Abdankung und im Interesse des neuen Staates, der vor der Teilnahme an der Friedenskonferenz in Paris stand, zum Verlassen des Landes überreden. Doch da Renner um keine Audienz angesucht hatte, wurde er nicht einmal empfangen. Erst am 24. März verließ Karl nach delikatem diplomatischem Drängen den Boden der Monarchie in Richtung Schweiz, in seinem »Feldkircher Manifest« ließ er jedoch wissen: »Was die deutschösterreichische Regierung (und die) ... Nationalversammlung seit dem 11. November 1918 ... beschlossen und verfügt haben und weiter resolvieren werden, ist demnach für Mich und Mein Haus null und nichtig.«
Der Entschluss der NV vom 3. April 1919, ein Gesetz betreffend die Landesverweisung und die Übernahme des Vermögens des Hauses Habsburg-Lothringen zu beschließen, ist vor diesem Hintergrund nur allzu verständlich. Bestärkt von erzkonservativen, schlecht informierten Beratern und seiner Frau Zita entschloss sich Karl später zu seinem ersten Restaurationsversuch in Ungarn. Er war felsenfest davon überzeugt, dass ihn Admiral Nikolaus Horthy, der 1911 noch Gast bei

seiner Hochzeit gewesen war, unterstützen würde, doch darin irrte er. Der »Reichsverweser« ließ ihn im März 1921 glatt abblitzen, im Zuge seiner demütigenden Rückkehr wäre Karl in Bruck an der Mur von einigen Arbeitern beinahe verprügelt worden. Ein zweiter Restaurationsversuch im Oktober scheiterte ebenfalls kläglich. Bei Buda-Ör ereignete sich die letzte Schlacht, die ein Habsburger zu verantworten hatte. Dass die wenigen königstreuen Soldaten ausgerechnet unter dem Kommando von Anton Lehár, dem Bruders des berühmten Operettenkomponisten Franz Lehár, standen, muss wohl als kakanische Finesse erster Güte betrachtet werden.
Obwohl die SDAP-Führung die Monarchie fast bis zum allerletzten Augenblick retten wollte, setzte nach 1918 eine ritualisierte Beschimpfung der Habsburger ein. Die Dynastie wäre ein »fluchbeladenes«, ein »blutiges Geschlecht«, das Österreich über 650 Jahre tyrannisiert habe, hieß es z. B. in der »Arbeiter-Zeitung« vom 12. November 1920. Immer wieder wurde insistiert, dass nur die Kraft des Proletariats die Staatsform der Republik verteidigen könne: »Die Sache der Republik – sie war und ist und bleibt die Sache der Arbeiterklasse.« Für die Sozialdemokraten hatte die Chiffre »Republik« zu jener Zeit viel mit der revolutionären Sozialgesetzgebung (8-Stunden-Tag, Arbeiterurlaub, Betriebsräte etc.) zu tun. Unbestritten ist auch, dass es der Integrationskraft der SDAP zu verdanken war, dass Österreich das Experiment einer Räterepublik erspart blieb. Das Bürgertum, das an der Wiege der Republik als politische Kraft gelähmt war, zollte ihr dafür weder Respekt noch Dank. Für viele Christlichsoziale war die Ausrufung der Republik der schwärzeste Tag in ihrem Leben. Die Sozialdemokraten hingegen triumphierten an jedem Jahrestag erneut: »Der Tag der Rache war jener zwölfte November, an dem wir das Habsburger-Geschlecht samt seinen Höflingen, seinen Ministern, seinen Generalen davongejagt hatten.«
Doch zurück zu den Friedensverhandlungen: Renner, auf den man sich als Delegationsleiter geeinigt hatte, traf u. a. in Begleitung von Ex-Ministerpräsident Lammasch am 14. Mai 1919 in Paris ein; es würde sich um einen »Bußgang« handeln, war sich Renner von Beginn an klar. »Wir sind vollständig eingesperrt«, schrieb er eine Woche später an seine Frau, »mir hat man ein Auto und die Freiheit zu Ausfahrten gelassen, aber ich mache bis jetzt absichtlich keinen Gebrauch davon. Bettlerstolz ... Was wir hören, zeigt, dass nichts Gutes zu erwarten ist und dass die Wiener sich in Hoffnungen wiegen, die enttäuscht wer-

den. Die Sieger schreiten einfach über solche Zwergstaaten, wie wir einer sind, hinweg, ohne viel zu fragen. Sie glauben genug zu tun, wenn sie uns füttern, und am Ende muss man ihnen auch dafür noch danken« (zit. nach Portisch 1989, 131).

Über die Friedensbedingungen wurde nicht verhandelt, sie wurden diktiert, die österreichische Delegation durfte sich nur in Schriftsätzen zu den Bedingungen der Alliierten äußern. Renner und seine Begleiter wurden über die Wendeltreppe des Dienstboteneingangs in einen Saal des Schlosses von Saint-Germain geführt, womit ein Reigen von Demütigungen eröffnet wurde, der erst im September mit der Unterzeichnung des Friedensvertrages ein Ende fand. Die harte Haltung der Siegerkoalition hatte wohl in erster Linie mit der Anschlussproblematik zu tun. Der im Inland von allen staatstragenden politischen Kräften – aus unterschiedlichen Motiven – gewollte Anschluss Österreichs an das große Nachbarland schürte bei US-Präsident Woodrow Wilson, auf dessen »14 Punkte« und das darin verankerte Selbstbestimmungsprinzip man sich berief, Lloyd George (Großbritannien), Vittorio Orlando (Italien) und vor allem bei George Clemenceau (Frankreich) die Angst vor einem wiedererstarkten, mächtigen Deutschland. Diesen vier Staatsmännern sah Renner sich in Saint-Germain gleich einem Angeklagten vor einem Gericht gegenüber. Am 2. September wurde ihm der Entwurf des Vertrages mit einem auf fünf Tage befristeten Ultimatum überreicht. Art. 88 behandelte das Anschlussverbot. Seitens der Nationalversammlung wurde der Vertrag vier Tage darauf unter Protest angenommen. Zur Vertragsunterzeichnung wurde Renner von Polizisten noch einmal über den Dienstbotenaufgang hereingeführt. Am 21. Oktober erfolgte die Namensänderung von »Deutschösterreich« in »Republik Österreich«, die Bestimmung »Deutschösterreich ist Bestandteil des Deutschen Reiches« wurde außer Kraft gesetzt. Am schmerzlichsten wurde der Verlust Südtirols empfunden, aber auch jener der Siedlungsgebiete in Böhmen, Mähren und Schlesien traf die kleine Republik schwer. Zwar konnte Südkärnten am 10. Oktober 1920 durch eine Volksabstimmung gerettet und Deutschwestungarn (Burgenland) – allerdings ohne Ödenburg – dazugewonnen werden, doch der Preis für die Anerkennung durch die Entente war enorm. Die berühmte Bemerkung Clemenceaus brachte dies auf den Punkt: »Ce qui reste, c'est L'Autriche!« – »Der Rest ist Österreich!«

Für das Anschlussverbot, das noch vor der Vertragsunterzeichnung zum Rücktritt Bauers und später zum Austritt der Deutschnationalen

aus der Koalition führte, übernahm Renner, der nun auch noch das Außenressort führte, die volle politische Verantwortung. Sein erprobter Deutschnationalismus stand dem Bauers zwar in nichts nach, doch sein »Möglichkeitssinn« hatte einmal mehr den Sieg davongetragen. Dies galt für die Friedensverhandlungen ebenso wie für die Verfassungsfrage.[7] Die »Märzverfassung« fungierte nach allgemeiner Ansicht lediglich als Provisorium, die Vorarbeiten für eine neue Verfassung waren seitens der Staatskanzlei, welche die Staatsrechtslehrer Hans Kelsen und Adolf Merkl in ihre Arbeit eingebunden hatte, bereits im November 1918 begonnen worden. Nachdem Kelsen in Renners Auftrag bis zum Frühjahr 1919 sechs Vorschläge ausgearbeitet hatte und auch Entwürfe aus den Ländern zur Diskussion gestellt wurden, setzten nach dem Bruch der Koalition am 11. Juli 1920 in der konstituierenden NV die Verfassungsberatungen ein. Renner hatte vor allem auf die Verankerung des Grundsatzes der Verhältniswahl gedrängt und bei der Erarbeitung eines Kompromissvorschlages (»Renner-Mayr-Entwurf«) mitgewirkt. Nach erfolgter Beschlussfassung (1. Oktober 1920) trat das »Bundes-Verfassungsgesetz« (B-VG) am 10. November 1920 in Kraft. Österreich wurde als parlamentarische Republik und Bundesstaat mit Kompetenzverteilung zwischen dem Bund und den Ländern sowie als freiheitlicher Rechtsstaat konstituiert. Mit dieser Verfassung wurde zwar das Amt eines Bundespräsidenten eingerichtet, doch diesem nicht vom Volk, sondern von der Bundesversammlung gewählten Organ wurden keine politischen Herrschaftsmittel zuerkannt, die Sozialdemokratie, welche gegenüber einer eigenen Staatspräsidentschaft äußert skeptisch war, da sie keinen »populistischen Cäsar auf den leeren Habsburgerthron gehoben« (Brook-Shepherd 2000, 319) sehen wollte, hatte sich in der Staatsoberhauptsfrage zwar nicht in der Form durchgesetzt, sehr wohl aber in der Sache.
Aus den Wahlen vom Oktober 1920 gingen die Christlichsozialen mit 79 Mandaten als klare Sieger hervor, die SDAP konnte nur 62 Mandate erreichen, zwei »alldeutsche« Gruppierungen brachten es auf 24 Sitze. Renner hatte den Bruch der Koalition bedauert: »Es scheint so«, meinte er, »dass Koalitionen zu begründen, zusammenzuhalten und zu führen große politische Kunst und Weisheit erfordert. Bei beiden Teilen war anfänglich hierzu eine gewisse Bereitschaft vorhanden.«
Der Umstand, dass Renner und Fink ihren gestalterischen Einfluss verloren, brachte fatale Folgen mit sich. In den nun folgenden Jahren wurde Österreich von wechselnden Koalitionen der politischen Rech-

ten regiert, deren Lust, autoritär zu regieren, ständig zunahm.[8] Die oppositionelle Sozialdemokratie, welche die Hoffnung, dass der Übergang von der kapitalistischen zur sozialistischen Gesellschaftsordnung eines Tages doch noch erreicht werden könnte, keineswegs aufgegeben hatte, formte inzwischen den wohlfahrtsstaatlichen Mikrokosmos des »roten Wien«, eine Art sozialistisches »Neues Jerusalem«, in welchem die Menschen von »der Wiege bis zur Bahre« begleitet wurden. Für die zunehmende Polarisierung standen zwei beeindruckende, aber unversöhnliche, nicht selten auch hasserfüllte Persönlichkeiten Pate: Der »verbalradikale« Otto Bauer, Spross einer wohlhabenden, sudetendeutschen jüdischen Familie, auf der »linken« und der katholische Prälat Ignaz Seipel, der »als Mann der Kirche« allen Ernstes der Überzeugung war, von Gott in die Politik entsendet worden zu sein, auf der »rechten« Seite. Renners gemäßigte Position wird durch eine Episode im Zusammenhang mit dem Begräbnis Finks manifest, die er selbst berichtete: »Von den Bestattungsfeierlichkeiten ... zurückgekehrt, warteten Regierungsmitglieder und Abgeordnete in einem öffentlichen Lokal auf die Abfahrt des Zuges. Ich saß allein an einem Tisch, und Seipel kam auf mich zu mit den Worten: ›Wie mag es kommen, dass ich zu Ihrer Person niemals in ein näheres Verhältnis komme, während ich mit Ihren Parteifreunden, auch mit so entschiedenen Gegnern wie Otto Bauer, wenigstens im privatenVerkehr immer gut zurecht komme?‹ Ich antwortete darauf: ›Die Erklärung ist einfach. Sie beide sind, der eine bewusst, der andere vielleicht unbewusst, erfüllt von der Idee des Klassenkampfes. Und in ihm liegt zweifellos eine wahre Idee. Aber Sie beide übertreiben die Idee und das liegt mir nicht.‹ Seipel war einen Moment stumm, errötete und kehrte wortlos zu seinen Parteifreunden zurück« (zit. nach Leser 1982, 143).

Die Angst der SDAP, dass die konservativen Kräfte die von den Sozialdemokraten durchgesetzten Errungenschaften – von Seipel einmal als »Schutt der Revolution« bezeichnet, den er wegzuräumen gedenke, um »nach der Währung die Seelen zu sanieren« – beseitigen könnten, fand unter anderem im maßgeblich von Bauer geprägten »Linzer Programm« von 1926 und dem darin enthaltenen Bekenntnis, wonach die Sozialdemokratie im Falle eines Putschversuches der »Bourgeoisie« mit Gewaltanwendung reagieren würde, ihren Ausdruck. Doch bereits im darauf folgenden Jahr wurde angesichts der dramatischen Ereignisse des 15. Juli 1927[9] klar, dass die von Bauer vertretene Strategie, dem politischen Gegner unentwegt das gewaltige, im Proletariat schlummernde Machtpotential vorzugaukeln und die eigenen Anhänger dadurch in trügerischer Sicherheit zu wiegen, gescheitert war. Renners am Parteitag 1927 indizierter programmatischer Schwenk wurde von der Parteiführung nicht nachvollzogen: »Und es heißt deshalb die Arbeiterschaft ganz falsch erziehen«, sagte er in die Richtung Bauers, »wenn man ihre Seele zu sehr einspinnt in das Äußere des revolutionären Getues (!) und nicht einstellt auf die positive revolutionäre Tat der Verwaltung« (zit. nach Parteitagsprotokoll, 105). Renner, der außerdem mit Nachdruck für den Wiedereintritt in eine große Koalition opponierte, trat also wieder auf den Plan und beendete seine innere Emigration.

Der 15. Juli 1927, der »Schwarze Freitag«, stärkte die weit rechts stehenden Heimwehrverbände, welche von Seipel, dem »Prälaten ohne Milde«, dessen Weltanschauung immer autoritärer wurde, als (von heimischen Banken, der Industrie, Ungarn und Italien finanzierte) Gegenmacht zum Republikanischen Schutzbund aufgebaut wurden. Die politische Auseinandersetzung verlagerte sich in einem von der latenten Bürgerkriegsgefahr vergifteten politischen Klima zusehends auf die Straße. Obwohl die SDAP ihr Wählerpotenzial[10] kontinuierlich auszubauen vermochte, geriet sie nach 1927 zusehends in die Defensive. Trotzdem stellte die Sozialdemokratie parlamentarisch und außerparlamentarisch sowie durch ihre dominierende Position in Wien einen Machtfaktor dar, welcher es den rechten politischen Kräften verwehrte, eine Politik zu machen, die völlig zu Lasten der Lohnabhängigen ging. Unter permanenten Staatsstreichdrohungen der Heimwehren, die vom »Notrecht des Volkes« fabulierten, kam 1929 die speziell auch von Seipel, dem selbst ernannten Verfechter der »wahren Demokratie« (Seipel 1930, 219), seit langem urgierte Novellierung der Verfassung zustande. Renner hatte zuvor von einer »Brandfackel, die in das Volk geworfen wird« gesprochen, von einer geplanten »Köpfung« des Parlaments. Die angeblich notwendig gewordenen Veränderungen würden sich »in Wahrheit gar nicht gegen das Parlament an sich (richten), nicht gegen jeden Parlamentarismus, sondern gegen ein durch Parteienherrschaft depossediertes Parlament«, erläuterte später Seipel (1930, 219). Es gehe vielmehr darum, »das Volk vor einer alle paar Jahre volksfremder werdenden, überspitzten parlamentarischen Pseudodemokratie zu schützen.«

Der vom neuen (alten) Bundeskanzler Schober (welcher sich zur Enttäuschung der Heimwehren auf einen Kompromiss mit der SDAP, deren Zustimmung bei einer Verfassungsänderung wegen der erforderlichen Zweidrittelmehrheit unbedingt nötig war, einlassen sollte) präsentierte Verfassungsentwurf sah neben einer beträchtlichen Aufwertung des Bundespräsidentenamtes – »... um ihren Otto [Habsburg, Anm. C. D.] im Wege der Wahl zum Präsidenten in die Wiener Hofburg zurückzuschwärzen« (Renner, zit. nach Nasko 1982, 15) – auch die Abschaffung des Status von Wien als Bundesland vor, womit die SDAP empfindlich geschwächt werden sollte. Die Beseitigung der Geschworenengerichtsbarkeit, die Wiedereinführung von Adelsprivilegien sowie der Zensur waren andere Eckpfeiler dieses Entwurfs, dem seitens der SDAP aber die »entscheidenden Giftzähne« gezogen werden konnten. Da fast alle neuen Befugnisse des direkt gewählten Staatsoberhauptes (z. B. Notverordnungsrecht, Parlamentsauflösungsrecht) von der machtpolitisch wesentlichen Ausnahme der Ernennung und Entlassung des Bundeskanzlers sowie der Entlassung der gesamten Bundesregierung einmal abgesehen, an Vorschlag und Gegenzeichnung der Bundesregierung, die hinsichtlich ihres Bestandes vom Nationalrat abhängig ist, gebunden wurden, konnte sich der Bundespräsident nicht zum »starken Mann« entwickeln. Dieser bestieg wenige Jahre später (1932) in der Person des Kanzlers Dollfuß die Bühne der österreichischen Konfliktdemokratie, welche zusehends auf eine Katastrophe zusteuerte.

Vielleicht hätte das im Juni 1931 von Seipel im Kontext mit dem Zusammenbruch der Creditanstalt formulierte Koalitionsangebot an die Sozialdemokratie, die aus den Wahlen vom November 1930 als stärkste Partei hervorgegangen war, die verfeindeten Lager noch einmal zusammenführen können, doch selbst Renner plädierte gegen die Annahme dieses Angebots, das offensichtlich nur darauf hinauslief, dass der gewiefte Kulissenschieber Seipel, welcher als Kanzler knapp vor Ostern 1929 demissioniert hatte, die SDAP für die Regierung die Kastanien aus dem Feuer holen lassen wollte. Auch der vielleicht allerletzte Rettungsanker für den politisch scheinbar unaufhaltsam auseinander driftenden Zwergstaat wurde nicht ergriffen. Die für den Oktober 1931 angesetzte Bundespräsidentenwahl, welche jedoch im Schatten des »Pfrimer-Putsches« der Heimwehr vom September stand, hätte aufgrund der Novelle von 1929 als Volkswahl durchgeführt werden sollen und den Sozialdemokraten stand mit Altkanzler Renner der mit Abstand chancenreichste Kandidat zur Verfügung. Obwohl Renners Wahlkampf bereits angelaufen war, stimmte die Parteiführung, welche aufgrund ihrer Angst vor »cäsaristischen Experimenten« die Volkswahl immer abgelehnt hatte, einem Angebot der Christlichsozialen zu, die Wahl noch einmal in die Bundesversammlung zu verlegen, wodurch aufgrund der »rechten Mehrheit« die Wiederwahl von Bundespräsident Wilhelm Miklas gesichert war. Nicht wenige Historiker und Zeitzeugen äußerten die Meinung, dass mit einem Bundespräsidenten Renner das Schicksal der Ersten Republik einen anderen Verlauf genommen hätte. »Hätte da ein 5. März 1933 und ein 12. Februar 1934 nicht vermieden werden können?«, fragte etwa Franz Olah. Eine ganz ähnliche Auffassung vertrat Kreisky (1988, 354), der – etwas apodiktisch – schrieb: »... es besteht kein Zweifel, dass unter einem Bundespräsidenten Renner mit all den neuen Vollmachten und Kompetenzen der Heimwehrfaschismus nicht an die Macht gekommen wäre, dass es keinen Februar '34 und nach meiner Überzeugung auch keinen ›Anschluss‹ gegeben hätte. Renner, 1931 gewählt, hätte bis 1937 das Präsidentenamt ausgeübt und wäre ohne Zweifel wiedergewählt worden. Er wäre der ruhende Pol im Wirrwarr der politischen Erscheinungen gewesen: Auch dies gehört mit in das große Kapitel, was geschehen wäre, wenn ...«

Am 29. April 1931 war der 61-jährige Renner nach dem Tode seines Parteifreundes Matthias Eldersch Präsident des Nationalrates geworden. Gesundheitlich ging es ihm seit einiger Zeit nicht gut, er litt an einem chronischen Leberleiden und an Übergewicht. Auch die ständige Arbeitsbelastung war nicht spurlos an ihm vorübergegangen. Manchmal klagte er, derart überlastet zu sein, »dass ich kaum arbeiten kann«. Von einem Erholungsurlaub hielt er freilich nichts: »Ich lehne das ab, zumal ich gar keine Lust habe, dort allein unter lauter schönen jungen Leuten herumzuirren und vor Neid, dass ich nicht dreißig oder vierzig ... bin, coram publico zu platzen« (zit. nach Rauscher 1995, 269). Seiner Aufgabe als Nationalratspräsident ging Renner objektiv und unparteilich nach, ganz so, wie er es in seiner Antrittsrede versprochen hatte. »Vielleicht (sieht es) schlimmer aus, als es wirklich ist«, irrte er in einem Brief vom 10. Dezember 1932. »... Bisher wenigstens erfreut sich der Präsident des Nationalrates eines gewissen Respekts und braucht Wurfgeschosse nicht zu fürchten.«

Schleichend setzte in diesem Jahre 1932 mit dem Zusammenfall der politischen und ökonomischen Krise ein Prozess der Faschisierung ein. Dem neuen Kanzler Dollfuß, belastet mit der Budget- und Bankensanierung, sowie Vertretern des Finanzkapitals war der Nationalrat

ein Dorn im Auge, was Rost van Tonningen, der Repräsentant des Genfer Finanzkomitees, in seinem Tagebuch bestätigte: »Zusammen mit Kanzler und Kienböck [Präsident der Nationalbank, Anm. C. D.] haben wir die Ausschaltung des österreichischen Parlaments für notwendig gehalten, da dieses Parlament die Rekonstruktionsarbeit sabotierte.« Im Frühsommer 1932 waren auch in der Regierung Stimmen christlichsozialer Minister laut geworden, die für eine autoritäre Lösung plädierten. Früher, als Dollfuß hoffen durfte, bot sich ihm eine Gelegenheit, das Gesetz des Handelns an sich zu reißen. Am 4. März 1933 wurde im Nationalrat über Sanktionen beraten, welche die Regierung gegen die führenden Köpfe eines Eisenbahnerstreiks beschlossen hatte. Da die Mehrheitsverhältnisse äußerst knapp und Christlichsoziale und Deutschnationale uneins waren, kam es auf jede Stimme an. In einer Sitzungspause wurde Renner von Bauer, Seitz und Deutsch aufgefordert, von seinem Amt als Präsident zurückzutreten, damit er als Abgeordneter mitstimmen könne. Nach der Unterbrechung entflammte ein heftiger Streit über die Gültigkeit eines Stimmzettels. Der Name des SDAP-Abgeordneten Abram stand nämlich auf zwei Stimmzetteln, jener seines Parteifreundes Scheibein auf keinem. Da die Christlichsozialen Renners Erklärungsversuche nicht akzeptierten, trat er tatsächlich zurück: »Meine Herren«, erklärte er, »es ist unmöglich, das Präsidium zu führen, wenn ein so großer Teil des Hauses den Entscheidungen des Präsidiums widerspricht. Ich werde das nicht auf mich nehmen. Ich lege meine Stelle als Präsident nieder.«
Auch der Zweite Präsident, der Christlichsoziale Rudolf Ramek, erklärte sich zur Führung des Vorsitzes außerstande und trat ebenfalls zurück. Der Deutschnationale Straffner folgte als Dritter Präsident diesem Beispiel, womit der Nationalrat handlungsunfähig war und auseinander gehen musste. Die Regierungspropaganda stellte dies als »Selbstausschaltung« des Nationalrats hin. Da der bereits am 30. Jänner zum Reichskanzler ernannte Hitler tags darauf die Reichsratswahlen gewonnen hatte, waren die Augen der Weltöffentlichkeit natürlich nicht auf die Geschäftsordnungsgroteske eines Kleinstaaten-Parlaments gerichtet, doch an diesem 5. März kamen die christlichsozialen Führer Dollfuß, Vaugoin, Buresch und Kunschak darin überein, dass nunmehr für »einige Zeit« autoritär regiert werden »müsse« (Kunschak 1934, 176). Am 7. März erschienen auf dem »Kriegswirtschaftlichen Ermächtigungsgesetz« aus 1917 (!) basierende Notverordnungen, die der SDAP in Form von Versammlungsverboten und Zen-

surbestimmungen wie Vorboten eines »kalten Staatsstreiches« vorkommen mussten. Als »Komplize und Gefangener« (Huemer 1975, 164) des Regierungskurses erwies sich Bundespräsident Miklas, der noch am selben Tag Dollfuß sein ausdrückliches Vertrauen aussprach. Der exorbitant klerikal gesinnte Miklas, dem die rechtlichen Möglichkeiten zur Verfügung gestanden wären, die Verfassungskonformität zu gewährleisten, versagte in dieser Situation total (Dickinger 1999a, 61 ff). Als Sozialdemokraten und Deutschnationale am 15. März im Parlament zusammentraten, um ein neues Präsidium zu wählen, ließ Dollfuß, der klargemacht hatte, dass er das Parlament »dunsten« lassen wolle, an die 200 Kriminalpolizisten aufmarschieren, welche die Versammlung auflösen sollten. Kein Schuss des Schutzbundes fiel, als die Polizei das Parlament versperrte, und auch zur Ausrufung des Generalstreiks konnte sich die Führung der SDAP nicht entschließen. Mit dem der Sozialdemokratie gewogenen Historiker Karl R. Stadler (1982, 97) ist wohl zumindest von einer »Mitschuld« der SDAP an der Leichtigkeit, mit welcher Dollfuß die Verfassung zu beseitigen vermochte, zu sprechen.

Nun ging es Schlag auf Schlag. Ende März wurde der Schutzbund aufgelöst, als die Stadt Wien gegen einige Notverordnungen beim Verfassungsgerichtshof Einspruch erhob, wurde auch dieser ausgeschaltet. Am 20. Mai gründete Dollfuß als Surrogat für alle bisherigen Parteien die »Vaterländische Front«, ein »überparteiliches« Sammelbecken für alle »regierungstreuen Österreicher«.

Kurz darauf wurde die Kommunistische Partei verboten, im Juni auch die NSDAP. Die berühmte Rede des Kanzlers auf dem Wiener Trabrennplatz vom 11. September 1933, worin er die Schaffung eines »sozialen, christlichen, deutschen Staates Österreich auf ständischer Grundlage, unter starker, autoritärer Führung« ankündigte und in Opposition zum Dritten Reich eine »neuösterreichische«, in katholisch-abendländischer Tradition stehende und trotzdem »deutsche« Identität predigte, hatte programmatischen Charakter. Der Sozialdemokratie wurde erst im Februar 1934 der Todesstoß versetzt, vorher noch hatte Renner versucht, einen »erträglichen Kompromiss der Demokratie mit dem Ständefimmel« zu erzielen. Doch sein von der Parteiführung genehmigter, ohnehin ungeheuer weitgehender Vorschlag, wonach das Parlament noch einmal zur Proklamation des Staatsnotstandes einberufen werden müsste, um der Regierung für fünf Jahre alle Vollmachten zu übertragen, scheiterte am Desinteresse

Dollfuß', dessen Mentor Mussolini auf die endgültige Beseitigung aller demokratischen Institutionen drängte.
Am 12. Februar 1934 löste die als Provokation empfundene Polizeiuntersuchung des Linzer Arbeiterheims »Hotel Schiff« den bewaffneten Widerstand des Republikanischen Schutzbundes und damit den Bürgerkrieg aus, der entgegen der offiziellen Version Hunderte Todesopfer forderte. Die »Parteiarmee« hatte gegen die Regierungstruppen überhaupt keine Chance, nach vier Tagen war die katastrophale Niederlage endgültig besiegelt. Zahlreiche Sozialdemokraten wurden zusammen mit Kommunisten und Nationalsozialisten in die berüchtigten »Anhaltelager« gesperrt. Bauer und Deutsch konnten ins Ausland fliehen, Renner wurde verhaftet und erst am 20. Mai 1934 – nach hundert Tagen Gefängnis – wieder entlassen. Der Altkanzler zog sich völlig zurück und widmete sich in seinem »Exil« in Gloggnitz ganz seiner schriftstellerischen Tätigkeit. Wenngleich er mit den illegalen Sozialisten sympathisierte, nahm er an deren Aktivitäten nicht teil. Angesichts der Illegalität der Bewegung verhielt er sich wie stets pragmatisch: »Gibt es etwas, wozu man mich braucht, wird man mich finden – ich sehe nichts Derartiges, jetzt nicht und nicht in absehbarer Zeit« (zit. nach Hannak 1965, 621 f).
Mit der »scheinlegal« zustande gekommenen Verfassung vom 1. Mai 1934 wurde klargestellt, dass nunmehr »christlich«, »deutsch«, »bundesstaatlich« und »ständisch« programmatische Charakteristika des neuen Grundgesetzes, welches »im Namen Gottes, des Allmächtigen, von dem alles Recht ausgeht«, verkündet wurde, geworden waren. Der neue Bundesstaat kannte keine allgemeinen Wahlen, alle politische Macht war bei der Regierung bzw. dem Bundeskanzler konzentriert, der Kanzler wurde aufgewertet, nicht jedoch der Bundespräsident. »Miklas, der völlig uninformiert über die Innen- und Außenpolitik gelassen wurde und isoliert von der Führung des Ständestaates war«, schrieb Jagschitz (1982, 122), »wurde nun gleichsam auch verfassungstechnisch ›vergessen‹ und fristete sein Leben bis zur deutschen Okkupation als lebendes Denkmal eines vergangenen politischen Systems, da sich der Ständestaat offenbar die Abschaffung des Bundespräsidenten nicht leisten wollte und Miklas dem System nicht den Gefallen tat, wie Hindenburg rechtzeitig zu sterben.«
Nachdem Dollfuß am 25. Juli 1934 durch nationalsozialistische Putschisten ermordet worden war, wurde Kurt Schuschnigg zum Bundeskanzler ernannt. Schuschnigg war überzeugter Monarchist, der Otto

Habsburg mit »Eure Majestät« anzureden pflegte und sich gegenüber einer habsburgischen Restauration überaus gewogen zeigte (Brook-Shepherd 2000, 386 ff). In der Abwehrschlacht gegen den Nationalsozialismus wurde Österreich in Rekurs auf den Habsburger-Mythos als der »bessere deutsche Staat« propagiert. Maria Theresia, die Österreich gegen die »räuberischen Preußen« verteidigt hatte, und Prinz Eugen, der die »Ungläubigen« zu vertreiben verstand, wurden zu Leitbildern. Renner hatte bereits Seipel verdächtigt, dass dieser sich nicht vom alten Österreich zu lösen verstünde: »Keine geografische, ethnische, ökonomische Gewalt, keine Macht der Welt, kein Diktat einer Siegerkoalition kann die Grundtatsache unseres Daseins ändern: Wir sind ein großer Stamm der großen deutschen Nation, nicht mehr, aber auch nicht weniger! Wir sind keine Nation, waren es nie und können es niemals werden« (»Arbeiter-Zeitung« vom 9. Februar 1930).

Angesichts der von Hitler drohenden Gefahr hatte Schuschnigg für den 13. März 1938 eine Volksabstimmung über den Fortbestand Österreichs angesetzt, wobei er noch am 11. März vom Zentralkomitee der Revolutionären Sozialisten unterstützt wurde: »... Am kommenden Sonntag stimmen wir gegen den Hitlerfaschismus. An diesem Tag muss die gesamte Arbeiterklasse mit Ja stimmen!« Zu diesem Plebiszit kam es bekanntlich nicht mehr, noch am Abend des 11. März folgte der Nationalsozialist Arthur Seyss-Inquart dem zurückgetretenen Schuschnigg als Regierungschef nach. Zwei Tage später war der Anschluss Österreichs an das Deutsche Reich vollzogen. Wenngleich unter anderen politischen Umständen: davon hatte Renner zwei Jahrzehnte lang geträumt. Nur vor diesem Hintergrund ist Renners »Empfehlung« für Hitlers Propaganda-Volksabstimmung am 10. April zu verstehen (»Bist du mit der am 13. März 1938 vollzogenen Wiedervereinigung Österreichs mit dem Deutschen Reich einverstanden und stimmst du für die Liste unseres Führers Adolf Hilter?«).

Rudolf Heß, der Stellvertreter des »Führers«, stimmte einem Interview Renners zu, in welchem dieser – gleichsam als Schlag ins Gesicht des Widerstandes und der verhafteten Regimegegner – erklärte: »Obschon nicht mit jenen Methoden, zu denen ich mich bekenne, errungen, ist der Anschluss nunmehr doch vollzogen, ist geschichtliche Tatsache; und diese betrachte ich als wahrhafte Genugtuung für die Demütigungen von 1918 und 1919, für St-Germain und Versailles ... Als Sozialdemokrat und somit als Verfechter des Selbstbestimmungsrechtes der Nationen, als erster Kanzler der Republik Deutschöster-

reich ... werde ich mit ›Ja‹ stimmen« (»Neues Wiener Tagblatt« vom 2. April 1938).
Es wurde immer wieder behauptet, Renner hätte diese höchst überflüssige Erklärung abgegeben, um Parteifreunde vor dem Konzentrationslager zu retten. Der im Pariser Exil lebende Otto Bauer vertrat die Auffassung, man hätte Renner dazu gezwungen, doch dieser selbst hatte mehrfach erklärt, dass er dieses Interview aus völlig freien Stücken gegeben habe. Renner lieferte später eine mutige, wenngleich skurrile Rechtfertigung: »Es schmerzt mich, als Demokrat einer Diktatur, als freier Sozialist einem militarisierten Staatssozialismus, als Kind eines humanen Jahrhunderts einem unfassbaren Rassenregime mich unterwerfen zu müssen. Ich muss es tragen im Troste der Erkenntnis: Staaten bleiben, aber Systeme wechseln. Nationen leben in Jahrhunderten, Parteien kommen und gehen in Generationen. Das, was ich mit allen meinen Kräften gewollt, kann ich nicht verleugnen, weil es auf einem anderen als meinem Wege erreicht wird ... Das aber, was ich zu erkennen glaube, was ich will, dass es geschehe, das auch vor aller Welt zu bekennen, halte ich für meine politische Pflicht. Daher meine Erklärung« (zit. nach Nasko 1982, 136 f). Im Sommer 1938 fertigte Renner eine Studie mit dem Titel »Die Gründung der Republik Deutschösterreich, der Anschluss und die Sudetendeutschen. Dokumente eines Kampfes ums Recht« an, zu welcher er im November (nach dem »Münchner Abkommen«, das Hitler die Sudetengebiete zusicherte) noch ein einschlägiges Nachwort verfasste. Renner hatte Glück, dass diese Abhandlung, welche man nach 1945 über Jahrzehnte zu verschweigen wusste, niemals veröffentlicht wurde. Passagen wie »... die beispiellose Beharrlichkeit und Tatkraft der deutschen Reichsführung« wurden von undifferenzierten Angriffen auf das parlamentarisch-demokratische System begleitet. »Mit dieser Studie«, so sein Biograf Rauscher (1995, 301), »hatte sich Renner ohne Zweifel zum Handlanger des Dritten Reiches, zum unbekümmerten intellektuellen Schreibtischtäter degradiert«.
Die Jahre des Krieges, dessen Ausbruch Anfang September 1939 Renner den Zusammenbruch des Dritten Reiches vorausahnen ließ, verbrachte der Altkanzler unbehelligt in Gloggnitz mit historischen, rechtswissenschaftlichen und soziologischen Studien. Er schrieb seine Lebenserinnerungen nieder, verfasste Gedichte, beschäftigte sich mit Fremdsprachen und Naturwissenschaft, widmete sich vielfältiger Lektüre, spielte mit Freunden Tarock und manchmal ging er auch ins Ki-

no. Obwohl er unter der ständigen Kontrolle der Gestapo stand, erfreute er sich einiger Privilegien. So durfte er einmal pro Woche mit dem Zug nach Wien fahren, dies jedoch nur erster Klasse, weil die Nazis fürchteten, Renner könnte mit der Bevölkerung in Kontakt treten. In Wien traf er auch immer wieder mit Adolf Schärf zusammen. Er genoss die »beschauliche Muße des Ruheständlers, den man in Ruhe etwas Kohl anbauen lässt«. Seine »politische Lebensarbeit« betrachtete er damals als »abgeschlossen«. In diesem Zusammenhang ist der Inhalt eines Briefes interessant, den Renner 1937 an einen Freund geschickt hatte: »Systeme wechseln heute, beinahe so rasch wie Moden, sie gehen und kommen wieder ... Wir kommen wieder! Unzweifelhaft in der Idee, wenn – bei unseren Jahren – auch nicht in der Person! Wir wollen auch das hoffen!«

Staatskanzler und Bundespräsident

Ende März 1945 waren die Nazis vor der herannahenden Roten Armee aus Gloggnitz abgezogen. Renner zeigte umgehend wieder öffentliche Präsenz. Er konnte die verängstigten Bewohner des Ortes überzeugen, nicht Hals über Kopf zu flüchten. Am 1. April marschierten die sowjetischen Truppen in Gloggnitz ein und zwei Tage später war es Renner, der sich bei der Ortskommandantur über die Übergriffe einzelner Soldaten gegen die Bevölkerung beklagte. Bei dieser Gelegenheit versäumte er es aber auch nicht, »sehr konkret seine Dienste für die Wiedererrichtung der Republik Österreich« anzubieten (Nasko 1982, 32). Renner wurde an das Hauptquartier der 9. Garde-Armee in Hochwolkersdorf verwiesen, wo er am 5. Juli von Generaloberst Alexej Scheltow empfangen wurde (Renner 1945, 9 ff). Zu diesem Zeitpunkt war von sowjetischer Seite bereits nach Renner gesucht worden. Stalin selbst hatte sich an ihn als einen »Schüler Karl Kautskys« erinnert und der 3. Ukrainischen Front Weisung gegeben, Renner zu suchen. Nachdem Stalin am Abend des 4. April Nachricht über das bereits erfolgte Gespräch mit Renner erhalten hatte, diktierte er ein Telegramm, in welchem festgehalten wurde, dass Renner das Vertrauen zu erweisen sei. Ihm sei bekannt zu geben, dass er beim Wiederaufbau der demokratischen Ordnung vom sowjetischen Oberkommando unterstützt werde. Ferner habe man Renner klarzumachen, dass die Aufgabe der sowjetischen Truppen nicht in der Annexion Österreichs, son-

dern in der Vertreibung der faschistischen Okkupanten bestehen würde (Weinzierl 1992, 93).
Es wurde viel darüber gemutmaßt, was Stalin sich von Renner, den er vermutlich für einen Opportunisten hielt, erwartete. »Was, der alte Renner lebt immer noch und ist immer noch Sozialdemokrat? Das ist unser Mann!«, soll der sowjetische Diktator einmal ausgerufen haben. Vielleicht erblickte er in Renner jene weithin respektierte Persönlichkeit, die er als Repräsentationsfigur einer sowjethörigen linken Front instrumentalisieren könnte, was ihm im Übrigen in Ungarn mit Arpad Szakasits gelingen sollte. Im britischen »Observer« wurde einmal gemutmaßt, dass Renner gerade jener Mann zu sein schien, »den die Russen benötigten: alt, sehr alt, sehr beliebt, lange nicht mehr in Berührung mit der praktischen Politik, eine Verbindung mit der Vergangenheit, eine respektable Fassade für eine Volksfrontregierung, die rasch von einigen jungen Kommunisten erobert werden würde ...« (zit. nach Jochum 1982, 5 f). Renner wurde nach der erwähnten Unterredung nach Gloggnitz zurückgebracht, wo er insgesamt acht Aufrufe an die Bevölkerung entwarf und wie »ein voll handlungsfähiger Staatskanzler« agierte. Am 9. April übersiedelte die Familie Renner in das geräumige, für den ehemaligen Staatskanzler adaptierte Schloss Eichbüchel in der Nähe von Wiener Neustadt, wo Renner, wie er später schrieb, »zwölf Tage mit fleißiger Arbeit an den Aufbauplänen« zubrachte. Eigentlich schwebte ihm in diesen Tagen der »Aufbau einer neuen Ordnung (vor), die Verwirklichung des Sozialismus«. Am 15. April schrieb Renner einen langen Brief an Stalin, dessen unterwürfiger Ton, der wohl nicht nur aus kluger Berechnung zu erklären ist, einiges Befremden evozieren muss. Stolz erinnerte Renner in diesem Schreiben an den »ruhmbedeckten Obersten Befehlshaber« an seine persönlichen Begegnungen mit Lenin und – ausgerechnet – dem bei Stalin in Ungnade gefallenen Leo Trotzki. Der Altkanzler, welcher sich als berufen erklärte, »für das österreichische Volk zu sprechen«, forderte den Diktator auf, Österreich unter seinen »mächtigen Schutz zu nehmen«. Vor allem die Schlusssätze hatten es in sich: »Das Vertrauen der österreichischen Arbeiterklasse insbesondere in die Sowjetrepublik ist grenzenlos geworden. Die österreichischen Sozialdemokraten werden sich mit der KP brüderlich auseinander setzen und bei der Neugründung der Republik auf gleichem Fuß zusammenarbeiten. Dass die Zukunft des Landes dem Sozialismus gehört, ist unfraglich und bedarf keiner Betonung (zit. nach Nasko 1982, 149 f).

Zwei Tage später erging ein Schreiben Renners an den ehemaligen christlichsozialen Finanzminister Josef Kollmann, in welchem er mitteilte, dass er sich bereit halte, wie 1918 die Erste, nun die »Zweite Republik« (!) Österreich zu organisieren. Kollmann wurde gebeten, Leopold Kunschak und andere einst demokratisch gebliebene Christlichsoziale nach Renners bevorstehender Übersiedlung nach Wien zu ihm zu bringen. »Jene aber, die sich in herausfordernder Weise faschistisch betätigt haben, das ist die engere Dollfußclique sowie die engagierten Heimwehrführer, bitte ich, in der Versenkung verschwinden zu lassen« (zit. nach Jochum 1982, 7 f). Für »alle Faschisten« hatte Renner sogar die Bestimmungen des »Diktaturrechtes, einschließlich Anhaltelager, Todesstrafe etc.« im Auge. »Alle genießen so das Recht«, meinte er, »nach welchem sie selbst zu leben gewünscht oder das sie den anderen zugedacht haben« (zit. nach Hannak 1965, 676 ff). Als Renner den Brief an Kollmann schrieb, wusste er noch nicht, dass sich in Wien, wo er am 20. April eintraf, um mit dem sowjetischen Oberbefehlshaber Marschall Fedor Iwanowitsch Tolbuchin zusammenzutreffen, die politischen Parteien – SPÖ, in welcher Renner übrigens nicht unumstritten war, ÖVP und KPÖ – bereits konstituiert hatten. Trotz Intervention der österreichischen Kommunisten, die von Renners führender Rolle erst ziemlich spät erfahren hatten, hielt Stalin an ihm fest. In einer Renner als Residenz zugeteilten Villa in Hietzing fanden die Parteienverhandlungen zur Bildung einer Regierung statt.

Am 27. April wurde Renners »Provisorische Regierung« von der sowjetischen Besatzungsmacht anerkannt. Sie bestand aus dem Staatskanzler, den Staatssekretären und den Unterstaatssekretären. Zusammen mit den Staatssekretären Adolf Schärf (SPÖ), Leopold Figl (ÖVP) und Johann Koplenig (KPÖ) bildete Staatskanzler Renner den »Politischen Kabinettsrat«, welcher die Aufgaben eines Staatsoberhauptes übernahm. Das mangelnde Vertrauen zueinander fand darin Ausdruck, dass den einzelnen Staatssekretären jeweils Unterstaatssekretäre der zwei anderen Parteien zur Kontrolle beigestellt wurden. Dies führte dazu, dass die Regierung 29 Mitglieder zählte, wobei die Sozialisten zehn Mitglieder stellten, die ÖVP neun und die KPÖ, die aufgrund des Drucks durch die Besatzungsmacht zwei der wichtigsten Ressorts übernahm, sieben. Drei Regierungsmitglieder waren parteifrei. Die Unterschriften von Renner, Schärf, Kunschak und Koplenig finden sich auch unter der ebenfalls am 27. April proklamierten »Unabhängigkeitserklärung«, die als Gründungsurkunde der Zweiten Republik gilt (Renner 1945). Hier sind vor allem die beiden ersten Artikel relevant: (I) »Die demokratische Republik ist wiederhergestellt und im Geiste der Verfassung von 1920 einzurichten.« (II) »Der im Jahre 1938 dem österreichischen Volk aufgezwungene Anschluss ist null und nichtig.«

Die Aufgaben und Herausforderungen der neu gebildeten Regierung waren, euphemistisch zum Ausdruck gebracht, unendlich schwierig: Vor allem die Bevölkerung Wiens hungerte, es mussten demokratische Wahlen vorbereitet und eine Lösung der Verfassungsfrage erarbeitet werden. Die Westmächte, speziell Großbritannien, weigerten sich noch lange, die von Moskau eingesetzte Regierung Renner, deren Akzeptanz auch innerösterreichisch, d. h. im »goldenen Westen«, auf Widerstand stieß, anzuerkennen. Bereits im Mai konnte die Verfassungsfrage in dem Sinne gelöst werden, dass eine »Vorläufige Verfassung« erlassen wurde, die der Regierung für jenen Zeitraum, in welchem noch keine parlamentarische Vertretung bestand, deren Rechte übertrug. In der Frage der Anerkennung der Regierung sowie jener der notwendigen Wahlen konnten erst nach der endgültigen Klärung über die Viermächtebesatzung Wiens[11] vom 1. September 1945 Fortschritte erzielt werden. Erst Ende Oktober 1945, der ursprünglich sehr reservierte Tiroler Landeshauptmann Karl Gruber war in Renners Kabinett als Ressortchef für äußere Angelegenheiten eingetreten, womit der innerösterreichische Durchbruch gelungen war, wurde die Provisorische Regierung von allen Alliierten anerkannt. Nun konnten auch Nationalratswahlen ausgeschrieben werden, die für den 25. November anberaumt wurden. Die ÖVP erhielt bei diesem Urnengang 85 (49,80 Prozent der Stimmen), die SPÖ 76 (44,60 Prozent) und die KPÖ nur vier (5,42 Prozent) Mandate.

»Trotz oder eher wegen der massiven Unterstützung, die russische Truppen in Österreich und Wien der KPÖ, der ›Russenpartei‹, erwiesen, legten die von Leid, Hunger, Kälte und Entbehrungen aller Art schwer geprüften Österreicher ein eindrucksvolles Bekenntnis zur parlamentarischen Demokratie ab« (Weinzierl 1992, 104). Der erst 43-jährige, langjährige KZ-Häftling Figl, welcher am 23. September zum Parteiobmann der ÖVP gewählt worden war, wurde zum ersten Bundeskanzler der Zweiten Republik bestellt. Er stand einer Konzentrationsregierung aus Christdemokraten, Sozialisten und Kommunisten vor, wobei letztere mit Karl Altmann nur ein einziges Regierungsmitglied stellten.

Am 20. Dezember 1945 wurde der bisherige Staatskanzler Karl Renner in der Bundesversammlung von den National- und Bundesräten der ÖVP, SPÖ und KPÖ einstimmig zum ersten Bundespräsidenten der Zweiten Republik gewählt. Durch das tags zuvor verabschiedete 2. »Verfassungs-Überleitungsgesetz« (StGBl Nr. 232/1945), welches Gesetzgebung und Regierungsgewalt von der Provisorischen Staatsregierung auf das Parlament und die noch zu bestellende Bundesregierung übertragen hatte, war das B-VG 1920 idF von 1929 u. a. in dem Punkt abgeändert worden, dass der Bundespräsident ausnahmsweise noch einmal von der Bundesversammlung und nicht vom Volk gewählt werden sollte. Bezugnehmend auf den Artikel 1 der »Unabhängigkeitserklärung«, wonach die demokratische Republik »im Geiste der Verfassung von 1920« einzurichten wäre, hatte Renner die Ausarbeitung einer ganz neuen Verfassung vorgeschlagen, um seiner alten Idee eines zentralistischen Einheitsstaates zum Durchbruch zu verhelfen, doch er war von Schärf davon abgebracht worden. Schärf hatte die berechtigte Befürchtung gehegt, dass die Kommunisten, welche eine grundlegende Verfassungsdiskussion einforderten, den jungen Staat auf eine ihren gesellschaftspolitischen Ideen entsprechende, volksdemokratische Grundlage stellen wollten. Die letztmalige Rückkehr in die Bundesversammlung hatte aber auch damit zu tun, dass für einen neuerlichen Wahlkampf einfach kein Geld vorhanden gewesen wäre und die Großparteien mit dem »Verteilungskompromiss« *schwarzer Kanzler – roter Präsident* recht gut leben konnten. Nach Renners Angelobung meinte Nationalratspräsident Kunschak, der alte parlamentarische Gegner des neuen Staatsoberhauptes, der herzlich gratulierte, dass es eigentlich »eine große und gewaltige Zumutung« sei, »die an den Mann gestellt wird, der die Bundespräsidentschaft zu übernehmen hat«. In seiner Ansprache bezog sich Renner auf seine Begegnung mit Kunschak »im ersten Moment der Wiedererhebung Österreichs«. Er sei beglückt gewesen, »dass wir die ersten zwei Österreicher waren, die sich in der Wenzgasse draußen begegnet und sich verstanden haben. In diesem Zusammentreffen des Sozialisten und des Christlichsozialen und in der Verständigung habe ich ein Symbol der kommenden Dinge gesehen. Ich habe daraus die Zuversicht geschöpft, dass die Zusammenarbeit dieser zwei Parteien und auch aller anderen demokratischen Parteien das Fundament eines neuen glücklicheren Österreich legen wird.« Mit dem Renner eigenen, aus zahlreichen seiner Reden bekannten Pathos versprach er, sich selbst treu zu bleiben, »treu bleiben in meiner unvergänglichen Liebe, in meinem unwandelbaren Bekenntnis zur Demokratie und in meiner angeborenen und niemals wankenden Liebe zu unserem Vaterlande Österreich ... Alles, was wir tun, möge zum Segen gereichen unserem geliebten Österreich« (zit. nach Fischer 1970, 400 ff). Einen soll die triumphale Kür Renners geschmerzt haben: Karl Seitz, den Wiener Altbürgermeister und innerparteilichen Konkurrenten aus alten Tagen, der kurz zuvor nicht ganz freiwillig von Schärf an der Spitze der SPÖ abgelöst worden war. Er hatte sich ursprünglich für sich selbst Chancen auf das höchste Amt im Staate ausgerechnet, das er, wenngleich auch in anderer Form, bereits am Beginn der Ersten Republik innegehabt hatte: Nun war er verbittert und enttäuscht.

Während die Staatsoberhäupter der Ersten Republik in einem Hintertrakt des Bundeskanzleramtes vor sich hin repräsentierten[12], setzte Renner, der zum Missfallen speziell der linken Kräfte in der SPÖ dem Zeremoniell und der Repräsentation äußerst zugetan war, mit Oktober 1946 die Übersiedlung in den Leopoldinischen Trakt der Hofburg durch. Dass sich in diesem bereits von Maria Theresia bewohnten Trakt seit Beginn der Ersten Republik museal zugängliche Schauräume befanden, mag den Skeptiker des Bundespräsidenten-Amtes zu einschlägigen Assoziationen reizen. Eine symbolische Geste dafür, dass Renner sein Amt überparteilich auszuüben gedachte, ergab sich aus der Auswahl seiner wichtigsten Mitarbeiter in der Präsidentschaftskanzlei, die allesamt nicht der SPÖ angehörten. Sein Kabinettsdirektor Wilhelm Klastersky, ein resoluter Bürokrat, hatte diese Funktion bereits in der Zwischenkriegszeit inne. »Über mir möchte ich ihn nicht haben«, scherzte Renner einmal, »aber unter mir ist er ganz ausgezeichnet.« Wenn Renner keine Termine hatte, arbeitete er nur am Vormittag in der Hofburg, nachmittags war er zu Hause, wo er nicht selten bis in die Nacht hinein Akten erledigte und im Anschluss daran seinen Studien nachging. Auch als Bundespräsident riss seine vielseitige publizistische Tätigkeit nicht ab, wenngleich Renners problematische Rolle im Jahre 1938 in seinen zeitgeschichtlichen Arbeiten nur partiell Berücksichtigung fand. Renner war es auch, der in einem Beitrag für eine Zeitung als einer der Ersten die mögliche Neutralität Österreichs nach Schweizer Vorbild zur Sprache brachte. Der Bundespräsident ließ niemals den Hauch eines Zweifels daran aufkommen, dass er sein Amt kraftvoll und aktiv auszuüben gedenke, »die ihm eingeräumte Machtvollkommenheit«, hielt er einmal fest, »ist als Garantie

gedacht, welche bei parlamentarischem Parteiregime mit seinen möglicherweise rasch wechselnden Mehrheiten dazu berufen ist, Einseitigkeiten und Überschreitungen vorzubeugen.« Von den Regierungsmitgliedern z. B. erwartete er, regelmäßig »über die Absichten und Vorgänge ihres Amtes« unterrichtet zu werden, auch geplante Staatsakte sollten seitens des Bundeskanzlers zuallererst ihm mitgeteilt werden. Gewisse Irritationen konnten bei einem derart ambitionierten Amtsverständnis nicht ausbleiben, dies galt für die politischen Parteien ebenso wie für die Alliierten, welchen Renner einmal zum Vorwurf machte, sie hätten Österreich in einem »wahrhaften Spinnennetz« gefangen. Deren Kontrolle wäre für die Regierung und für das Land nicht mehr als ein »Instrument der Verzögerung und Hemmung«. Das Vorbild Ostdeutschlands vor Augen warnte Renner vor einer möglichen Verschmelzung der Sozialdemokratie mit den Kommunisten; der »Bolschewisierung« Österreichs müsse unter allen Umständen entgegengetreten werden. Bezüglich jener Hoffnungen, die er in die UNO legte, trat Renners Idealismus, sein fortschrittsgläubiger Optimismus, noch einmal zutage. Sollten die Alliierten der jungen Republik noch nicht voll vertrauen und eine Kontrolle für notwendig erachten, »so lege man sie in die Hände der Organisation der Vereinten Nationen: Unser Vertrauen in diese wird keine Grenzen kennen!« (»Arbeiter-Zeitung« vom 1. März 1946.) Seinen Deutschnationalismus hatte Renner abgelegt, Schärfs Bekenntnis – »Der Anschluss ist tot!« – galt auch für ihn. Jede Revitalisierung nationalsozialistischer Ideen hielt er für undenkbar. Renner selbst war sich seines unterschwelligen Antisemitismus vermutlich nicht bewusst, als er z. B. seinen »Zweifel« artikulierte, »dass Österreich in seiner jetzigen Stimmung Juden noch einmal erlauben würde, diese Familienmonopole aufzubauen. Sicherlich würden wir es nicht zulassen, dass eine neue jüdische Gemeinde aus Osteuropa hierher käme und sich hier etablierte, während unsere eigenen Leute Arbeit brauchen« (zit. nach Rauchensteiner 1987, 92).
Die Wiedererlangung von Freiheit und Unabhängigkeit standen in Renners Prioritätenlisten ganz oben. In seiner Neujahrsansprache vom 1. Jänner 1950 klagte er: »Wir Österreicher möchten wie ein braver Landmann auf unser Feld gehen, um es zu bestellen. Aber siehe da, an allen vier Seiten dieser kleinen Parzelle stehen mächtige Geschütze, und wenn der allenfalls entfesselte Wahnsinn der internationalen Lage ... eine neuerliche kriegerische Auseinandersetzung bewirkt, dann ist die Parzelle des Landmannes in wenigen Tagen zertreten. Das weiß je-

der Österreicher und deshalb ist es selbstverständlich, dass er nichts heißer wünscht, als dass wirklich Friede werde, dass er sich hütet, Partei zu nehmen und nach außen Anstoß zu geben, und dass er in der Erledigung des Staatsvertrages durch die Mächte vor allem ein viel verheißendes Anzeichen dafür erkennt, dass in der Welt draußen doch Friede werden und bleiben soll. Dieser ... Staatsvertrag ist für uns Österreicher ein erwünschtes Ziel, eine absolute Lebensnotwendigkeit, aber er ist mehr, er ist für Europa und für die Welt ein Vorzeichen, eine ersehnte Friedensbotschaft.« Ähnlich wie Bürgermeister Körner bemühte Renner mehr als einmal das Vorbild der neutralen Schweiz, wobei die Option der Neutralität zu einem Zeitpunkt angesprochen wurde, als kaum jemand an deren Umsetzung zu denken wagte.

Renners Gattin Luise verbat sich gegenüber jedermann, mit »Frau Bundespräsident« angesprochen zu werden. Hand in Hand mit ihrem Gatten, dem ehemaligen »Bauernbuben«, war das ehemalige »Stubenmädl« einen weiten, steinigen Weg gegangen. Am Anfang standen sie ohne »Rechte, ohne Geld, ohne Zukunft« da. »Am Ende finden sich diese ›Enterbten und Entrechteten‹, zu denen Renner sich selber einst zählte, in den Prachträumen des Kaisers in der Hofburg wieder, an der Spitze des Staates. Ihr harter Lebensweg war auch ein Sieg der gerechteren Chancengleicheit über Standesdünkel und Klassenfeindschaft (Ziegler 1999, 24). Gerne tanzte Renner – »vornehmlich mit den groß gewachsenen, blonden Gattinnen der US-Attachés – in mächtigen Schritten Tango« (Rauscher 1995, 383), was seine angesichts des fortgeschrittenen Alters erstaunliche Vitalität bezeugte.

Am 14. Dezember 1950 beging Renner seinen 80. Geburtstag. Im Wiener Konzerthaus fielen sich damals unter tosendem Applaus Renner und Körner in die Arme. Renners Tod am 31. Dezember kam überraschend, ein Schlaganfall hatte die »Vollendung« seiner »schriftstellerischen Aufgabe«, auf welche er sich noch kurz davor gefreut hatte, vereitelt. Seine bereits aufgezeichnete »Neujahrsbotschaft« sollte sich als ein Dokument des Abschieds erweisen. »Liebe Mitbürger!«, hatte Renner unter anderem gemeint, »ich durfte es mir nicht ersparen, an diesem Tage, an dem jeder in festlich optimistischer Stimmung das neue Jahr begrüßt, zunächst von den ernsten Sorgen des alten Jahres auszugehen. Aber wir Österreicher lassen uns nimmermehr entmutigen. Wer gleichsam von den Toten auferstanden – und das ist unsere Republik –, wer wie unser Volk aus den Ruinen des letzten Weltkrieges sich in so erstaunlicher Weise herausgearbeitet hat, der glaubt an das Leben, vertraut auf die Zukunft und hegt vor allem die Zuversicht, dass die Menschheit aus dem zeitlichen Wirrsal den Ausweg zu einem gerechten und dauernden Frieden finden wird. Darum, Österreicher, mit neuem Mut und mit froher Zuversicht wieder an die Arbeit: Denn unser ist Recht und Vernunft« (»Wiener Zeitung« vom 3. Jänner 1951).

Der Bürgermeister von Österreich
THEODOR KÖRNER

Als hoch dekorierter und für die höchsten Aufgaben in der k. u. k. Armee vorgesehener Offizier stand Theodor Kleofas Gustav Körner, »Edler von Siegringen«, der zuletzt als Generalstabschef der 1. Isonzoarmee eingesetzt war und in dieser Funktion bei den Soldaten große Popularität erlangt hatte, gegen Ende des Jahres 1918 vor den Trümmern der alten Donaumonarchie, für ihn war gleichsam über Nacht ein scheinbar für die Ewigkeit geschaffenes Gefüge von Werten und Traditionen wie ein Kartenhaus in sich zusammengebrochen. Umso erstaunlicher ist es, dass Körner sich in kürzester Zeit zum Republikaner wandelte und schließlich den Weg zur Sozialdemokratie fand. Dieser Entwicklungsprozess seiner Persönlichkeit, der sicher nicht ohne Zweifel und inneres Ringen vonstatten ging, mag mit seinen Erfahrungen im Kriege zu tun gehabt haben, Karrieredenken und Opportunismus wurden Körner jedenfalls nicht einmal von seinen schärfsten Kritikern unterstellt. Nachdem er für kurze Zeit noch mit einem Studium geliebäugelt hatte, stellte er sein Fachwissen der jungen republikanischen Armee zur Verfügung, in welcher er es bis zum General brachte. Nach seiner politisch motivierten Pensionierung fungierte Körner als Abgeordneter zum Bundesrat und Berater des »Republikanischen Schutzbundes« der Sozialdemokratischen Partei, doch aufgrund tiefgehender Meinungsverschiedenheiten über dessen Führung zog sich der »rote General« nach einigen Jahren vollständig zurück. Ob gegenüber »Freund« oder »Feind«: Körner scheute niemals davor zurück, Unbequemes offen und direkt auszusprechen, wobei er sich aber nicht selten im Ton vergriff. 1945 wurde er zum Bürgermeister von Wien bestellt, sechs Jahre später bestimmte ihn die Bevölkerung zum ersten direkt gewählten Bundes-

präsidenten der Zweiten Republik. Beide Male wurde er von Parteifreunden gedrängt, sich zur Verfügung zu stellen, beide Male hielt er selbst sich für ungeeignet, beide Male irrte er. Körner bestach durch sein unkonventionelles und spontanes Naturell, durch unaufgesetzte Freundlichkeit und tiefe Menschlichkeit. Seine spontanen, unvorbereiteten Reden waren bei seinen Beratern gefürchtet, die Menschen liebten ihn dafür. Sein Äußeres näherte sich mit den Jahren immer mehr dem Konterfei des alten Kaisers, dessen Rollenbild als »Landesvater« Körner charismatisch verkörperte.

Kindheit und Jugend

Theodor Körner wurde am 24. April 1873 als Sohn des Artilleriehauptmannes Theodor Karl und der Karoline Körner, geb. Fousek, in einem kleinen Vorort der ungarischen Festung und Garnisonsstadt Komorn geboren. Später übersiedelte die Familie nach Josefstadt in Böhmen. Zwei Schwestern verstarben schon früh, Körner wuchs mit seiner um ein Jahr älteren Schwester Rosa Antonia und seinem um ein Jahr jüngeren Bruder Richard Leopold Ernst auf. Wie alle anderen Offiziere wurde Vater Körner oftmals versetzt, Theodor und seine Geschwister waren so genannte »Tournisterkinder«. Ursprünglich kamen die Körners aus Böhmen, einige Ahnen vielleicht auch aus Schlesien und Thüringen. Der Dichter Karl Theodor Körner, dessen Vater, ein Theologe, zu den Freunden Schillers zählte, wurde in der Familie zu den unmittelbaren Vorfahren gezählt, gewiss ist diese Verwandtschaft freilich nicht. Körners Urgroßvater war ebenso wie sein Großvater Arzt, gleichfalls ein Onkel, der es bis zum Universitätsprofessor brachte und zudem Leibarzt von Erzherzog Karl Ludwig war. Der Vater des späteren Bundespräsidenten sollte zunächst Kaufmann werden, doch Theodor Karl Körner zog es 1846 zum Militär. Mehr als 30 Jahre später, 1878, wurde er als 50-Jähriger aus Gesundheitsgründen frühzeitig als Hauptmann pensioniert, worauf die Körners nach Kratzau übersiedelten. 1887 wurde Körners Vater, der durch das Zeichnen von Landkarten ein bescheidenes Zubrot verdient hatte, als kleiner Bediensteter im Finanzministerium angestellt. Seine Mutter entstammte einer Fleischhauer- und Gastwirtsfamilie aus Kratzau, die für die Heirat ihrer Tochter mit dem Offizier der k. u. k. Armee, der für diese Eheschließung eine hohe Kaution aufzubringen hatte, eine

Hypothek auf das Wirtshaus aufnehmen musste. Über Körners Kindheit und Jugend ist aufgrund der dürftigen Quellenlage nur wenig bekannt, hervorgehoben wurden jedoch stets sein großer Wissensdurst, »Tapferkeit« und »Mut«, was immer darunter bei einem Knaben zu verstehen ist, »ein gewisses stoisches Temperament im Ertragen von Schwierigkeiten« sowie »seine gelegentliche Neigung zu ›Bravourstückeln‹« (Kollman 1973, 17). In Reichenberg besuchte Körner die Realschule, in dem technisch und vor allem in Mathematik begabten Schüler erwuchs vorübergehend der Wunsch, den Beruf des Ingenieurs zu ergreifen. Nach einem Jahr in der Oberrealschule in Wien (1887/88), wohin die Familie Körner übersiedelt war, bestand er die Aufnahmeprüfung in die Militäroberrealschule in Mährisch-Weißenkirchen, wo er durch besondere Leistungen und gelegentliche Zivilcourage hervorstach. Sein anspruchsloser, geradezu spartanischer Lebensstil, den der langjährige Offizier auch noch als Staatsoberhaupt beibehalten sollte, hatte hier seine Wurzeln.

Karriere in der k. u. k. Armee

1891 trat Körner in die vom Prinzen Eugen gegründete Militärakademie ein, wo er eine Ausbildung als Pionier erhielt. Drei Jahre später, am 18. August 1894, wurde Körner gleichzeitig mit seinem Bruder Richard, dem bis zu seinem Tod im Jahre 1915 ebenfalls eine steile militärische Laufbahn beschieden war, als Leutnant ausgemustert. Er blieb bei den Pionieren und diente für drei Jahre in Klosterneuburg. Im Herbst 1897 bestand Körner die schwierige Aufnahmeprüfung in die Wiener Kriegsschule, deren erfolgreiche Absolvierung nach zwei Jahren eine Karriere im Generalstab bedeutete. Er reüssierte mit gutem Erfolg und wurde als Oberleutnant in den Generalstab als »Zugeteilter« aufgenommen und einer Infanteriebrigade in Agram zugeteilt, wo er zufällig auf seinen militärisch wohl noch begabteren Bruder traf. Es stimmt übrigens nicht, dass Körner immer ein »Vorzugsschüler« war, was zwar ohnehin völlig unerheblich ist, aber trotzdem zur Legendenbildung beigetragen hat. Einer der Mentoren Körners war der Generalinspekteur der Pioniere, Feldmarschallleutnant Julius Latscher von Lauendorf, der zwischen 1904 und 1909 auch das Amt des k. k. Landesverteidigungsministers bekleidete. Dessen Gattin Antonie wurde Körners Freundin, bis zum Tode dieser um zehn Jahre älteren Frau fand Körner in ihr eine Art »Lebensmenschen«. Als sie 1944 starb, dachte er sogar an Freitod. Heiraten konnte das Paar nicht, da die Ministerswitwe in diesem Falle um ihre Pension gekommen wäre, doch ab 1918 wohnten sie Tür an Tür.

Über Politik machte sich Körner in den Jahren vor dem Ersten Weltkrieg kaum Gedanken, wir haben ihn uns als den typischen »unpolitischen« altösterreichischen Offizier vorzustellen. Im April 1900 wurde Körners Vater aufgrund seiner langen Dienstzeit und der Teilnahme an mehreren Feldzügen in den Adelsstand erhoben, weshalb sich nun auch Theodor Körner »Edler von Siegringen« nennen durfte. »Einer weit verbreiteten Legende sei allerdings entgegengetreten«, stellte Jedlicka (1977, 172) richtig, »nämlich der Behauptung, dass Theodor Körner zum Unterschied von seinem Bruder das Prädikat nie geführt hätte. Die Schematismen der k. u. k. Armee ... beweisen das Gegenteil ... Viel wichtiger war dem strebsamen Offizier, der 1905–1910 als Hauptmann erster Klasse im Generalstabskorps nun tatsächlich zu der Elite der österreichischen Offiziere gehörte, die Anerkennung seiner Leistungen – und diese lagen in der hervorragenden Begabung für technische Dinge und dem Erfassen der modernen Führungsmittel, des Telegrafen, Telefons ... für die moderne Kriegsführung.«

Aus seinen »Dienstbeurteilungen« geht eindeutig hervor, dass Körner perfekt den Anforderungen eines als *ausgezeichnet* geltenden Offiziers entsprach. 1913 urteilte General Krauss über den Major Körner: »Ein bis zur Selbstverleugnung gewissenhafter, geistig und moralisch hervorragender Generalstabsoffizier, der für jeden verantwortungsreichen Posten hervorragend geeignet ist.« Der Chef des Generalstabes Conrad von Hötzendorf, innerhalb der militärischen Elite ein beispielloser Kriegshetzer, vermerkte in einem Zusatz: »Einverstanden – hervorragend tüchtig; selbständig wirkend.«

Den Ausbruch des Krieges erlebte Körner als Oberstleutnant, wenige Monate später wurde er den Balkanstreitkräften zugeteilt, die unter dem Kommando des Erzherzogs Eugen standen. Der zum Oberst beförderte Körner schätzte den populären Habsburger und dieser ihn. Körner war im Übrigen auch mit dem Obersten des Generalstabes Alfred Redl gut bekannt, der über zwölf Jahre hindurch brisante Geheimdokumente an Russland verkauft hatte. Redls Verrat soll ihn tief getroffen haben. Gegen Ende des Krieges galt der Oberst von Körner, der zuletzt führend im Generalstab der Isonzoarmee tätig war, als einer der beliebtesten Offiziere der gesamten Armee, welcher er in »heiligster

Pflichterfüllung« und – so darf man wohl annehmen – ohne jeden Anflug von Zweifel an seiner Tätigkeit diente. Seine Vorgesetzten hielten ihn »für jeden höheren Vertrauensposten im Generalstab für hervorragend geeignet«. Generaloberst Boroevic, von dem diese Einschätzung stammte, forderte den hoch dekorierten Körner, der auch bei den höchsten Militärs in Hofkreisen gut angeschrieben und für einen hohen Posten im Kriegsministerium vorgesehen war, 1917 auf, sich für den Militär-Maria-Theresien-Orden zu bewerben. Diese höchste Auszeichnung der k. u. k. Armee bekam er schließlich trotz Befürwortung durch Erzherzog Eugen nicht, weil er sich geweigert hatte, gemäß den Statuten Zeugen beizubringen. Die Härte, die Körner sich selber abverlangte, erwartete er auch von seinen Soldaten, der legendäre Oberst war nicht nur beliebt, sondern auch gefürchtet. Skrupel, Todesurteile für Deserteure zu bestätigen, hatte er offensichtlich nicht.

Die österreichischen Stellungen lagen eben unter heftigem italienischen Artilleriebeschuss, als der spätere Bundespräsident eine seiner gefürchteten Inspektionen abhielt. Ein junger, schlanker Sappeuroberleutnant, der dem Beispiel seines Vorgesetzten folgte und trotz Beschuss aufrecht durch die Stellungen schritt, erklärte ihm im Schlachtenlärm die Schwierigkeiten im Zusammenhang mit den Befestigungen: Es war Julius Raab, der spätere »Staatsvertragskanzler«. Raab erinnerte sich: »Der Körner hat mi' g'fragt, warum i mi' im Feuer exponier'. I hab g'horsamst g'meint, dass der Herr Oberst do' a ka Rücksicht auf sich nimmt. Da hat Körner zum G'spaß g'sagt, es sei eh keine Not an Obersten in der Armee. Nur die guat'n Sappeuroffiziere wurderten rar.«

Anfang November 1918 befand sich die Isonzoarmee, die bis zum bitteren Ende dem Ansturm des Gegners standgehalten hatte, auf dem Rückzug. Dass er so ziemlich klappte, war auch ein Verdienst Körners, dem man auf dem Bahnhof von Laibach vor allen Leuten »bitterlich weinen« sah. Meuternde Truppenteile machten sich von sich aus auf den Weg in die Heimat, nach Böhmen, Ungarn, Galizien usw. Die Menschen des Vielvölkerreiches hungerten und sehnten sich nach Frieden, Arbeiterunruhen, Streiks und Revolten waren die unvermeidlichen Folgen. Alles war in Auflösung begriffen. Mit dem Zerfall der Armee nach dem Waffenstillstand vom 3./4. November brach die zentripetale Hauptstütze der alten Ordnung weg, der Weg in die Republik, die am 12. November 1918 ausgerufen wurde, war frei.

»Für Körner muss im November 1918 eine Welt fest gefügter Ehrbegriffe, Tradition, Aufstiegsmöglichkeiten und sozialer Eingebundenheit zusammengebrochen sein«, analysierte Botz (1982, 168). »Eine Zeit lang war er bei der ordnungsgemäßen Auflösung der Militärbürokratie des zerfallenen Kaiserstaates ... beschäftigt; auch mit Vorarbeiten zur Klärung von militärischen Fragen bei den kommenden Friedensverhandlungen war er bis Anfang 1919 tätig. Doch dann stand er, wie viele seiner Standesgenossen, nach dem Zusammenbruch seiner militärischen Lebensform ... vor dem Nichts.«

Im Dienste der Republik – Der Weg zur Sozialdemokratie

Nachdem der immerhin bereits 45-jährige Körner zunächst mit der Aufnahme eines Studiums der Vermessungstechnik geliebäugelt hatte, nahm er nach Rücksprache mit führenden Sozialdemokraten, unter anderen mit Julius Tandler, im März 1919 das Angebot an, die Funktion des Leiters der Präsidialabteilung des Staatsamtes für Heereswesen, an dessen Spitze nunmehr Staatssekretär Julius Deutsch stand, zu übernehmen. Deutsch streute seinem höchsten Beamten 1921 Rosen: »... Körner war aber nicht allein fachlich eine von allen Seiten anerkannte erste Kraft, sondern, was in diesen schweren Zeiten noch wertvoller erschien, ein Mann von echtem Schrot und Korn. Politisch ein unbeschriebenes Blatt, wusste er sich alsbald gegen rechts wie gegen links durch seine unbeirrbare Objektivität durchzusetzen« (zit. nach Kollman 1973, 82). Der Eintritt in die republikanische Wehrmacht wurde Körner von vielen ehemaligen Kameraden, die gleich ihm ihren Eid auf den Kaiser abgelegt hatten, derart verübelt, dass sie den gesellschaftlichen Kontakt zu ihm, den sie nun als einen Abtrünnigen betrachteten und vielleicht auch verachteten, abbrachen. Körners Biografen schlossen Opportunismus als Motiv für den Wandel zur Republik und etwas später, nach »langen inneren Kämpfen«, wie er selber bestätigte, zur Sozialdemokratie, der Körner allerdings erst 1924 beitrat, kategorisch aus. Seine nicht wirklich luzide nachvollziehbare innere Entwicklung wurde vielmehr mit der persönlichen Kriegserfahrung und seinem spezifischen Verständnis des Offiziersberufes zu erklären versucht, wobei der Umstand, dass er sich während des Krieges oft in die »Arbeiter-Zeitung« und nach Auskunft des nachmaligen Generalstaatsarchivars Rudolf Kieszling in die Marxismus-Diskussion vertieft hatte, nicht vernachlässigt werden darf.

Bei der Liquidierung der k. u. k. Armee sowie bei der Aufstellung des neuen Heeres war Körner, der als einziger Offizier davon Abstand nahm, seine Kriegsorden zu tragen, maßgeblich beteiligt. Seine bemerkenswerte Einsicht, wonach es jetzt eigentlich darum gehe, »den Menschen das Schießen abzugewöhnen«, spiegelt die Katharsis eines erfahrenen, mit den Schrecken und dem unermesslichen Leid des Krieges vertrauten Frontoffiziers. Die neue Wehrmacht sollte sich jedenfalls deutlich von der »alten« Armee unterscheiden, es galt den Bruch mit dem Habsburgerreich, mit der Vergangenheit, sichtbar zu machen, weshalb man bemüht war, das Traditionsband zu durchschneiden. Das Heer, welches ursprünglich als Miliz geplant war, sollte nicht nur die Außengrenzen verteidigen, sondern auch die Errungenschaften der »Österreichischen Revolution« gegenüber reaktionären Kräften schützen und auf der anderen Seite den realen Gefahren einer Bolschewisierung begegnen.
Die bürgerlichen Kräfte betrachteten die Volkswehr und später das im Aufbau begriffene Bundesheer als machtpolitisches Instrument der Sozialdemokratie, das Heer wurde zum ewigen Streitpunkt und Zankapfel der Parteien (Jedlicka 1955). Mit dem Scheitern der koalitionären Zusammenarbeit zwischen Christlichsozialen und Sozialdemokraten am 10. April 1920, die sich bezeichnenderweise über einen Erlass bezüglich des Wehrgesetzes nicht einigen konnten, gerieten die Spitzenpositionen des Bundesheeres in den Mittelpunkt der politischen Konflikte. Der christlichsoziale Heeresminister Carl Vaugoin tat alles, um das Heer zu einem machtvollen Instrument der konservativen Seite umzupolen, was ihm auch äußerst erfolgreich gelang. Da Generalmajor Körner, dem aufgrund seiner Reputation noch 1921 vom großdeutschen Bundeskanzler Schober der Posten des Heeresministers angeboten worden war, den Bestrebungen Vaugoins im Wege war, wurde er am 1. Juli 1923 im Zuge einer Beförderung zum Heeresinspektor »weggelobt« und Anfang Februar 1924 unter Verleihung des Titels General pensioniert. Seine politisch motivierte Versetzung in den Ruhestand entfachte eine hart geführte innenpolitische Auseinandersetzung, in deren Verlauf eine von Körner (1924) verfasste »Denkschrift über das Heerwesen der Republik«, die als Abrechnung speziell mit Vaugoin gedacht und auch so aufgefasst wurde, eine wichtige Rolle spielte. Nach der Lektüre dieser wirklich bedeutsamen Schrift zur Wehrfrage meinte einer der schärfsten Gegner des »roten Generals« in der »Österreichischen Wehrzeitung« (Heft 5/1924, S. 4 ff), dass nun-

mehr »das Tafeltuch zwischen dem alten Offizier und dem Körner von heute« endgültig zerschnitten sei.
Es wurde bereits festgehalten, dass Körner 1924 in die SDAP eintrat. Wenig später wurde er als Bundesrat und stellvertretender Parlamentskommissär für Heeresfragen ins Hohe Haus entsandt, dem er bis zum 12. Februar 1934 angehörte. 1926 wurde er ferner in den Wiener Stadtschulrat berufen, wo er u. a. damit Aufmerksamkeit erregte, dass er die »sexuellen Gefahren«, denen die Schüler angeblich ausgesetzt waren, weniger gefährlich einschätzte als deren Verrohung durch die verherrlichende Kriegsliteratur. Die Leitung des 1923 aus den Ordner- und Arbeiterwehren hervorgegangenen, unter der Leitung von Deutsch stehenden »Republikanischen Schutzbundes« (RSB) zog ihn neben einigen anderen ehemaligen Offizieren als militärischen Berater bei. Zunächst hatte die SDAP für die allgemeine Abrüstung aller politischen Wehrverbände plädiert, doch angesichts des Unwillens des politischen Gegners und Mussolinis »Marsch auf Rom« hatte sich die Partei für die Gründung des RSB, welcher der Leitung der SDAP als politische Armee zur Verfügung stand und ein Gegengewicht zu den weit rechts stehenden Heimwehren und dem immer stärker unter katholisch-konservative Kuratel geratenen Bundesheer darstellen sollte, entschieden. Der Schutz der parlamentarischen Demokratie sowie die Sicherung sozialdemokratischer Aufmärsche und Kundgebungen waren die primären Aufgaben dieses aus freiwillig dienenden Arbeitern bestehenden Wehrverbandes. Im Laufe der Jahre nahm die innenpolitische Polarisierung, ja die Militarisierung des öffentlichen Lebens stetig zu und eine gewaltsame Konfrontation der paramilitärischen Verbände der verfeindeten Lager schien unausweichlich. Von Beginn der Republik an hatte die sozialdemokratische Strategie unter dem maßgeblichen Einfluss von Otto Bauer darin bestanden, einerseits die eigenen Anhänger sowie sehr weit links stehende Strömungen durch eine revolutionär gefärbte Phraseologie ruhig zu stellen und andererseits dem Bürgertum durch rhetorische Drohgebärden die Lust am undemokratischen Gebrauch des staatlichen Machtapparates zu nehmen. Die ritualisierten Feierlichkeiten am 1. Mai eigneten sich als Demonstration und Entfaltung der Massenmacht besonders gut. Freund und Feind gaben sich dieser proletarischen Machtillusion hin, doch am schicksalhaften 15. Juli 1927, dem Tag des Justizpalastbrandes, an dem die arbeitenden Massen der Kontrolle einer zu selbstsicheren Parteiführung entglitten, wurde »das Ergebnis eines Widerspruches zwischen der

wahren Macht der Bewegung und der Illusion der Massen« präsentiert (Gulick 1948, 505).

Körner war vergeblich dafür eingetreten, die Demonstranten zu beruhigen, was durch den gezielten Einsatz des RSB, der in seiner Ordnerfunktion total versagt hatte, durchaus möglich gewesen wäre. »Die Masse«, schrieb der prominente Sozialdemokrat Wilhelm Ellenbogen (1981, 75), »wurde bewusst sich selbst überlassen.« In dem nach dem 15. Juli anhebenden Disput über die Funktion, Richtung und Taktik des RSB, der sich zusehends mit der wachsenden Bedeutung der faschistischen Heimwehren konfrontiert sah, geriet Körner in einen ernsten, die existenziellen Fragen der politischen und militärischen Ausrichtung der SDAP berührenden Gegensatz zu Julius Deutsch und Alexander Eifler, dem späteren Stabschef des RSB. Ohne irgendwelche Rücksichten zu nehmen, nicht selten auch derb und verletzend in seiner Sprache, erteilte er jeder »militärischen Spielerei«, worunter er die ständigen Paraden, das Exerzieren u. a. m. meinte, eine kräftige Absage, ihm schwebte vielmehr so etwas wie eine auch politisch und geistig kompetent vorbereitete Hilfspolizei vor, eine aus dem »Inneren« der Arbeiterbewegung hervorgehende, sich bei Bedarf Guerillamethoden bedienende Ordnungstruppe, deren geschlossenes Vorgehen die erst noch zu revolutionierenden Massen gegen den Faschismus mobilisieren müsse.

Da er sich mit seinen nicht mehrheitsfähigen Ansichten nicht durchzusetzen verstand, schied Körner im Herbst 1929 aus der Schutzbundleitung aus, einige Monate darauf erklärte er seinen Austritt aus dem RSB. Anfang Februar 1934, als Eifler u. a. bereits verhaftet waren, trat die Parteiführung wieder an Körner heran und bat ihn, die Leitung des Schutzbundes zu übernehmen. »Ich konnte mich damals nicht beherrschen«, berichtete Körner darüber, »und sagte den Genossen beiläufig in sehr heftigem Ton Folgendes: ›Jetzt kommt ihr, wo alles verfahren ist, ich nichts weiß, was den Schutzbund anlangt, und Deutsch-Eifler stets verstummt sind, wenn ich zufällig in die Nähe kam. Ich kann keine Führung und Verantwortung übernehmen, bevor ich mich nicht über den Schutzbund orientiert habe. Ich werde so rasch als möglich trachten, mir in den Bezirken ein Bild zu verschaffen, ob überhaupt etwas zu machen sei‹« (zit. nach Botz 1982, 185).

Nach der zu erwartenden Niederlage des RSB in den Februarkämpfen, vor deren Ausbruch Körner mit den eindringlichen Worten: »Jeder Versuch einer Gewaltäußerung unsererseits hat nicht die geringste Chance und ist Selbstmord« gewarnt hatte, wurde er am 12. Februar verhaftet und des Hochverrats angeklagt. Angebote, ihm die Haft zu erleichtern, lehnte er wie alle anderen Privilegien kategorisch ab. Erst zu Weihnachten, nach mehr als zehn Monaten Haft, wurde der vormalige Bundesrat als einer der letzten namhaften Funktionäre der SDAP amnestiert. Körner entschied sich ab diesem Zeitpunkt für die innere Emigration. Dem sozialistischen Untergrund schloss er sich nicht an, für viele illegale Schutzbündler galt Körner damals als »pazifistischer, kampfscheuer General«. Während der Naziherrschaft widmete er sich intensiv militärstrategischen und historischen Studien, die der Revolution von 1848 ebenso galten wie den Theorien von Clausewitz oder dem Potenzial und der Abwehrbereitschaft der Roten Armee. In diesen Jahren erlernte er auch die russische Sprache. Körners These von der Unbesiegbarkeit der Roten Armee wurde vom Gang der Geschichte bekanntlich bestätigt. Unter der Schirmherrschaft des Direktors des Wiener Kriegsarchivs konnte er bis 1943 auf die einschlägigen Ressourcen dieser Institution zurückgreifen, doch dann wurde ihm auf persönlichen Befehl des berüchtigten Gestapochefs Ernst Kaltenbrunner der weitere Zutritt untersagt. Nach dem gescheiterten Attentat auf Hitler am 20. Juli 1944 teilte Körner mit so vielen anderen das Schicksal, von der Gestapo verhaftet zu werden. Doch schon nach kurzer Zeit wurde der 71-Jährige wieder auf freien Fuß gesetzt.

Bürgermeister von Wien

Am 4. April 1945 erreichte die 3. Ukrainische Front der Roten Armee unter Marschall Tolbuchin die südliche Stadtgrenze Wiens. Zwei Tage darauf setzte der Generalangriff ein: die »Schlacht um Wien« dauerte bis zum 13. d. M. Der letzte Gefechtslärm war noch nicht verklungen, da erreichte Körner eine Nachricht seines Freundes Schärf, er möge sich im Rathaus zu einer ersten Zusammenkunft sozialistischer Politiker einfinden: »Lieber Körner, bitte komme morgen um neun Uhr ins Rathaus. Wir treffen uns in den Räumen des Bürgermeisters. Schärf.«
Bei diesen Beratungen ging es um die Bestellung des Wiener Bürgermeisters. Von einem russischen Major war bereits ein Rudolf Prikryl als Bürgermeister (womöglich aber nur für den 1. Bezirk) eingesetzt worden, (der bereits kurz nach dem Abzug der letzten deutschen

Truppen ins Rathaus übersiedelt war) (Schärf 1960, 47 ff). Die Widerstandsbewegung 05 sprach sich nun für den ehemaligen sozialdemokratischen Stadtrat Anton Weber als Stadtoberhaupt aus, Prikryl sollte nur Vizebürgermeister werden, von führenden sozialdemokratischen Funktionären wiederum wurde ursprünglich der frühere Vizebürgermeister Emmerling, der allerdings aus Gesundheitsgründen nicht wollte, ausersehen. Schließlich einigten sich Schärf (für die Sozialdemokraten), Kunschak (für die Christlichsozialen) und Ernst Fischer (für die Kommunisten) auf Körner, der nach Auskunft von Bruno Pittermann bereits 1943 vom sozialistischen Untergrund für diese Funktion in der vom Nazi-Joch befreiten Stadt gehandelt worden war. Die sich an diesem Tage neu konstituierende SPÖ wollte, so gut dies eben möglich war, Kontinuität mit dem Wien vor 1934 signalisieren, doch die großen Kommunalpolitiker der Zwischenkriegszeit waren entweder tot oder nicht verfügbar. Schärf (1960, 12 f) schrieb in seinen Erinnerungen, dass es nur Seitz und Körner gewesen wären, mit denen die Bevölkerung eine bildliche Vorstellung verbanden. »Im Falle Körner haben die aufrechte Gestalt, der eindrucksvolle Bart, die Erscheinung des auch bei kältestem Wetter hut- und mantellosen pensionierten Generals einen bleibenden optischen Eindruck hinterlassen« (Kollman 1973, 265). Am 17. April wurde Körner vom russischen Stadtkommandanten, General Alexej Blagodatow, als provisorischer Bürgermeister bestätigt.

Im Jahre 1938 hatte der »Führer und Reichskanzler« versprochen, er werde die »Perle Wien in die würdige Fassung bringen«. Sieben Jahre später lag die Stadt in Schutt und Asche. 21 Prozent des Hausbestandes waren ganz oder teilweise zerstört, an die 87 000 Wohnungen unbewohnbar. Ungefähr 3000 Bombentrichter und 3700 Schadensstellen an Kanälen, Gas- und Wasserleitungen wurden eruiert, die Zahl der benötigten Dachziegel und Glasscherben war enorm. Das Verkehrssystem und die Verwaltung lagen darnieder, Seuchengefahr drohte (Körner 1945; Vocelka 1985). Der nach den Gemeinderatswahlen vom 25. Dezember 1945[13] anlässlich der konstituierenden Sitzung des Gemeinderates am 14. Februar 1946 ordnungsgemäß zum Stadtoberhaupt gewählte Körner erwies sich als blendender, zu improvisieren verstehender Organisator und Verhandler, der im hungerleidenden Wien, wo es beinahe an allem fehlte, von allen Seiten respektiert wurde. Seine passablen Russischkenntnisse trugen dazu bei, das existenzielle Einvernehmen mit der sowjetischen Besatzungsmacht, der gegenüber sich

der ehemalige General freilich alles andere als devot verhielt, zu erleichtern. Einmal soll er sich geweigert haben, vor dem Kommandanten zu erscheinen, ehe er nicht von der Ordonnanz in vorschriftsmäßiger Weise gegrüßt wurde. Doch auch mit den anderen, später anrückenden Alliierten verstand Körner sich in deren jeweiliger Muttersprache zu verständigen, was die oft schwierigen Verhandlungen in den vier Besatzungszonen, in welche Wien am 1. September 1945 geteilt worden war, doch erheblich erleichterte. Er sparte in der Ausübung seiner verantwortungsvollen Aufgabe weder an Selbstkritik noch ließ er seine engsten Mitarbeiter ungeschoren, wenn ihm etwas nicht passte: »... mit diesen angefressenen Stadträten muss ich das hungernde Wien repräsentieren!«
Bei seiner Antrittsrede als Bürgermeister hatte Körner die Jugend- und Altersfürsorge, die Instandsetzung der städtischen Unternehmen, das Wohnungswesen und den Wiederaufbau sowie auch Kunst und Kultur in den Mittelpunkt seines Programms gestellt. In diese Bereiche sollte das Gros der finanziellen Förderungen fließen (Csendes 1994, 39). Den Wienern war der Junggeselle Körner in der Wiederaufbauphase bei vielen Anlässen präsent, seine Liebenswürdigkeit, Spontaneität und Ungezwungenheit verschafften ihm das Image des Straßenbahn fahrenden »Volksbürgermeisters«, der sich auch nicht zu schade ist, mit der Einkaufstasche in der Hand höchstpersönlich seine Besorgungen zu machen. Anlässlich seines 75. Geburtstages wurde Körner zum Ehrenbürger der Stadt Wien ernannt, bereits drei Jahre zuvor hatte er von der Technischen Universität ein Ehrendoktorat verliehen bekommen. Während des »Oktoberstreiks« im Jahre 1950, als kommunistische Funktionäre in Wien und Niederösterreich den Versuch unternahmen, die Erregung über das 4. »Lohn- und Preisabkommen« in eine gezielte Aktion gegen die Bundesregierung bzw. die parlamentarische Demokratie zu lenken, trug Körner neben den Protagonisten Franz Olah, damals Vorsitzender der Bau- und Holzarbeitergewerkschaft, und Innenminister Helmer wesentlich zur Entschärfung dieser Krise bei. Körner stellte sich am 4. Oktober den aufgebrachten Demonstranten furchtlos entgegen und mahnte erfolgreich zur Besonnenheit. Bundespräsident Renner dankte ihm damals dafür, dass er sich »mutig in die Bresche gestellt« habe.

Bundespräsident

Am 31. Dezember 1950 starb Renner. Neben der Kandidatenfrage stellte sich nun vor allem das Problem, ob die Wahl des Staatsoberhauptes entsprechend der Verfassungsnovelle 1929 durch eine allgemeine Volkswahl oder – wie bisher – durch eine Abstimmung in der Bundesversammlung durchgeführt werden sollte. In beiden Großparteien gab es unterschiedliche Auffassungen, insbesondere wurde zu Bedenken gegeben, dass sich der Sieger einer Volkswahl, der im Kampf um die Gunst der Bürger womöglich harte Auseinandersetzungen vorangegangen waren, nur mit äußerster Mühe zu einer Integrationsfigur entwickeln könnte. Von einigem Interesse ist ein Hinweis von Karl Gruber (1953, 250), der in einem Erinnerungsbuch davon berichtete, dass zwischen ÖVP und SPÖ anlässlich der Koalitionsverhandlungen 1949 ein Abkommen getroffen worden sei, wonach der nächste Bundespräsident von der ÖVP gestellt »und mit den Stimmen der Sozialisten in der Bundesversammlung gewählt werden sollte«. Zu dieser Regelung kam es u. a. deshalb nicht, weil die Voraussetzung für die Wahl in der Bundesversammlung ein eigenes Verfassungsgesetz gewesen wäre und dieses der Zustimmung des Alliierten Rates bedurft hätte.

Eine neue Diskussion über die Verfassungsfrage war freilich weder für die Sozialisten noch für die Christdemokraten akzeptabel, weshalb im Jänner 1951 über ein mit der Novelle von 1929 konform gehendes Wahlgesetz verhandelt wurde. Am 12. Jänner wurde auf Basis eines gemeinsamen Antrags von ÖVP und SPÖ ein einfaches Gesetz ohne Verfassungsklausel beschlossen und dem Alliierten Rat, in welchem keine Einigung erzielt werden konnte, vorgelegt: 31 Tage später trat es in Kraft.

Zum ersten Mal in der tausendjährigen Geschichte Österreichs sollte also am 6. Mai 1951 das Staatsoberhaupt direkt vom Volk gewählt werden. Seitens der ÖVP wurde Anfang März auf dem 3. Bundesparteitag einstimmig der populäre Landeshauptmann von Oberösterreich, Heinrich Gleißner, offiziell nominiert. Dieser sprach seine Hoffnung aus, zu einer Atmosphäre des gemäßigten politischen Klimas beitragen zu können. Er wolle über Parteischranken hinweg Brücken von Mensch zu Mensch schlagen (Schiffkorn 1985, 234 ff). Die sensible und auf Ausgleich bedachte Rhetorik, die Gleißner während des gesamten Wahlkampfes pflegte, war vor dem Hintergrund des Tatbestandes wichtig, dass der ÖVP-Kandidat einst Mitglied im Kabinett Dollfuß war, doch Gleißner hatte sich gewandelt. Christian Broda schrieb über eine Begegnung mit dem Oberösterreicher aus 1945: »Ich habe in der Folge keinen Repräsentanten des ›autoritären Ständestaates‹ getroffen, der so offen über seine eigenen Irrwege in den Jahren 1933 bis 1938 gesprochen hat.«

Der Entscheidungsprozess in der SPÖ gestaltete sich etwas komplizierter (Schärf 1955, 268 f; Koref 422 f). Viele in der Partei dachten zunächst an Oskar Helmer, den sich auch Renner als Nachfolger erhofft hatte. Helmers Popularität vor allem in Niederösterreich glich jener Gleißners in dessen Bundesland, außerdem verfügte er über ausgezeichnete Kontakte zum bürgerlichen Lager. Als Gegenargument wurde u. a. ins Treffen geführt, dass Helmers österreichweiter Bekanntheitsgrad nicht hoch genug wäre. Dies galt auch für Ernst Koref, den von allen Seiten geschätzten Bürgermeister von Linz, und noch mehr für Heinrich Machold, den Landeshauptmann-Stellvertreter der Steiermark. Am 23. Februar entschlossen sich die Sozialisten aufgrund eines Vorschlages von Helmer zur Kandidatur des immerhin schon fast 78-jährigen Körner, der damals wahrscheinlich der beliebteste Politiker der SPÖ war. Gegen Körner sprach sein fortgeschrittenes Lebensalter, das von der ÖVP im Wahlkampf auch in letztklassiger Form instrumentalisiert wurde. »Die Volkspartei entfaltete eine unschöne Flüsterpropaganda über den Gesundheitszustand Körners, der geradezu als lebender Leichnam hingestellt wurde, wenn er gewählt werde, werde man für ihn in kurzem ein Staatsbegräbnis zahlen müssen«, erinnerte sich Schärf (1955, 349). Die undiplomatische Art Körners, seine spontanen, nicht selten unbedachten Bemerkungen, waren von seinen Freunden und Beratern gefürchtet, seiner Popularität waren sie zuträglich. 1949 beispielsweise hatte er in der Schweiz anlässlich der Unabhängigkeitsfeier bemerkt: »Wir feiern heute den Tag, an dem die Schweizer die Habsburger aus dem Land hinausgeworfen haben. Leider sind wir Österreicher diesem Beispiel erst 650 Jahre später gefolgt.« Körner strahlte väterliche Autorität aus, er erweckte Vertrauen – und dennoch: Chancen wurden ihm beinahe keine eingeräumt und gerade deshalb konnte er überhaupt erst zur Kandidatur überredet werden. An Schärf schrieb er: »... [ich bin] absolut gegen meine Kandidatur ... Deine Bemerkung, dass ich ja nur ein Zählkandidat sei, ist gewiss beruhigend, aber der Teufel schläft nicht.«

Neben Körner und dem hohen Favoriten Gleißner standen noch drei

weitere Kandidaten zur Wahl. Der VdU kandidierte den Innsbrucker Chirurgen Burghard Breitner – eine »fast legendäre Gestalt aus den Kriegsgefangenenlagern Sibiriens während des Ersten Weltkrieges« (Rauchensteiner 1995, 302), der sich allerdings weigerte, Versammlungen abzuhalten und als Politiker »eine Null« war (Reimann 1980, 236). Von den Kommunisten bzw. dem »Linksblock« wurde das Bundesratsmitglied, ÖGB-Vizepräsident Gottlieb Fiala, ein Mitbegründer der KPÖ, aufgestellt. Ferner stellten sich der Theologe und Geistliche Johannes Ude und Ludovika Hainisch-Marchet, die Tochter des früheren Bundespräsidenten Michael Hainisch[14], beide parteilos, der Wahl. Anfang März hatten ÖVP und SPÖ eine Art »Fairnessabkommen« vereinbart, welches u. a. die Begrenzung des Wahlkampfes auf die Dauer von zwei Wochen und das Bekenntnis zu einer »positiven« Wahlwerbung zum Inhalt hatte, Polemiken blieben aber trotzdem nicht aus. Während der anstrengenden Reisen in die Bundesländer vermochte der alte Soldat Körner, der den Schutz bürgerlicher Freiheiten und die Erlangung der Unabhängigkeit sowie »strengste Neutralität« auf seine Fahnen geschrieben hatte, seine gute körperliche Konstitution eindrucksvoll unter Beweis zu stellen: »Die Geschichte, wie Körner von den besorgten Freunden nach einem besonders anstrengenden Tag schlafen geschickt wurde, nur um gegen Mitternacht im benachbarten Wirtshausstüberl ... wieder aufzutauchen, erfreute sich großer Popularität« (Kollman 1973, 352). Die wiederkehrende Unterstellung, er wäre im Gegensatz zu seinem in den besten Jahren stehenden Gegner ein kranker Mann, brach spätestens dann in sich zusammen, als Gleißner bei einer Versammlung einen Schwächeanfall erlitt.
Am 6. Mai vermochte keiner der Kandidaten eine absolute Mehrheit zu erzielen, Gleißner lag mit 40,14 Prozent knapp vor Körner, der 39,15 Prozent erreichte, Breitner kam auf beachtliche 15,41, Fiala auf 5,12 Prozent. Die Ergebnisse von Ude (0,13 Prozent) und Hainisch (0,05 Prozent) wurden bis 1998 nicht mehr unterboten. Dieses Ergebnis machte eine Stichwahl zwischen jenen beiden Kandidaten notwendig, die im ersten Wahlgang die meisten Stimmen auf sich vereinigen konnten. Nachdem die Bundesverfassung gestattet, dass die wahlwerbenden Gruppen – also ÖVP und SPÖ – im zweiten Wahlgang einen anderen Kandidaten nominieren, wäre es möglich gewesen, dass sich die Parteien noch auf einen gemeinsamen Kandidaten geeinigt hätten. Nachdem aber die Volkspartei, die vom Sieg Gleißners überzeugt war, in keine ernsthaften Verhandlungen über einen Kompromisskandida-

ten einzutreten bereit war und dies am 10. Mai bekannt gab, wurde die Stichwahl am 27. Mai Gewissheit. Die nun einsetzenden, überharten wahlpolitischen Auseinandersetzungen riefen unangenehme Erinnerungen an die martialische Sprache der rivalisierenden Lager in der Ersten Republik wach. So wurde beiden Kandidaten wechselseitig mangelnde demokratische Gesinnung und mangelnder Patriotismus vorgeworfen, die austrofaschistische Vergangenheit von Gleißner wurde ebenso undifferenziert thematisiert wie die von Körner nicht eindeutig zurückgewiesene Wahlempfehlung der KPÖ. Am weitesten über das Ziel schoss Raab hinaus: »Sozialisten und Kommunisten reichen einander in der Entscheidungsstunde die Hände, um ihr gemeinsames Ziel, die Errichtung der roten Diktatur, auch gemeinsam zu erkämpfen.« In den kruden Polemiken der Parteipresse fand eine Auferstehung des ohnehin nie wirklich für tot erklärten Teufelchens »marxistische Front« statt, das auf der anderen Seite mit dem ebenfalls nicht ausgetriebenen Beelzebuben »Bürgerblock« zu domestizieren versucht wurde. Mit Herbert Kraus hatte die führende Persönlichkeit des VdU zwar ein öffentliches Votum für Gleißner abgegeben, doch Körner bemühte sich emsig um die Stimmen der »Unabhängigen«: »Kleine Leute, Rentner, kleine Geschäftsleute, Wohnungssuchende, aber auch schwer getroffene Nationalsozialisten. Diesen allen kann ich nur empfehlen: Wählen Sie in der Stichwahl jenen Kandidaten, dessen Partei die sozial Bedürftigen, das arbeitende und das leidende Volk vertritt – die Sozialistische Partei! Für die sozial bedürftigen ehemaligen Nationalsozialisten gilt dasselbe« (zit. nach Kollman 1973, 355). Die vielen Stimmen der VdU-Wähler, die offenbar lieber einem »General« als einem »Klerikalen« ihr Vertrauen schenkten, brachten Körner am Wahlabend völlig überraschend den Sieg. Mit 52,06 Prozent der gültig abgegebenen Stimmen übertraf er den stark favorisierten Gleißner, der auf 47,94 Prozent kam, um 168 516 Stimmen. Seinen Parteifreunden hielt Körner noch am Wahlabend entgegen: »Aber ihr habt's mir doch versprochen, dass ich nicht gewählt werd!«
Unmittelbar nach seiner Wahl wurde Körner der 40-jährige Diplomat Bruno Kreisky als politischer Berater und Kabinettsvizedirektor zur Seite gestellt. Zu Kreisky (1986, 423), der zunächst eher skeptisch war, sagte Körner: »Schau, ich bin sehr traurig. Ich war gern Bürgermeister in Wien, da konnte man was machen; jetzt soll ich der Bundespräsident werden. Hat ja gar keinen Sinn. Ich habe ja nur kandidiert, weil ich überzeugt war, dass ich nicht gewählt werde ... Du musst unbedingt

zu mir kommen. Ich kenn mich ja gar nicht aus in diesen ganzen Sachen.«

Am 21. Juni wurde Körner in der Bundesversammlung angelobt, den Text seiner Rede hatte er vorher seinem Freund Schärf vorgelegt, zu dem er sich »mit keinem Wort in Widerspruch« setzen wollte. U. a. erklärte er: »Ich will wie Karl Renner ohne Opfer an meiner tief innersten Überzeugung allen Österreichern ohne Unterschied und Ausnahme Freund und Helfer sein, ich will, wie er, williger Zusammenarbeit aller den Weg bereiten, den demokratischen Wettstreit der Meinungen und Überzeugungen nicht hindern, sondern mithelfen, dass er niemals zur Ursache ernsten Zwiespalts ... werde ... Sollte ... der Tag kommen, an dem es gilt, die Selbstständigkeit und die innere Freiheit der vor sechs Jahren aus dem Scheintod wieder zu Licht und Leben erwachten Republik zu verteidigen, dann werde ich auf meinem Platze sein.«

Einmal im Amt, erfüllte Körner seine ihm von der Verfassung zugeschriebenen Aufgaben in vorbildlicher Weise, wobei ihm Kreisky, der über seinen ehemaligen Vorgesetzten schrieb, er wäre »ein außerordentlich ehrenwerter Präsident, ein Mensch gewordener, gerade gewachsener Baum« gewesen, eine große Hilfe war.

Körner hasste jede Form des Zeremoniellen aus tiefster Seele, er pflegte in diesem Zusammenhang laut und abfällig von einem »Theater« zu sprechen, von einer »Komödie«, und jeder der gerade Anwesenden konnte es hören. Als der 78-Jährige auf seiner ersten Amtsreise mit dem Zug in Linz ankam und den vor ihm ausgerollten roten Teppich sah, sprang er kurz entschlossen vom Zug ab, nur um nicht auf den Teppich treten zu müssen. Damals traf er auch mit Gleißner zusammen und bot seinem unterlegenen Kollegen das Du an, was Schärf als »naiv« und zu »gleißnerisch« tadelte.

Körner war ein Frühaufsteher, der sich bereits um fünf Uhr morgens erhob, doch regelmäßig um elf Uhr vormittags übermannte den Greis ein unüberwindbares Schlafgefühl. Einmal passierte dies während einer Rektoreninauguration, doch nicht nur der Bundespräsident war eingenickt, sondern auch sein Sitznachbar Theodor Innitzer, der Kardinal von Wien. Als die beiden alten Herren exakt zur gleichen Zeit aufwachten, sagte Körner, und das ganze Auditorium hörte es: »Das ist schon eine komische Sache, Sie, der Schwarze, kommen rot daher, und ich, der Rote, komme schwarz daher.« Einer derjenigen, die sich über derartige Episoden gar nicht amüsiert zeigten, war Schärf. »Der Bundespräsident«, sagte er einmal zu Kreisky (1986, 424 f), »darf nicht

um elf Uhr schlafen. Außerdem muss er sich einen Hörapparat anschaffen.« Kreisky erhielt den heiklen Auftrag, Körner mitzuteilen, dass er ein Hörrohr anschaffen müsse. Er sagte: »Die da drüben wollen, dass du dir ein Hörrohr anschaffst.« – »Warum?« – »Weil sie sagen, du hörst immer nur die Hälfte.« Darauf Körner kurz: »Die genügt mir!«
Die enge, freundschaftliche Beziehung zwischen Körner und Schärf trug seit Körners Wahl ambivalente Züge, Körners zeitweilig offen hervorbrechendes Minderwertigkeitsgefühl hatte viel mit der teilweise verletzenden und sarkastischen Kritik Schärfs zu tun, die im Tonfall zwar amikal war, inhaltlich aber an Deutlichkeit nichts zu wünschen übrig ließ. Der Vizekanzler war ein ausgezeichneter Kenner des Präsidenten-Amtes, welchem er eine 14-seitige politische Studie mit dem Titel »Der Bundespräsident« gewidmet hatte, die er auch an Renner sandte und später Körner zum eingehenden Studium nahe legte. In der jovialen, ungezwungenen Amtsauffassung des »Bürgermeisters von Österreich« witterte Schärf – ohne den daraus resultierenden Popularitätsfaktor gering zu achten – Gefahren. »Es ist durch das Bisherige nichts verhackt«, schrieb er einmal an Körner, »aber ich fürchte, ein Weitergehen in der Richtung kann dich um jenes erhöhte Ansehen bringen, das zu deiner Stellung gehört; dann hätten wir zwar einen lieben und beliebten Bundesvater, aber keinen Bundespräsidenten ...« Nicht selten ließ Körner dann sein empfindliches Naturell aufblitzen: »Ich passe nicht auf den jetzigen Posten ... Nunmehr das Unglück passiert ist, werde ich versuchen, den Platz auszufüllen, so gut ich kann.« Anhand des Briefwechsels der beiden Staatsmänner lässt sich deren Verhältnis anschaulich nachvollziehen, die Wortwahl Körners klang dabei oft demütig (Kollman 1973, 367 ff). »... Du überschätzt mich aber in jeder Hinsicht«, schrieb er an Schärf. »Und ganz ernstlich muss ich dir sagen, dass du doch immer der Gebende warst, vom Anbeginn unseres Verkehrs ... Niemand ist mir nach dem Ersten Weltkrieg menschlich so nahe gekommen als du. Jetzt ... fühle ich mich einsamer als je und empfinde dich als einzigen Freund ... Ich umarme dich. Dein alter Körner«. Zwei weitere Beispiele: »... Eben erhalte ich deine *Ermahnungen*. Darum wollte ich dich natürlich *bitten*. *Dankbar* in jeder Hinsicht. Nochmals: *sehr dankbar*! Ich fange doch erst an!« – »Schreibe immer unentwegt. Kritisiere. Rate. Ich bin dankbar dafür. Aber bitte, schreibe nicht, dass du mich ›verehrst‹. Das ist nicht richtig.«

Aus diesen Zeilen zu schließen, Körner wäre nicht viel mehr als eine politische Marionette Schärfs gewesen, ist falsch. Es gibt auch Beispiele dafür, dass Körners freundschaftliche Kritik eine Maßnahme oder eine geplante Rede Schärfs zumindest milderte.

Der Wahlerfolg des sozialistischen Präsidentschaftskandidaten hatte in der ÖVP, vor allem in den südlichen und westlichen Landesorganisationen, enorme Verunsicherung bewirkt. Die Kritik an Figl, dessen strikter Koalitionskurs von vielen abgelehnt wurde, nahm an Deutlichkeit zu. Besonders wurde ihm verübelt, dass die verstaatlichten Betriebe in die Hände der SPÖ übergegangen waren (»Königreich Waldbrunner«). Mit der Wahl von Raab, bisher schon Klubobmann im Parlament, Chef der niederösterreichischen Landesorganisation und Präsident der Bundeskammer der gewerblichen Wirtschaft, zum geschäftsführenden Parteiobmann und von Alfred Maleta zum geschäftsführenden Generalsekretär setzte am 14. Juni 1951 die innerparteiliche Entmachtung von Figl und seinem Generalsekretär, Unterrichtsminister Hurdes, ein, der im Jänner 1952 auch aus der Regierung ausscheiden musste; der lange Abgesang auf den »Poldl« hatte begonnen ...

Ende Oktober 1952 rief eine ernsthafte Budgetkrise den Bundespräsidenten auf den Plan. Er rief Figl und Schärf zu sich und beschwor sie, alles zu unternehmen, um dem Nationalrat fristgerecht einen Budgetentwurf vorlegen zu können. Einige Tage später erklärte die Regierung, die keine Einigung erzielen konnte, ihre Demissionierung. Körner, der um den Bestand der Koaliton fürchtete, reagierte ungewöhnlich. Er erklärte, dass er sich eine endgültige Entscheidung, ob er die Demission annehmen werde, vorbehalte, er müsse sich die Sache noch überlegen. Zu Figl und Schärf soll er gereizt gemeint haben: »Meine Herren, das stellts euch zu einfach vor!« Um den Parteien noch Zeit zu geben, reiste Körner in dieser heiklen Situation nach Klagenfurt, um ein Rathaus (!) zu eröffnen. Bei seiner Ansprache passierte ihm wieder einmal ein Lapsus: »Als ehemaliger Bürgermeister von Wien beglückwünsche ich euch, dass ihr da so ein schönes Rathaus habt. Ich weiß sehr genau, wie schwer es ist, das Amt des Bürgermeisters ohne *offene Häuser* zu führen!«

Der Beharrlichkeit Körners, der theoretisch auch eine Beamtenregierung hätte einsetzen können, ist es zuzuschreiben, dass die Koalitionäre doch noch ein Budgetprovisorium zustande brachten. Ferner einigte man sich auf vorzeitige Neuwahlen. Am 28. Oktober nahm Körner die Demission der Regierung an und ernannte auf Vorschlag Figls die neue Regierung, die mit der alten völlig identisch war. Die Nationalratswahlen vom 22. Februar 1953 machten die SPÖ erstmals zur stimmenstärksten Partei, lediglich aufgrund der Wahlarithmetik blieb sie ein Mandat hinter der ÖVP zurück.[15] Körner machte gegenüber Figl, der sich im Übrigen mit seiner Demissionierung viel Zeit gelassen hatte, Raab, Schärf und Waldbrunner klar, dass er eine Fortsetzung der großen Koalition wünsche. Am 28. Februar betraute der Bundespräsident Figl erneut mit der Bildung einer Bundesregierung, doch das Gesetz des Handelns lag mittlerweile bereits bei einem anderen. Ende Jänner 1952 hatte Raab seinen alten Freund endgültig als Parteiobmann abgelöst und eine totale Auswechslung der christdemokratischen Regierungsmannschaft, die nunmehr aus lauter Vertrauensleuten des neuen Obmanns bestand, herbeigeführt. Die von Figl in Absprache mit Raab geführten, ziemlich spät aufgenommenen Regierungsverhandlungen gestalteten sich äußerst schwierig. Der Grund, warum die Volkspartei Zeit gewinnen wollte, wurde bald klar. SPÖ und Bundespräsident waren mehr als überrascht, als sie am 3. März erfuhren, dass Raab den VdU in eine Konzentrationsregierung aufnehmen wollte. Die Sozialisten brachten in Erfahrung, dass der ÖVP-Obmann diesbezüglich Verhandlungen geführt und mit den Unabhängigen bereits ein Übereinkommen ausgearbeitet hatte (Portisch 1986, 449 f).

Die SPÖ, die ihren Einflussbereich gemäß ihrem Wahlsieg auszuweiten trachtete, lehnte diese Dreierkoalition ab. Raab, der ebenso wie Schärf ein brillanter »Taktiker der Macht« war, spielte ein gefährliches Spiel, denn die alliierte Besatzungsmacht hätte es wohl nicht so ohne weiteres hingenommen, dass eine Partei in die Regierung einzieht, die Repräsentanten in ihren Reihen hat, welche aus ihrer nationalsozialistischen Gesinnung kein Hehl zu machen geneigt sind. Mit der Hereinnahme der WdU[16] hätte die ÖVP innerhalb der Regierung ständig eine Rute im koalitionären Fenster zur Verfügung gehabt, mit welcher man die Sozialisten bei Bedarf in die Opposition zu prügeln imstande gewesen wäre. Kreisky (1986, 431) berichtete in seinen Memoiren, dass Schärf, der in seinen Erinnerungen (1955, 328 ff) nichts davon schreibt, einer Konzentrationsregierung vielleicht doch zugestimmt hätte, wenn das der WdU zufallende Ressort aus dem »Besitzstand« der ÖVP gekommen wäre. Schließlich sei es ihm, Kreisky, gelungen, »Schärf und die anderen davon zu überzeugen, dass wir den Vorschlag der ÖVP unter keinen Umständen annehmen könnten ...«

Das größte Gewicht kam nun Bundespräsident Körner zu, der Figl am 27. Februar zu sich bat. Er erklärte dem Kanzler, dass er den WdU für keine staatstragende Partei halte, weshalb er »unter den gegebenen Umständen niemals einem Vertreter dieser Partei in der Regierung zustimmen« werde. Figl, der sich in privaten Gesprächen mehrfach für eine SPÖ-ÖVP-Koalition ausgesprochen hatte, weil ihm die von Raab aufgedrängte Einbindung des WdU ohnehin zuwider war, wurde am 22. März von seinen Parteifreunden gestürzt (Trost 1972, 270 ff). Raab übernahm nun als designierter Kanzler die Regierungsverhandlungen, doch Körner zeigte ihm seine Grenzen. Am 26. März hielt der Bundespräsident, der sich nun »ernstlich zu überlegen erlaubte«, gegebenenfalls sogar Schärf mit der Regierungsbildung zu betrauen, gegenüber Raab fest: »In der ÖVP hat man offenbar ein falsches Urteil über mich und unterschätzt meinen eigenen Willen. Ich pflege mir meine Auffassungen unter Berücksichtigung der anderen und nach reiflicher Überlegung zu bilden, und wenn ich am ersten Tag erklärt habe, keinen WdU-Mann in der Regierung zu wollen, so finde ich es eine Missachtung meiner Person, dass man einfach die Frage der Dreierkoalition intern und öffentlich weiter diskutiert hat ... Man spricht immer noch von Kooperation im Parlament. Eine solche Politik kann ich nicht hindern, ich kann nur vor ihr warnen ...« (zit. nach Kollman 1973, 373 f).
Tags darauf machte Körner in einer öffentlichen Ansprache deutlich, dass er einer Regierungsbeteiligung der WdU nicht zustimmen werde, sodass der ÖVP nichts anderes übrig blieb als die Verhandlungen mit der SPÖ wieder aufzunehmen. Schon am 2. April konnte das Kabinett Raab I von Körner vereidigt werden. Aus heutiger Sicht mutet es etwas grotesk an, dass sich Raab bei seiner Bestellung als der ehemalige Reserveoffizier an der Isonzofront bei seinem früheren Generalstabschef Körner »meldete«, nach altösterreichischer Offizierstradition verband die beiden selbstverständlich das Du-Wort. Kreisky, dessen politische Karriere an diesem Tag begann, wurde zum Staatssekretär im Außenministerium bestellt. Ungeachtet dessen, dass in der Rückschau die Frage aufzuwerfen ist, wie ernst die ÖVP-Initiative, welche – die Reaktion von SPÖ und Körner antizipierend – einerseits ein Versuch gewesen sein könnte, die Beziehungen zum VdU zu verbessern und andererseits ein »signaling game« an die Sozialisten, um deren Wünsche bei den Regierungsverhandlungen herabzuschrauben, wirklich gemeint war, setzte Körner mit seinem konsequenten Verhalten

ohne Zweifel einen Maßstab für alle seine Nachfolger. Bundespräsident Klestil mag im Frühjahr 2000, als er den Eintritt der FPÖ in die Bundesregierung zu verhindern versuchte, an seinen Vorgänger gedacht haben.

Der innenpolitische Spielraum eines Bundespräsidenten ist begrenzt und von vielen Faktoren abhängig. Selbst im Bereich der Regierungsbildung, wo ihm die Verfassung viel Macht einräumt, ist das Verhalten des Staatsoberhauptes von Wahlergebnissen und Parteienvereinbarungen bestimmt. In der Außenpolitik kommt dem Bundespräsidenten gemäß dem Wortlaut der Verfassung beträchtlicher Einfluss zu, doch auch in diesem Politikfeld zog und zieht die österreichische »Realverfassung« relativ enge Grenzen. Körner bestand von allem Anfang an darauf, über alle Vorgänge im Bereich des Äußeren unterrichtet zu werden, wobei er beim selbstbewussten Außenminister Gruber zunächst nicht auf offene Ohren stieß. Auf Körners Wunsch erging zudem ein Beschluss des Ministerrates, wonach der Bundespräsident vor Auslandsreisen von Ministern zu informieren sei. An Gruber beanstandete Körner von Zeit zu Zeit dessen einseitige Sympathie für die Westmächte und insbesondere für die USA, weshalb er mit Nachdruck auf eine neutrale Haltung als den roten Faden der Außenpolitik verwies. Freiheit, Souveränität und Staatsvertrag waren die Grundpfeiler in Körners Reden zur Außenpolitik. Bereits 1951 hatte er, einmal mehr von Kreisky ausgezeichnet beraten, das Konzept der Neutralität als eine mögliche Konzession auf dem Wege zu einem Staatsvertrag vorgeschlagen.

Am 5. März 1953, inmitten der skizzierten Regierungsverhandlungen, starb Stalin. Zur Totenfeier für den Diktator lud die sowjetisch-österreichische Gesellschaft auch Körner ein. Obwohl ihm Kreisky (1986, 426) dringend geraten hatte, er möge dieser Einladung keinesfalls folgen, die der KP-Funktionär Ernst Fischer ausgesprochen hatte, der mit Renners langjähriger Lebensgefährtin verwandt war, ging der Bundespräsident zum Entsetzen der Regierung trotzdem hin. Auf Kreiskys Hinweis: »Du, der [Stalin] hat den [Marschall] Tuchatschewski hinrichten lassen« erwiderte Körner forsch: »Für jeden Marschall, der umgebracht wird, gibt es einen Grund!«

Österreich wurde nach Stalins Tod für die Russen ein Fenster zum Westen, am Beispiel dieses kleinen Landes konnten sie eine gewisse Haltungsänderung demonstrieren. Am 24. April willigte die UdSSR ein, die von Körner anlässlich seines Geburtstages amnestierten Öster-

reicher, die in sowjetischen Gefängnissen eingekerkert waren, zu entlassen. Während der nun einsetzenden »Russischen Wochen« wurden von den Sowjets zahlreiche Zugeständnisse gemacht, die Raab zu seiner legendären Bemerkung veranlassten: »... es nützt nichts, wenn man den russischen Bären, der mitten im österreichischen Garten drinsteht, durch laut tönende Sonntagsreden in den Schwanzstummel zwickt, sondern es ist viel zweckmäßiger, dass sich die Öffentlichkeit und die österreichische Presse einmütig darum bemühen, überflüssige Spitzen zu vermeiden.« Raab, der Körner achtete und respektierte, schrieb 1960 anlässlich des fünften Jahrestages der Staatsvertragsunterzeichnung, die sicher auch der Höhepunkt im politischen Leben Körners war: »Vor allem muss ich hier dankbarst des verstorbenen Bundespräsidenten Dr. h. c. Theodor Körner gedenken, der mir ... stets mit Rat und Tat beigestanden ist. Der verstorbene Bundespräsident kannte als alter Generalstäbler, der sich auch viel mit den Oststaaten befasst hatte, die Mentalität und die Rechsauffassung der Sowjets und informierte und beriet mich darüber stets richtig« (zit. nach Jedlicka 1977, 190).
»Bundesvater«, »Bürgermeister von Österreich«, »Soldatenkaiser«, »kaiserlicher Offizier und demokratischer Bolschewik«: für Körner wurden viele Zuschreibungen gesucht und gefunden, aufgrund seines sich selbst ironisierenden Naturells, eine Eigenschaft, die in der Politik nur selten anzutreffen ist, hätte er sie vermutlich mit sarkastischem Gestus zur Kenntnis genommen. Gegen Ende seiner Amtszeit, die im Mai 1957 geendet hätte, bemerkte er: »Jetzt sind die Politiker bald gezwungen, wieder einen Mann mit einem Bart zu finden, der dann meinen Platz ausfüllt.«
Am 28. Juli 1956 erlitt Körner einen Schlaganfall, der ihn rechtsseitig lähmte. Doch er dachte nicht daran, aufzugeben, trotz seines fortgeschrittenen Alters lernte der Bundespräsident noch mit der linken Hand schreiben. Als Körner am 4. Jänner 1957 seinem Arzt zeigen wollte, wie leicht und behende er noch Stiegen steigen könne, sank er urplötzlich in sich zusammen. »Es ist doch nicht so leicht«, sagte er noch leise. Wenige Augenblicke später war er tot. Bundeskanzler Raab hielt in seiner Trauerrede fest: »Wir nehmen heute Abschied von unserem verewigten Bundespräsidenten, wir nehmen Abschied von unserem Theodor Körner, den Gott zu sich berufen hat. Uns allen wird er unvergesslich bleiben, er, der klare und einfache Mensch, pflichtbewusst und treu seiner Heimat und seinem Volk, er, das sorgende Staatsoberhaupt, er, der mustergültige Österreicher. Und wenn nun

das, was an ihm sterblich war, die letzte Fahrt durch die Straßen jener Stadt antritt, die er so heiß geliebt hat, dann wird ihm mit der Wiener Bevölkerung das ganze österreichische Volk Dank sagen für sein Wirken und seine Arbeit. Österreich grüßt in Ehrfurcht seinen verewigten Bundespräsidenten. Auf Wiedersehen Dr. Theodor Körner.«

Der oberste Hofrat der Republik
ADOLF SCHÄRF

Der legendäre »Staatsvertragskanzler« Julius Raab, der freilich wohl kaum auf jenes außerordentliche Belesenheitsprofil, von dem bemühte Biografen zu wissen vorgeben, zurückzugreifen vermocht hatte, sprach einmal etwas abfällig von den »Büchelschreibern«, mithin von jenen Politikern, die gerne zur Feder griffen, um ihre Ansichten und Erfahrungen zu Papier zu bringen. Einer dieser Männer war der langjährige SPÖ-Vorsitzende Adolf Schärf, der zuerst Figl und ab 1953 Raab als Vizekanzler zur Seite bzw. gegenüberstand und schließlich nach dem Tode Körners zum dritten Bundespräsidenten der Zweiten Republik gewählt wurde. Der Titel eines von Schärf 1965 publizierten Buches »Der Teil und das Ganze« steht symbolisch für sein von ihm nie als Widerspruch empfundenes Wirken als Parteipolitiker und Staatsmann. Zusammen mit Renner, Körner, Figl, Raab und einigen wenigen anderen zählt Adolf Schärf zu den »Architekten« der jungen Republik. Schärf war ein perfekter Taktiker der Macht, der zwischen 1945 und 1957 auf alle relevanten politischen Fragen maßgeblich Einfluss genommen hat, die SPÖ wurde unter seiner Führung zur staatstragenden Kraft, zur »Staatspartei«. Da Schärf hinsichtlich seines mehr als distanzierten Verhältnisses gegenüber der katholischen Kirche nie ein Hehl gemacht hatte, hielt er sich selbst »für den ungeeignetsten Kandidaten« für das Amt des Bundespräsidenten. Schon vor seiner Wahl hatte er festgehalten, alles tun zu wollen, »um die so fruchtbare Zusammenarbeit der großen Parteien möglichst lange weiter zu erhalten« (Schärf 1961, 132). In seiner Funktion als Bundespräsident, die ihm »keine reine Freude« war, da ihm der Ausstieg aus Partei und Regierung ziemlich schwer gefallen war, vermochte er später mehrfach unter Beweis

zu stellen, wie ernst es ihm mit seinem Bekenntnis zur großen Koalition war. »Es ist wahr, er war nicht immer ein sehr einfacher Mensch«, schrieb Kreisky einmal über Schärf. »Es hat schon manchmal einiges dazugehört, nicht vor der Kühle, mit der er die Dinge betrachtet hat, zu erschauern. Aber heute, retrospektiv beurteilt, war vieles oder fast alles, was Schärf im Bereich der Politik vertreten hat, klug, richtig und weit in die Zukunft hinaus gedacht.«

Die frühen Jahre[17]

Die biografischen Wurzeln von Adolf Schärf liegen in der mährischen Kleinstadt Nikolsburg, wo er am 20. April 1890 als jüngstes von fünf Kindern geboren wurde. Sein Vater Josef Schärf, ein gelernter Stockdrechsler, war nach Mähren, der Heimat seiner Frau Magdalena, gezogen, weil er sich hier als Glasbläser bessere Berufsaussichten versprochen hatte. Er war gebürtiger Wiener, dessen Vater an der 1848er-Revolution teilgenommen hatte. Nach 20 Jahren, in denen ein bescheidener Wohlstand erworben werden konnte, zerschlugen sich die Hoffnungen: »Schwierigkeiten im geschäftlichen Verkehr mit dem Abnehmer der Glasperlen in Wien ... machten (Schärfs) Eltern das Leben sauer.«
Schärf war neun Jahre alt, als die Familie zurück nach Wien kam. Wie bereits in Nikolsburg arbeitete sein Vater als Glasbläser, zusammen mit seiner Familie erzeugte er in einer Zwei-Zimmer-Wohnung in Neulerchenfeld-Ottakring gläserne Tieraugen. Die Schärfs galten in ihrer Umgebung nicht als arm, man brachte es »zu einem ganz schönen Verdienst«. Der spätere Bundespräsident hatte zunächst die Volksschule in Nikolsburg besucht, später jene in der Wiener Liebhartsgasse. Schärfs ältester Bruder Josef studierte bereits mehrere Semester an der Universität. Mit elf Jahren trat Adolf Schärf in das humanistische Gymnasium in Hernals ein, wo er sich, wie schon in der Volksschule, als so genannter »guter Schüler« erwies. Seine politische Sozialisation hob mit den Wahlrechtskämpfen der Sozialdemokratie an, die 1907 »in einem stillen, historischen Kompromiss zwischen Krone, Bürokratie und Arbeiterklasse« (Maderthaner 1995, 180) gegen den Willen des Privilegienparlaments zur Gewährung des allgemeinen Wahlrechts für Männer führten. Ende 1907 oder Anfang 1908, ganz genau konnte Schärf sich nicht erinnern, trat er der Ortsgruppe der jugendlichen Arbeiter bei und war 1908 an der Gründung einer Mittel-

schulvereinigung beteiligt. Da die Zugehörigkeit zu Vereinen nach dem geltenden Disziplinarrecht für Schüler streng verboten war, hätte Schärfs Mitgliedschaft, wäre sie ruchbar geworden, mit einem Schulverweis sanktioniert werden können. Damals trat er »mit Spitzenpersönlichkeiten der Sozialistischen Partei in unmittelbare Berührung«, mit dem Übervater Victor Adler, mit Renner, Seitz, Bauer, Ellenbogen und anderen.
Von seinem 16. Lebensjahr an gab Schärf Nachhilfestunden, womit er nicht nur das Familieneinkommen aufbessern, sondern sich auch das Studium der Rechtswissenschaft finanzieren konnte, das er nach seiner mit Auszeichnung bestandenen Matura im Jahre 1909 aufnahm. Wenngleich Schärf vom Treiben der nationalen, »schlagenden« Studentenverbindungen unangenehm berührt war, fühlte er sich an der Universität doch »glücklich«, seine Tätigkeit in der Partei riss freilich nie ab. Bereits in der Mittelschulzeit hatte Schärf viel gelesen, er interessierte sich u. a. für Geschichte, Literatur und Philosophie. 1911 trat er als Schreibkraft in die Advokaturskanzlei seines Bruders ein und im selben Jahr traf er die um vier Jahre ältere Telefonistin Hilda Hammer wieder, eine Müllerstochter aus Unterrohr bei Hartberg, mit der Schärf bereits als knapp 16-Jähriger eine flüchtige Begegnung hatte. Etwas hölzern schrieb der 73-Jährige über diese Begegnung: »Ich war von der Erscheinung, ihrer schönen Sprache und ihrem Wesen sofort eingenommen und ich bemühte mich lebhaft um ihre Bekanntschaft, um ihre Freundschaft ... Am 22. April 1911, an ihrem 25. Geburtstag ... gaben wir einander bei einem Spaziergang das Wort für das Leben.« Über Hilda, die seit 1912 als Hilfsbeamtin bei der Arbeiter-Unfallversicherungsanstalt arbeitete, lernte Schärf den Reichstagsabgeordneten Otto Glöckel kennen, wodurch sein Leben »entscheidend beeinflusst« wurde. Am 4. Juli 1914, wenige Wochen vor dem Ausbruch des Krieges, promovierte Schärf zum Dr. iur. und trat als Rechtsanwaltsanwärter in die Kanzlei seines Bruders Josef ein. Ein anderer Bruder, Johann, hatte sich 1912 das Leben genommen, Schwester Karoline war bereits im Jahr davor gestorben. Nachdem Schärf seine Einberufung zum Militär voraussah, meldete er sich 1915 als Freiwilliger, weil damit das »Privileg« verbunden war, sich den Truppenkörper – im Falle Schärfs die Deutschmeister – aussuchen zu können. Im März wurde Schärf nach Graz versetzt, wo er zum Reserveoffizier ausgebildet wurde. Ende September erhielt er Urlaub, um am 2. Oktober Hilda Hammer heiraten zu können. In den nächsten Monaten der Trennung schrieb

sich das junge Paar häufig, auch mit Glöckel, der sich der intellektuellen Ausbildung Hilda Schärfs annahm, entwickelte sich eine rege Korrespondenz. Schärf ließ sich ständig neue Bücher schicken und hatte die »Arbeiter-Zeitung« abonniert, später auch den »Vorwärts«. Schon damals war klar, dass er sich den »Rechten« in der Partei zugehörig fühlte.
An die Front kam der Zugsführer Schärf erst Ende Mai, doch schon in der ersten Nacht wurde er verwundet, eine Kugel hatte seinen linken Unterschenkel durchbohrt. Zur Genesung wurde er ins Hinterland transportiert, nach Zwischenstationen in Prag und Wien kam er nach Bad Ischl. Anfang November war Schärf, mittlerweile Fähnrich, wieder an der italienischen Front, im August wurde er zum Leutnant befördert. Da für die Zeit um den 5. April 1917 die Geburt seiner Tochter Martha bevorstand, bekam er Fronturlaub, doch als es am 17. April so weit war, musste er noch am selben Abend zurück. Nach der blutigen 10. Isonzoschlacht erhielt Schärf eine kaiserliche Auszeichnung: »Ich habe sie nie an meiner Brust getragen«, bemerkte er dazu, »ich trat bis zum Ende des Krieges stets ohne irgendeine sichtbare Auszeichnung vor die von mir kommandierten Soldaten.« Das Kriegsende und den Zusammenbruch der Monarchie erlebte Schärf, der aufgrund seiner schlechten Konstitution von den Ärzten »Ausbildungsdienst« verordnet bekommen hatte, in Wien, wo er für wenige Wochen als Rechtspraktikant an einem Bezirksgericht tätig war.

1918–1945

Am 24. Oktober 1918 klingelte am Bezirksgericht Rudolfsheim das Telefon: Glöckel wollte Schärf sprechen, es sei dringend. Auf dessen Frage, was denn los sei, antwortete Glöckel: »Geht's schlecht, so werden Sie aufgehängt, geht's gut, dann sind Sie bei einer großen Sache dabei!« Schärf wurde das Angebot unterbreitet, als Sekretär für Karl Seitz, den Vizepräsidenten des Abgeordnetenhauses und späteren Präsidenten der Nationalversammlung zu arbeiten. Er nahm an und wurde noch vom kaiserlichen Justizminister dienstzugeteilt. Gleichzeitig bekleidete Schärf die Funktion des Sekretärs der sozialdemokratischen Parlamentsfraktion, womit er an den Sitzungen des Parteivorstandes teilnahm und etwas später auch an jenen der niederösterreichischen Landtagsabgeordneten. Auf diese Weise trat der junge Jurist in eine

enge Arbeitsbeziehung mit der sozialdemokratischen Führungselite, aber auch mit Journalisten, Beamten und bürgerlichen Politikern, was damals »gar nicht so selbstverständlich« war.
Im Mai 1919 kam Schärfs Sohn Reinhold zur Welt, kurz zuvor hatte die Familie Schärf eine Zimmer-Küche-Wohnung im 15. Bezirk bezogen, 1922 erfolgte dann der Umzug in eine etwas geräumigere Wohnung. In den nächsten Jahren fand Schärf neben seinen Funktionen Zeit, sich auch publizistisch zu betätigen. Seine einschlägigen Arbeiten (z. B. »Bauer! Die Sozialdemokraten kommen«) spiegelten seine realpolitischen Vorstellungen bezüglich einer Ausweitung der Sozialdemokratie über das traditionelle Wählerspektrum hinaus wider.
Schärfs Kontakte zur so genannten »Basis«, zur Bezirksorganisation Hernals, intensivierte er erst ab 1930: »Hatte ich bis dahin sozusagen in den höheren Sphären der Arbeiterbewegung zugebracht, so lernte ich jetzt die Kleinarbeit im Bezirk und in der Sektion kennen.« Ab 1923 hatte Schärf, mittlerweile Sektionsrat, »immer wieder, manchmal an aussichtsreicher Stelle als Kandidat zum Nationalrat« kandidiert, doch erst zehn Jahre später, wenige Monate nach der Ausschaltung des Nationalrates im Juni 1933, trat er sein erstes öffentliches Mandat an. Er wurde vom Wiener Landtag in den Bundesrat entsendet. Im Herbst d. J. wurde Schärf von Bürgermeister Seitz, der 1923 Jakob Reumann nachgefolgt war, eingeladen, Stadtrat in Wien zu werden, doch da ihm Seitz in diesem Ressort nur geringen Spielraum gelassen hätte, lehnte er ab. Die Tätigkeit im Bundesrat hingegen ermöglichte es ihm, »zum ersten Mal in meinem Leben sozusagen aus dem Schatten« hervorzutreten. Er setzte sich »wiederholt kritisch und fundiert mit der pseudo-legalen Basis der Herrschaft der Regierung, den Kriegswirtschaftlichen Ermächtigungsgesetzen und den mangelhaften Abwehrmaßnahmen der Regierung gegen den Nationalsozialismus auseinander« (Müller 1995b, 503). Innerhalb der Sozialdemokratie stand Schärf auf der Seite jener, denen die Politik der von Bauer dominierten Parteiführung zu radikal war. Als Vortragender der »Arbeiterhochschule« hatte er ab 1924/25 zudem die Möglichkeit, die künftigen Kader der Partei im Sinne seiner Zielvorstellungen zu beeinflussen.
Am 12. Februar 1934 wurde Schärf »zu einer Aussage ins Polizeipräsidium eingeladen«. Mit dieser beschönigenden Sprachregelung trug man formal seiner Immunität als Bundesrat Rechnung, in Wirklichkeit wurde er natürlich verhaftet. Schärf blieb für 95 Tage in Haft, die er auch im berüchtigten Anhaltelager Wöllersdorf verbrachte, wo er zu

vielen anderen inhaftierten Sozialdemokraten Kontakte knüpfen konnte. Der 44-jährige Jurist stand nach seiner Entlassung vor der Notwendigkeit, sich beruflich neu zu orientieren. Sein Mandat war ihm aberkannt worden, als Beamter hatte man ihn suspendiert (etwas später auch pensioniert). So entschloss er sich zur Ablegung der Rechtsanwaltsprüfung, die Eintragung in die Anwaltsliste und die Eröffnung seiner eigenen Kanzlei erfolgten 1936. Nach dem Einmarsch Hitlers im März 1938 wurde er erneut verhaftet, nach 15 Tagen aber wieder freigelassen. Der Mitgliedschaft in der NS-Zwangsorganisation für Richter und Anwälte, dem »Rechtswahrerbund«, entzog sich Schärf durch eine bürokratische List. Er schickte anstatt des Ansuchens um Aufnahme einfach ein leeres Kuvert nach Berlin und konnte trotzdem einen Aufgabeschein vorweisen. Im November 1941 erlitt Schärf einen der schwersten Schicksalsschläge seines Lebens, sein Sohn Reinhold war an der Ostfront gefallen. Zwei Jahre später, im Frühsommer 1943, wurde Schärf von Wilhelm Leuschner, einem vormaligen sozialdemokratischen Minister in Hessen, aufgesucht, der ihm von einer Verschwörung gegen Hitler erzählte. Als Leuschner davon sprach, dass die Pläne der Putschisten die Aufrechterhaltung des Anschlusses beinhalten würden, entgegnete der Wiener Gesprächspartner barsch: »Der Anschluss ist tot!« – »Ich habe rasch meine Freunde ... im besonderen Seitz ... Dr. Renner und viele andere von der Unterredung in Kenntnis gesetzt«, schrieb Schärf über dieses Gespräch, »und bald kamen alle zu der gleichen Auffassung wie ich – die Moskauer Deklaration vom 1. November 1943, die ein freies Österreich versprach, bestärkte uns später in unserer Auffassung.«
Nach dem Attentat auf Hitler am 20. Juli 1944 wurde Schärf wieder verhaftet, auf Betreiben seiner Gattin aber nach fünf Wochen freigelassen. Vor dieser Verhaftung war Schärf bereits in Verbindung mit christlichsozialen Politikern wie Kunschak oder Hurdes gestanden. Wenige Tage vor dem Ende des Dritten Reiches kam die Gestapo in Schärfs Wohnung, doch dieser hatte sich ins AKH geflüchtet und war für die NS-Schergen nicht mehr auffindbar.

SPÖ-Vorsitzender und Vizekanzler

Die ersten einschlägigen politischen Gespräche führte Schärf bereits am 12. April 1945. Einen Tag darauf traf er mit Helmer, Paul Speiser und anderen im Wiener Rathaus zusammen, um über die Person des zukünftigen Bürgermeisters zu beraten. Am 14. April war Schärf bei der offiziellen Neugründung der Partei anwesend, für deren Vorsitz eigentlich wieder Seitz vorgesehen war, da dieser sich jedoch nicht in Wien befand, wurde Schärf zum provisorischen Vorsitzenden ernannt (Helmer 1957, 211 ff). Renner, der vor dem Hintergrund der weiter oben skizzierten Entwicklungen die Bildung einer Provisorischen Staatsregierung vorbereitete, war noch nicht in Wien eingetroffen, als Schärf ein Brief seines Parteifreundes erreichte, in dem er aufgefordert wurde, sich für »ernste und wichtige Zusammenarbeit mit mir bereit zu halten«. Nachdem Renner angekommen war, wurde er von Schärf über die politische Lage und die bereits erfolgte Gründung dreier Parteien informiert. Am 23. April wurden die Parteienverhandlungen über die Bildung einer Regierung abgeschlossen, Schärf avancierte nicht nur zum Staatssekretär (ohne Portefeuille), er fungierte auch als sozialistischer Vertreter im Politischen Kabinettsrat und erster Stellvertreter des Staatskanzlers. Diese Regierung amtierte vom 27. April bis zum 20. Dezember 1945. Aufgrund des Ergebnisses der Nationalratswahl vom 25. November, die als Triumph der Idee der parlamentarischen Demokratie interpretiert werden muss, bildete Figl im Dezember eine Konzentrationsregierung aus ÖVP, SPÖ und KPÖ, der Schärf als Vizekanzler angehörte. Der 1869 geborene, von Krankheit und Verbitterung gezeichnete Seitz war zwar am 25. Juni aus der Gefangenschaft zurückgekehrt und als Parteivorsitzender bestätigt worden, doch am 15. Dezember wurde Schärf am ersten Parteitag nach dem Krieg einstimmig zu seinem Nachfolger gewählt.

Weder als Parteivorsitzender noch als Vizekanzler war Schärf, wie Karl Mlacnik schrieb, »im eigentlichen Sinne des Wortes populär, weil seine eher spröde Natur jede billige Effekthascherei ablehnte«. Im Umgang mit den Menschen, mit den politischen Mitbewerbern und vielfach auch mit Parteifreunden wurde Schärf häufig »Kälte« und »kühle Distanz« attestiert, und wenn auch dieser Eindruck von manchen Zeitgenossen relativiert wurde, so ist doch festzuhalten, dass Schärf kein vordergründiger Sympathieträger war, kein einnehmender Gesprächspartner, keinesfalls »ein Volkstribun«, sondern vielmehr ein »der Masse gegenüber schüchterner Verstandesmensch« (Migsch 1965, 40). In einer Mediengesellschaft, deren Gesetzmäßigkeiten in Österreich freilich erst Ende der 1960er Jahre ihre Wirksamkeit entfalteten, hätte Schärf, ungeachtet seiner unbestreitbaren Fähigkeiten, keinesfalls

zu reüssieren vermocht. »Er hielt selten Reden und überließ das Steigen von Versuchsballons anderen Funktionären«, notierte sein Freund Migsch (1965, 27). Und weiter: »Er wollte in der Öffentlichkeit und in der Partei die letzte Instanz sein.« Anders als Raab agierte Schärf, allerdings ohne das Heft aus der Hand zu geben, in den Gremien der SPÖ als kooperativer »chairman«, »der bei allen Entscheidungen alle Für und Wider gegenüberstellte, wichtige Informationen nicht für sich behielt und die Beratungen in Parteigremien nüchtern und klar zusammenfasste« (Müller 1995b, 507). Das Verhalten der Parteiführung in der Ersten Republik, insbesondere rund um den Brand des Justizpalastes 1927, hatte ihn gelehrt, dass es gefährlich sein kann, wenn »einzelne wenige Personen wichtige Entscheidungen (treffen), ohne dass sie im Augenblick die Folgen (übersehen)«, weshalb er 1945 »neue Formen der Willensbildung« vorschlug. »In einer wöchentlichen Aussprache aller Vorsitzenden, des Schriftführers und des Kassiers der Partei mit den leitenden Sekretären ... werden die laufenden Angelegenheiten für den Parteivorstand vorbereitet und vorberaten«, erklärte er den Mechanismus, »sodass dieser auch in Verwaltungsangelegenheiten nie vor eine unerwartete Entscheidung gestellt oder auf plötzliche Eingebungen angewiesen ist« (Schärf 1955, 379 f).
Unter Schärfs Führung entwickelte sich die zur »Staatspartei« heranreifende SPÖ zur Massenpartei mit fast 700 000 Mitgliedern. Dic von der Partei- und der Gewerkschaftsführung herbeigeführte Transformation von einer »Klassen-« in eine »Volkspartei« ging mit der Ächtung jener einher, die von Klassenkampf und außerparlamentarischen Aktivitäten schwadronierten.
Maßgeblich unter dem Einfluss des Parteivorsitzenden (und Helmers) war zu Beginn der Zweiten Republik mit den Kommunisten »nur« ein *gleichartiges Vorgehen in einzelnen Fragen* beschlossen worden, während die von der Partei-Linken gewünschte und auf dem von Bauer entworfenen Konzept des »integralen Sozialismus« fußenden Idee einer »Aktionsgemeinschaft« verworfen wurde. Zentralsekretär Erwin Scharf, einer der führenden Linkssozialisten, wurde 1947 abgesetzt und aus der Partei ausgeschlossen. Jeder kommunistische Unterwanderungsversuch der Polizei, vor allem der Staatspolizei, wurde von –Innenminister Helmer, der regelmäßig in mutigen und für ihn persönlich gefährlichen Brandreden die Übergriffe der Besatzungsmacht tadelte, konsequent bekämpft. Schärf befürchtete 1945, dass sich die Kommunisten »unter dem Schutze einer Besatzungsarmee dauernde

Machtpositionen in der Verfassung« sichern könnten, weshalb er mit Nachdruck für die Beibehaltung des B-VG 1920 idF von 1929 eintrat. Seine Haltung in der Verfassungsfrage, die Verhinderung einer zu raschen Übereinkunft über die im Osten Österreichs gelegenen Ölfelder – ein potenzieller Gefahrenherd, den nur Schärf in voller Tragweite erkannt hatte, da der sowjetische Antrag auf die gemeinsame Nutzung der Ölvorkommen zu einer dauerhaften ökonomischen Bevormundung führen hätte können (Schärf 1955, 64 ff) – sowie die Vorbereitung des »Zweiten Kontrollabkommens«, das die Einspruchsmöglichkeiten der Alliierten im Gesetzgebungsprozess beschränkte, bewertete Schärf in den Aufzeichnungen aus seinem Nachlass als seine bedeutendsten staatspolitischen Verdienste.

1945 herrschte bei ÖVP, SPÖ und KPÖ der Geist des Antifaschismus, die »Entnazifizierungsmaßnahmen« wurden von diesen Parteien und den Alliierten gemeinsam getragen. In weiten Kreisen der Bevölkerung wurden die einschlägigen Gesetze und Verfolgungsmaßnahmen jedoch nicht als demokratisch notwendige »Reinigungsvorgänge«, sondern als Racheakt der Sieger gesehen. Ab 1947 setzte ein Wettlauf um die Gunst der »kleinen Nazis« ein, weshalb die SPÖ in ihrem Aktionsprogramm die »Eingliederung der früheren Mitläufer der beiden faschistischen Parteien in die Gemeinschaft der Staatsbürger« verlangte. Auf der anderen Seite boykottierte die Parteiführung potenzielle jüdische Remigranten, auch Kreisky wurde 1946 nicht mit offenen Armen willkommen geheißen. Julius Braunthal (1948, 121), ein namhafter Publizist, unterstellte in diesem Zusammenhang offen antisemitische Ressentiments. Signifikant für die mangelnde Sensibilität und den Utilitarismus vieler führender Sozialisten müssen jene Worte gelten, die Helmer einmal gegenüber der KZ-Überlebenden Rosa Jochmann fallen ließ: »Roserl, hör endlich auf vom KZ zu reden: Die Leut wollen das nicht mehr hören, das kann uns nur schaden, das vertreibt die Wähler, die wir dringend brauchen« (zit. nach Swoboda 1993, 37).

523 833 Österreicher waren im Mai 1947 »registriert«, davon 481 704 »Minderbelastete«. Während die ÖVP im Vorfeld der Nationalratswahlen vom 9. Oktober 1949, zu denen die meisten »Ehemaligen« wieder zugelassen waren, in schamlosen Aufrufen um deren Stimmen buhlte, verfolgte die SPÖ, die der Versuchung, ehemalige Nazis als Parteimitglieder anzuwerben, ebenfalls nicht widerstehen konnte, das Ziel der Spaltung des »bürgerlichen Lagers«, indem sie aktiv die Wiederzulassung des »dritten Lagers« betrieb. Unter tätiger Mithilfe vor

allem Helmers – aber auch Schärfs –, welcher bei der britischen Labour-Regierung und über diese bei der US-Administration intervenierte, konnte 1949 der Verband der Unabhängigen (VdU) gegründet werden, der auf Anhieb 16 Mandate erreichte (Reimann 1980, 96 ff). Es überraschte, dass sowohl ÖVP als auch SPÖ ungefähr gleich viele Stimmen verloren.

Diese Wahl war eine von vier Nationalratswahlen, die Schärf als Parteivorsitzender zu schlagen hatte.[18] Die nüchterne Analyse der Wahlergebnisse ergibt für den Parteivorsitzenden eine ambivalente Bilanz. Uneingeschränkt als Erfolg kann eigentlich nur das Ergebnis von 1953 gewertet werden, 1949 gelang es zwar, die absolute Mehrheit der ÖVP zu brechen und eine bessere Position bei den Regierungsverhandlungen zu erreichen, doch der Stimmenverlust an das »dritte Lager« traf die Partei unvorbereitet. 1945 und 1956 sind – auch hinsichtlich des Ergebnisses der Koalitionsverhandlungen – als glatte Misserfolge zu werten. 1945 entschieden sich ÖVP und SPÖ ganz bewusst für eine Politik der Zusammenarbeit, die Teilung der Regierungsverantwortung zählte zu den wesentlichen Gesichtspunkten dieser als »consociationalism« bekannt gewordenen Politik. Die Wiederherstellung der Unabhängigkeit und Souveränität sowie der ökonomische Wiederaufbau machten die Kooperation der großen politischen Lager regelrecht zu einem Zwang, das Ausscheiden der Kommunisten (1947) aus der Konzentrationsregierung spielte keine Rolle. Die Teilnahme an der Provisorischen Staatsregierung war innerhalb der SPÖ nie in Frage gestellt worden. Während Schärf (1955, 79) in seinen Erinnerungen schrieb, dass er für die Wahlen von 1945 mit etwa 40 Prozent der Stimmen gerechnet habe und die Erlangung der Mehrheit »ein unerwarteter Glücksfall« gewesen wäre, ist wohl eher davon auszugehen, dass die Sozialisten mit einem Sieg gerechnet hatten (Rauchensteiner 1987, 66).

Die Stimmungen in der SPÖ bzw. einzelner Strömungen innerhalb der Partei lassen sich hinsichtlich der Haltung zur großen Koalition anhand der Parteitagsprotokolle gut nachvollziehen (Müller 1988, 23 ff). Unabhängig von der kämpferischen Rhetorik, die bei derartigen Veranstaltungen obligatorisch war und ist, wurde der Gang in die Opposition – mit Ausnahme der Partei-Linken – nie ernsthaft erwogen. Schärf war stets auf die Regierungsbeteiligung seiner Partei bedacht und bemühte sich hartnäckig um die Bewahrung und Mehrung der »Besitzstände« der SPÖ. »Wir müssen eine Politik in der Koalition be-

treiben, die wir, wenn wir einmal in der Opposition sein werden, nicht zu bereuen haben«, pflegte er zu sagen. Als Vizekanzler verwaltete Schärf kein eigenes Ministerium, nur wenn Regierungsmitglieder der SPÖ verhindert waren, vertrat er sie. Seine Aufgabe sah er neben der laufenden Parteiarbeit in der Koordination seiner Fraktion in der Regierung. Schärf wurde auch von politischen Gegnern attestiert, dass er ein Politiker mit »Handschlagqualität« war, auf dessen Wort man sich uneingeschränkt verlassen konnte. Sein Verhältnis zu führenden ÖVP-Politikern wie Figl, Hurdes oder Gruber war ausgezeichnet, mit Raab, dem die Sozialisten »aus der Seele zuwider« waren, verstand er sich weniger gut. Kreisky (1986, 438) hatte das Verhältnis der beiden aus nächster Nähe erlebt: »Sehr schwierig war das Verhältnis zwischen Raab und seinem Vizekanzler Schärf. Von Schärf ging eine solche Kühle aus, dass Raab ... immer wieder klagte, wie schwierig es für ihn sei, dem Vizekanzler näher zu kommen. Raab ... kam es sehr auf sein Verhältnis zu Schärf an. Es ist psychologisch verständlich, dass der ewige Zweite in der Regierung ... erst dann ein besonderes Verhältnis zu Raab fand, als er 1957 Bundespräsident wurde.«
Während der Staatsvertragsverhandlungen, insbesondere in Moskau, erwies sich Schärf, der natürlich auch an den Vorarbeiten federführend teilgenommen hatte, als »der Mann der besonderen Vorsicht«. Neben der definitiven Klärung der »Erdölfrage« drängte er vor allem auf die Präzisierung dessen, was unter »Neutralität« zu verstehen ist. Charakteristisch für die Persönlichkeit Schärfs war seine Weigerung im Moskauer Kreml, dem Wunsch Raabs und der Sowjets nachzukommen, nach dem großen Diner den endgültigen Text des Memorandums zu unterschreiben. »Meine Herren«, erklärte Schärf, »nach neun Uhr abends unterschreibe ich prinzipiell nichts!« Er habe dies auch in seiner Anwaltskanzlei so gehalten.

Bundespräsident

Am 4. Jänner 1957 starb der 84-jährige Körner. Erneut wurde nun über den geeigneten Wahlmodus diskutiert: Sollte man an der Volkswahl festhalten oder das Staatsoberhaupt durch die Bundesversammlung wählen lassen? Aufgrund der detaillierten Aufzeichnungen von Schärf (1961) lassen sich die damals in den Parteien angestellten Überlegungen relativ gut rekonstruieren. Die Sozialisten gaben der Volkswahl den Vorzug, weil die Rückverlegung in die Bundesversammlung dem »Raub eines schon ausgeübten Rechtes der Bundesbürger« gleichkäme. Nur dann, wenn ein gemeinsamer Kandidat, dem eine Zweidrittelmehrheit sicher wäre, gefunden werde, könne sich die SPÖ durchringen, auf die Volkswahl zu verzichten, ließ man die Volkspartei wissen.

In der ÖVP standen sich in der Frage des Wahlmodus zwei etwa gleich starke Gruppierungen gegenüber. Ungeachtet dieser organisatorischen Diskussion, deren Impetus hauptsächlich machtpolitischer und nicht demokratiepolitischer Natur war, wurde seit Sommer 1956 über mögliche Kandidaten spekuliert. Helmer, der schon Körner vorgeschlagen hatte, sprach sich unmittelbar nach dessen Schlaganfall für seinen Freund Schärf aus, doch beide Male hatte er insgeheim gehofft, selbst als Kandidat nominiert zu werden. Auch wenn er in seinen Erinnerungen schrieb, »man glaubte, hinter den politischen Kulissen ein Tauziehen um die Kandidatur zwischen dem Vizekanzler und mir vermuten zu müssen«, wovon »natürlich kein Wort wahr« gewesen wäre (Helmer 1957, 353), fühlte er sich übergangen und war bitter enttäuscht, zumal seine Chancen ursprünglich recht gut waren. Ihm war außerdem zu Ohren gekommen, dass manche in der Partei meinten, man könne »einen Mann mit bloßer Volksschulbildung« nicht für dieses Amt vorschlagen. Gegen Helmer hatten sich insbesondere die »Jungtürken« Pittermann, Olah, Kreisky, Weikhart und Slavik gestellt, die durch den Wechsel Schärfs in die Hofburg profitiert hätten. Maleta erklärte rund zwanzig Jahre später, dass seine Partei der SPÖ das Angebot gemacht habe, im Falle der Verlegung der Wahl in die Bundesversammlung Helmer zu wählen, »wenn sich die SPÖ verpflichtet hätte, bei der nächsten Wahl für einen Kandidaten der Volkspartei zu stimmen. Der Hintergedanke der ÖVP sei es auch gewesen, sicherzustellen, dass die mehrheitlich von der ÖVP dominierte Bundesversammlung immer einen ÖVPler hätte wählen können. Leider, so Maleta, hätte die SPÖ dies damals abgelehnt« (»SN« vom 27. Oktober 1979). Damit bestätigte er folgende Passage aus den Erinnerungen Schärfs, der schrieb: »Wenn Bundeskanzler Raab von der Möglichkeit eines gemeinsamen Kandidaten der beiden Koalitionsparteien sprach, so erwartete er als Gegenleistung die Abschaffung der Volkswahl für immer, wobei er – allerdings nur unter vier Augen – zu Helmer, wie dieser erzählte, davon gesprochen haben soll, dass der erste nach der Verfassungsänderung von der Bundesversammlung gewählte Präsident ein Sozialist, vielleich Helmer sein könnte, dass aber der nächste unter allen Umständen ein Volksparteiler sein müsste.«

Nach einer Reihe von Gesprächen, in welchen Koref, Helmer, ÖGB-Präsident Johann Böhm und der niederösterreichische Landesparteiobmann Franz Popp als Kandidaten gehandelt wurden, nominierte die SPÖ tatsächlich Schärf, der bis heute der einzige aktive Parteiführer ist, der von seinen Gesinnungsfreunden zu einer Präsidentschaftskandidatur überredet werden konnte. »Der Vorschlag, mich zu kandidieren, widersprach meinen Wünschen und meinen Absichten«, schrieb Schärf später einmal. Und auch Kreisky (1988, 358) bestätigte: »Sein Entsetzen war groß!«

Von vielen ÖVP-Politikern wurde die Kandidatur von Raab ventiliert, der auch für kurze Zeit mit dieser Variante liebäugelte, doch vor allem unter dem Einfluss seines engen Mitarbeiters Josef Scheidl, des stellvertretenden Generalsekretärs der Partei, entschied er sich für den Verbleib auf der Kommandobrücke. Während einer Klausur machte Raab entschieden klar, dass er sich nicht nach »Pensionopolis« schicken lasse. Raab war es auch, der seiner Partei den Vorschlag unterbreitete, mit einem überparteilichen Kandidaten ins Rennen um die Präsidentschaft zu gehen, wofür er die aus dem VdU hervorgegangene FPÖ zu gewinnen hoffte. Nachdem Körner der Einbindung des »dritten Lagers« in eine Regierungskoalition verhindert hatte, sah Raab nun in der Wahl eines bürgerlichen Bundespräsidenten die Chance für eine solide bürgerliche Mehrheit und damit für einen Ausstieg aus der großen Koalition. Die Situationsdeutung Pittermanns, dass »seit dem Abschluss des Staatsvertrages ... in der ÖVP jene Kreise immer mehr an Boden gewonnen (hatten), welche die politische Zusammenarbeit in der österreichischen Koalition durch eine ›antimarxistische‹ Regierungs- und Parlamentsmehrheit ablösen wollten« (zit. nach Müller 1988, 35 f), hatte also einiges für sich. Für FPÖ-Obmann Anton Reinthaller, einem ehemaligen Brigadeführer (General) der SS, der zudem Minister im nationalsozialistischen Kurzzeitkabinett Seyss-Inquart und Unterstaatssekretär in Berlin war, bedeutete das Angebot Raabs eine deutliche Aufwertung seiner 1956 auf sechs Mandate geschrumpften Partei. Die auf Basis der Gleichberechtigung vollzogene Einbindung eines hohen ehemaligen SS-Offiziers brachte keinerlei Skandalisierung mit sich, Tabus, die nicht existierten, konnten nicht gebrochen werden. Auf Vorschlag des ÖAAB-Obmannes Lois Weinberger wurde schließlich der emeritierte Universitätsprofessor Wolfgang Denk, »ein feiner alter Herr, ein berühmter Arzt und großartiger Chirurg« (Molden 1980, 254), als gemeinsamer Kandidat von ÖVP und FPÖ vorgestellt. Den Freiheitlichen, die zu diesem Zeitpunkt bereits die Zusage des ebenfalls prominenten Arztes Lorenz Böhler eingeholt hatten, wurden dafür Konzessionen in der Wahlrechtsfrage angeboten. Nachdem die Zusagen später nicht eingehalten wurden, entfremdeten sich diese beiden Parteien erneut (Piringer 1982, 51 ff; Reichhold 1975, 285 f).

Am 14. Februar war somit klar, dass Denk gegen Schärf antreten würde. Als Pikanterie am Rande ist festzuhalten, dass Martha Kyrle, Schärfs Tochter, bei Denk studiert hatte und ihrem ehemaligen Professor freundschaftlich verbunden war. Während des Wahlkampfes gelang es Schärf, der bis dahin von der Bevölkerung als zwar kompetent und korrekt, vor allem aber als humorlos, kühl und unnahbar wahrgenommen worden war, sein Image beträchtlich zu verbessern. Mit menschlichen Qualitäten wie Freundlichkeit und Güte, die bisher nur seiner Familie und den engen Freunden bekannt waren, verstand er es zu punkten. Denk hingegen war ein denkbar unbegabter Wahlkämpfer, der »auf die üblichen Wahlkampfrituale verzichtete und selbst wohlwollenden Journalisten ihre Aufgabe nicht leicht machte« (Höbelt 1986, 25).

Der sozialistische Kandidat vermochte während seiner als »Fahrt durch das Land« firmierenden Wahlkampftour, die ihn in 341 Orte und 105 Betriebe führte, zu vermitteln, dass ihm die Sorgen der Menschen ein ehrliches Anliegen seien und er sich über die Leistungen des Wiederaufbaus wirklich freue. »Und nun sah ich mit eigenen Augen«, schrieb er über seine Eindrücke, »dass in den zehn Jahren ... durch Zusammenarbeit Österreich ein anderes Ansehen gewonnen hatte, dass niemand an der Lebensfähigkeit und an der Zukunft Österreichs mehr zweifelte. Ich erkannte, dass dieser Erfolg nur der Zusammenarbeit der beiden großen Parteien und der großen Klassenorganisationen zu danken war, und ich spürte ein tiefes Glücksgefühl darüber, dass ich in der Sozialistischen Partei und in der Regierung mit einer derjenigen war, welche dazu beigetragen hatten, die neue Politik der Zusammenarbeit und des Aufbaues zu gestalten und zu erhalten.«

Während Schärf, der immer wieder darauf hinwies, ein Schüler und Weggefährte Renners und Körners gewesen zu sein und so unausgesprochen deren Erbe beanspruchte, seinen unerschütterlichen Siegeswillen zu erkennen gab, fehlte Denk jeder erkennbare Ansatz kämpferischer Fähigkeiten. Dem von der FPÖ ausgegebenen Ziel dieser

Wahlbewegung, mit der »unseligen Verpolitisierung des gesamten öffentlichen Lebens Schluss zu machen«, indem eine über den Parteien stehende Persönlichkeit das höchste Amt im Staate bekleidet, konnte der unpolitische Akademiker nicht zum Durchbruch verhelfen.
Die Wähler entschieden sich schließlich für den bekannteren und politisch erfahrenen Kandidaten, der Berufspolitiker wurde dem Quereinsteiger (Raabs »Denk-Fehler«) vorgezogen. Am 5. Mai 1957 kam Schärf auf 51,12 Prozent der gültig abgegebenen Stimmen, Denk lag bei 48,88 Prozent. Die Niederlage des ÖVP-FPÖ-Kandidaten wurde allgemein auch als Niederlage Raabs gewertet, »die erstmals auch seine Position als Bundesparteiobmann erschütterte« (Reichhold o. J., 207). Führende Vertreter der Volkspartei waren am Boden zerstört und verbargen ihre Enttäuschung auch gar nicht. Alfred Maleta, Generalsekretär der ÖVP, soll gegenüber Journalisten gesagt haben: »Der österreichische Wähler ist undankbar und charakterlos, aber gescheit.«
Schärf versuchte noch am Tage seiner Wahl die Gemüter zu besänftigen, seine ersten Worte galten dem unterlegenen Gegenkandidaten. Auch in seiner Ansprache nach der Angelobung vor der Bundesversammlung am 22. Mai schlug er versöhnliche Töne an. So sagte er unter anderem: »Der Augenblick, in dem ich in diesem mir seit fast vierzig Jahren wohlvertrauten Hause das Gelöbnis auf die Verfassung abgelegt habe, erfüllt mich mit tiefer Bewegung. Ich empfinde es als den Höhepunkt eines Lebens, das von Jugend auf nach besten Kräften unserem Land und unserem Volke gewidmet war ... Es ist mein fester Entschluss, mich auch bei meiner zukünftigen Arbeit stets von dem Gedanken an das Staatsganze leiten zu lassen, dessen Festigkeit und Bestand nur durch den unerschütterlichen Zusammenhalt aller Teile gewährleistet wird ... In der Liebe zu Österreich sollen und werden wir uns finden.«
In seinem ersten Pressegespräch räsonierte Schärf in aufschluss reicher Form über das Amt des Bundespräsidenten. Er hatte sich im Laufe seines Lebens immer wieder mit der verhängnisvollen Rolle beschäftigt, die Bundespräsident Miklas in der Ersten Republik bei der Demontage der Demokratie gespielt hatte. Auf diesen Vorgänger anspielend, hielt er fest, dass zu anderen Zeiten das Eingreifen eines charakterfesten, verfassungstreuen und entschlossenen Staatsoberhauptes schon einmal notwendig gewesen wäre, weshalb man nicht glauben dürfe, dass der Bundespräsident nur sehr beschränkte Kompetenzen habe, dies treffe ausschließlich auf ruhige Zeiten zu.

»Es ist nicht die Aufgabe des Bundespräsidenten«, meinte er, »sein Amt im Rahmen eines bestimmten Programms auszuüben, dessen Aufstellung und Durchführung Sache des Parlaments und der Regierung ist. Die Verfassung verbietet ihm aber auch nicht, in Form von Ratschlägen und Anregungen dort eine Initiative auszuüben, wo sie ihm wünschenswert und notwendig erscheint ... Ich habe schon vor längerer Zeit als Mitglied der Bundesregierung meiner Überzeugung Ausdruck gegeben, dass die Methoden der Bestellung und der Beförderung der Mitarbeiter unseres staatlichen Verwaltungsapparates, der Beamten, reformbedürftig sind, dass eine systematische Auswahl der Besten und Würdigsten an die Stelle von Protektion und politischer Empfehlung treten müsste.« Große Aufmerksamkeit erntete Schärfs Bemerkung, dass es sein Ehrgeiz sein werde, »mitzuhelfen zu einer zeitgemäßen Umschreibung der Beziehungen vor allem zwischen der römisch-katholischen Kirche und dem Staat«. Die damalige Frontstellung macht eine Episode deutlich, an die sich Kardinal Franz König wie folgt erinnerte: »Ich schickte ihm (Schärf) ein Telegramm und hab heute noch ein bisschen das Entsetzen in den Ohren in den politischen Kreisen: Um Gottes willen, der Erzbischof gratuliert, wie wenn nichts geschehen wäre, einem sozialistischen Kandidaten, der Bundespräsident geworden ist« (zit. nach Portisch 1996, 70).
Ende des Jahres schrieb Schärf einen sehr persönlichen »Rückblick auf das Jahr 1957«, in welchem er die Monate seit seiner Wahl Revue passieren ließ. »Nun ist das Jahr zu Ende gegangen«, setzte er an. »Schon die ersten Monate brachten in der neuen Arbeit vieles, was mir neu war; es war anstrengend, aber ich hatte nicht das Gefühl, dass es anstrengt ... Im Herbst und im Winter wurde es für mich klar: das neue Amt hat mich aus dem Kreis der Freunde von einst, aus dem intimen Verhältnis zu ihnen, heraus- oder hinaufgehoben. Ich war so einsam, wie ich es nie in meinem Leben gewesen; ich habe auch etwas mehr Zeit zu Überlegungen und zu Erinnerungen; mein Blick in meine Vergangenheit ist jetzt genauer, als er je war ... Seit dem Sommer nach der Wahl aber fiel doch so vieles weg: die tägliche Inanspruchnahme mit Parteiarbeit und die tägliche Sorge über die Taktik in den Parteiverhandlungen. Ich habe ein bisschen meine Gedanken über meine Vergangenheit und über meine Familie in Ordnung gebracht. Mehr als je geht mir Hilda ab ... Beim Rückblick auf meine öffentliche Tätigkeit kann ich zufrieden sein; ich habe tatsächlich die Partei seit 1945 geführt, und sie hat während meiner Zeit keine wirkliche Niederlage,

nicht einmal einen wirklichen Rückschlag erlitten. Unmerklich habe ich die Partei aus der Politik einer verbohrten Opposition herausgeführt und ich habe die Partei übergeben, als sie auf einem Gipfel der Erfolge stand. Dass der Gipfel des Parteierfolges zugleich ein Gipfel meines persönlichen Erfolges war, ist angenehm. Aber es fängt jetzt erst recht das neue Leben für mich an: mit beschränkten Aufgaben, beschränktem Zeitaufwand; mehr Muße zu allem Schönen, aber mit Einsamkeit, mit Einsamkeit.«

Die Wahl Schärfs zum Bundespräsidenten machte die Nachbesetzung seiner Funktionen in Partei und Regierung notwendig. Trotz mancher Spekulationen, die sich um Helmer und Koref drehten, handelte es sich von Beginn an um ein Rennen zwischen Bruno Pittermann und Karl Waldbrunner, da ein Generationenwechsel geplant war. Dass die Wahl am 8. Mai auf den 52-jährigen Pittermann fiel, ist zu einem guten Teil auf die Persönlichkeit Waldbrunners zurückzuführen, der nach Leser (1988, 111) »wegen seiner Arroganz und Kälte, wegen seiner Rücksichtslosigkeit und diktatorischen Intransigenz verhasst war«.

Schärf mischte sich fortan nicht mehr in die Parteigeschäfte ein, doch er hielt sich regelmäßig auf dem Laufenden. Nicht lange nach seiner Wahl regte Pittermann die Ausarbeitung eines neuen Grundsatzprogramms an, stammte doch das nach wie vor gültige, 1947 lediglich durch ein Aktionsprogramm aktualisierte, aus dem Jahre 1926. Dieses »Linzer Programm« gilt als *das* klassische Dokument des Austromarxismus und war für eine Partei, die – wollte sie die Mehrheit erringen – neue Schichten ansprechen musste, absolut unzeitgemäß. Eine kleine Gruppe, der Zentralsekretär Alois Piperger, die Widerstandskämpferin Rosa Jochmann, Fritz Klenner, Kreisky und der Theoretiker Benedikt Kautsky, dessen Handschrift das durch über tausend Abänderungsanträge konsensfähig gemachte Programm schließlich tragen sollte, angehörten, leistete die Vorarbeit. Auf einem außerordentlichen Parteitag am 14. Mai 1958 wurde das »Wiener Programm« schließlich einstimmig beschlossen. Es sollte einen Anspruch einlösen, den Fritz Kaufmann (1978, 448) so umschrieb: »Die ursprüngliche Arbeiterpartei, die Schärf zu einer ›Staatspartei‹ gemacht hatte, musste sich zu einer die gesamte linke Hälfte des politischen Spektrums umfassenden ›Volkspartei‹ entwickeln, wenn sie mit dessen rechtem Flügel, der Österreichischen Volkspartei, Schritt halten oder diese gar überholen wollte.« Neben einer Absage an den Marxismus, die unter der Überschrift »Von der Klassenpartei zur Partei aller arbeitenden Menschen« ausdif-

ferenziert wurde, war vor allem das Kapitel »Sozialismus und Religion« interessant. »Sozialismus und Religion«, hieß es hier, »sind keine Gegensätze. Jeder religiöse Mensch kann gleichzeitig Sozialist sein.«
Bei der Nationalratswahl vom 10. Mai 1959 erntete die SPÖ die Früchte ihrer programmatischen Wendigkeit, sie wurde mit 44,79 Prozent stimmenstärkste Partei. Aufgrund der Wahlarithmetik blieben die Sozialisten mit 78 Mandaten (vorher 74) gegenüber 79 (vorher 82) der ÖVP im Nationalrat erneut in der Minderheit. Die FPÖ konnte 8 Mandate (vorher 6) erreichen.
Die Regierungsbildung spielte sich vor einem sehr ähnlichen Hintergrund wie 1953 ab (Berchtold 1969, 340 ff). Der Bundespräsident nahm die Demission der Regierung an und betraute sie mit der Fortführung der Verwaltung. Am 14. Mai wurde Raab als Chef der mandatsstärksten Partei von Schärf mit der Regierungsbildung beauftragt. Der ÖVP-Pressedienst hielt am 23. Juni fest, dass die Forderungen der SPÖ so weitgehend seien, »dass sie kaum als Grundlage für das Zustandekommen einer arbeitsfähigen Regierung anzusehen seien«. Da Pittermann nach Auffassung Raabs zu viel Einfluss für seine Partei bzw. sich selbst über die Verstaatlichte Industrie eingefordert hatte, legte er am 7. Juli den Auftrag zur Regierungsbildung zurück. Tags darauf setzte Schärf einen bemerkenswerten, originellen Schritt. Da Raab und Pittermann nur schlecht miteinander auskamen, übertrug er einer Kommission aus bevollmächtigten Vertretern das Mandat zur Weiterführung der Verhandlungen. Seitens der ÖVP wurden Kraus, Maleta und Gorbach nominiert, seitens der SPÖ Olah, Probst und Slavik. Dass die Herren innerhalb kürzester Zeit zu einer Einigung fanden, war auch ein Verdienst des Bundespräsidenten. Werner Kaltefleiter (1970, 178) bemerkte ferner: »Die teilweise Umgehung der formellen Parteivorsitzenden Julius Raab und Bruno Pittermann war nur möglich, weil Adolf Schärf über die notwendige Autorität in der SPÖ verfügte und Julius Raab in der ÖVP nicht mehr unumstritten war.«
In privaten Gesprächen mit Schärf hatte Raab zuvor den Vorschlag unterbreitet, die FPÖ, die Nachfolgepartei des VdU, in die Regierung aufzunehmen, doch der Bundespräsident wollte davon nichts wissen. Über die schwierigen Regierungsverhandlungen und die Stimmung in der SPÖ fertigte Schärf ein Gedächtnisprotokoll an, aus welchem hier einige Zeilen wiedergegeben werden: »Der Wahlausgang ... hat in der Sozialistischen Partei viele geradezu berauscht. In der ersten Zusammenkunft im engeren Kreis, der ich beiwohnte, war man fast daran,

geradezu die Rechte einer wirklichen Mehrheitspartei in Anspruch zu nehmen. Ich stieß auf Widerspruch, als ich erklärte, nach unserer Verfassung komme es auf die Mandate, nicht auf die Stimmen an, und auf jeden Fall seien wir in einer Minderheit; ich erfuhr leidenschaftlichen Widerspruch. In den Parteiverhandlungen war eine Schwierigkeit die, dass Raab offenbar die Nerven verlor und insbesondere Pittermann als Verhandlungspartner unerträglich fand ... Ich erklärte immer und immer wieder, dass eine Regierung Pittermann für die Volkspartei geradezu den inneren Zwang herstelle, es doch mit der FPÖ zu versuchen. Sei einmal der Gedanke der Koalition im alten Sinne aufgegeben, dann werde es keine Rückkehr zu ihr mehr geben.«

Wieder einmal konnte man sich 1959 also auf die Fortsetzung der großen Koalition einigen. Die Verwaltung der Verstaatlichten Industrie war von Raab auf Pittermann übergegangen, Kreisky zog anstelle von Figl in das neu geschaffene Außenministerium ein, welches bis zu diesem Zeitpunkt nur eine Sektion des Bundeskanzleramtes gewesen war. Figl wurde Nationalratspräsident, zum Zweiten Präsidenten avancierte Franz Olah, zum Dritten Alfons Gorbach. Letzterer war der kommende starke Mann der ÖVP, die nach zwei Wahlniederlagen nach einer Neuorientierung suchte. Raab, der 1957 einen Schlaganfall erlitten hatte und danach nie mehr ganz der alte war, zeigte sich über die Ansichten »der zornigen jungen Männer« seiner Partei tief besorgt. Die »Reformer«, es waren dies unter anderen der Salzburger Landeshauptmann Josef Klaus, der Kärntner Landesparteiobmann Karl Schleinzer und Hermann Withalm, forderten, unterstützt vom steirischen Landeshauptmann Josef Krainer, immer lauter die Ablöse des »Staatsvertragskanzlers«. Am 11. Februar 1960 wurde Gorbach zum neuen Bundesparteiobmann gewählt, Raab blieb vorerst Bundeskanzler, trat jedoch im April 1961 auch von dieser Funktion zurück, womit er, so lässt sich wohl festhalten, seinem Sturz zuvorkam. Auf Ersuchen von Kanzler und Vizekanzler enthob der Bundespräsident die Regierung ihres Amtes und betraute Gorbach mit der Regierungsbildung.

Während die SPÖ an ihren bisherigen Ministern festhielt, machte sich bei den Christdemokraten der Führungswechsel auch personell bemerkbar. Mit Klaus als neuem Finanzminister und Schleinzer als neuem Verteidigungsminister wurde der Flügel der »Reformer« gestärkt. 1961 übernahm Raab erneut die Funktion des Obmannes des Österreichischen Wirtschaftsbundes sowie des Präsidenten der Bundeswirt-

schaftskammer. Zusammen mit ÖGB-Präsident Olah bewirkte der Altkanzler Ende des Jahres mit dem so genannten »Raab-Olah-Abkommen« weitgehende Maßnahmen zur Stabilisierung der Löhne und Preise.
Da für den 28. April 1963 die nächsten Bundespräsidentenwahlen anberaumt waren und man den Zusammenfall dieses Wahlganges mit dem Termin der Nationalratswahlen zu vermeiden trachtete, beschloss der Nationalrat seine vorzeitige Auflösung. Ausschlaggebend dürfte allerdings gewesen sein, dass sich für das Budget für 1963 schon früh völlige Uneinigkeit abzeichnete. Als Wahltermin wurde der 18. November 1962 festgesetzt. Während sich die SPÖ mit Nachdruck für die Fortsetzung der Koalition aussprach und sich nun endlich die Mehrheit auch an Mandaten erhoffte, warnte die ÖVP beschwörend vor der Gefahr eines »roten Österreich«. Folgende Parole wurde ausgegeben: »Es steht 79:78, nur ein rotes Mandat mehr und die sozialistische Herrschaft beginnt!« Einmal mehr wurde auch die »Gleichgewichtsparole« bemüht, wonach einem »roten« Präsidenten ein »schwarzer« Kanzler gegenüberstehen müsse.
Die ÖVP, deren aggressiver Wahlkampf sich ausgezahlt hatte, gewann diese Wahl und kam auf 81 Mandate, die SPÖ erreichte 76 und die FPÖ, die offensiv für den Beitritt zur EWG geworben hatte, behielt ihre 8. Schärf machte Pittermann für die Niederlage verantwortlich, da dieser sich nach seiner Ansicht zu wenig um das geschlossene Auftreten der Partei und die interne Kommunikation gekümmert hatte. Am 20. November trat die Bundesregierung zurück, worauf sie von Schärf mit der Fortführung der Verwaltung betraut wurde. Die harten Verhandlungen (Berchtold 1969, 342 f) zogen sich in einer ersten Phase über drei Monate hin, bis sie am 22. Februar abgebrochen wurden, weil über die Frage, welche Partei das begehrte Außenministerium übernehmen sollte, kein Konsens erzielt werden konnte. Wenige Tage zuvor, am 13. Februar, war Schärfs alter Weggefährte Oskar Helmer verstorben, was den Bundespräsidenten tief getroffen hatte. Um die Regierungsverhandlungen wieder in Schwung zu bringen, ergriff Schärf nun die Initiative. Am 25. Februar bat er den designierten Bundeskanzler Gorbach zu einer Aussprache, in deren Verlauf er klarmachte: »So möchte ich jetzt nach einer Periode der Zurückhaltung als der vom österreichischen Volk gewählte Repräsentant unserer Republik zum ersten Mal nach der Wahl vom 18. November den dringenden Wunsch aussprechen: Einigen Sie sich rasch ... Mit gutem Willen muss

es gehen, es ist meine Überzeugung, dass dieser gute Wille ... vorhanden ist und dass er sich bei ernsten Bemühungen auch bald realisieren lässt.« Nachdem die Verhandlungen am 23. März tatsächlich positiv abgeschlossen werden konnten, wurde am 27. März die Regierung Gorbach II angelobt.

»Sieger« der Regierungsverhandlungen war zweifellos die SPÖ, der es trotz der Wahlniederlage gelungen war, ihre Machtpositionen weitgehend zu halten. Die SPÖ wäre bereits gewillt gewesen, das Außenministerium aufzugeben, doch Olah, der in der neuen Regierung das Amt des Innenministers übernahm, warf für Kreisky sein ganzes politisches Gewicht in die Waagschale und erklärte den »Schwarzen«, dass dieses Ressort »nicht am Christbaum« hänge. Die Sozialisten konnte den harten Verhandlungspoker nur deshalb gewinnen, weil die ÖVP nicht geschlossen genug aufgetreten war und Olah, worüber noch zu sprechen sein wird, äußerst geschickt mit den Freiheitlichen taktiert hatte (Reimann 1980, 286), die er im Herbst 1962 (zunächst) mit einer Million Schilling aus der Gewerkschaftskasse gesponsert hatte. Ausschlaggebend war zusätzlich das Engagement Schärfs, der vehement für die Fortführung der Koalition, die in dieser Form freilich auch eine Fortschreibung der paritätischen Machtaufteilung bedeutete, die Perpetuierung des Proporzes, eingetreten war. Die Probleme, ob es sich nun um die Verstaatlichte Industrie oder um den Rundfunk handelte, blieben gewissermaßen am runden Tisch, um welchen man sich erneut gruppiert hatte, liegen.

Als der Bundesparteirat der ÖVP dem noch von einer überwundenen Gelbsucht gezeichneten Altkanzler Raab am 21. Februar 1963 formell die Kandidatur für die bevorstehende Bundespräsidentenwahl antrug, antwortete dieser lapidar: »Ich gehorche!« Am 4. März wurde zur Gründung eines Julius-Raab-Wahlfonds aufgerufen und am 27. März eröffnete der Altkanzler mit einer Rede offiziell seinen Wahlkampf. Mitte April begann er seine Wahlreise durch die Bundesländer, die am 26. April in Wien endete, wo er seine Schlusskundgebung hielt. Der von seinen Leiden geplagte Kandidat wurde von einem Arzt begleitet, der ihm täglich seine notwendige Insulininjektion verabreichte. Auf der anderen Seite konnte die SPÖ Schärf für eine neuerliche Kandidatur gewinnen. Mit ihm trat zum ersten Mal ein amtierendes Staatsoberhaupt zur Wiederwahl an und die Chancen waren gut.

»In dieser Situation erwies sich die Kandidatur Julius Raabs als eine Notlösung im buchstäblichen und besten Sinne des Wortes«, bemerkte

Gottfried Heindl (o. J., 361), »er stand so sichtlich am Ende eines langen politischen Weges, dass ein Misserfolg bei der Präsidentenwahl für ihn und seine Partei zwar schmerzlich, aber nicht prestigemindernd sein würde.« Neben Schärf und Raab stellte sich noch der pensionierte General der Gendarmerie Josef Kimmel der Wahl, der von der liberal gesinnten »Europäisch-Föderalistischen Partei« des ehemaligen Widerstandskämpfers Otto Molden kandidiert wurde. Unter dem Schuschnigg-Regime war Kimmel stellvertretender Leiter der »Ostmärkischen Sturmscharen« gewesen und dementsprechend im katholisch-konservativen Lager verankert. Die FPÖ hingegen gab an ihre Sympathisanten die Parole aus, ungültig zu wählen. Schärf konnte die Wahl am 28. April mit großem Vorsprung für sich entscheiden. Auf ihn entfielen 55,4 Prozent der gültig abgegebenen Stimmen, Raab erreichte nur 40,6 Prozent, viel weniger als Denk fünf Jahre davor. Kimmel kam auf immerhin 4 Prozent, und über 190000 Stimmberechtigte wählten ungültig. Einen Tag nach der Wahl traf Raab zur gewohnten Stunde in der Bundeswirtschaftskammer ein und bemerkte gegenüber seinem Sekretär nur trocken: »Gestern hamma an Schrauf'n kriegt!«

Jene beiden Jahre, die Schärf noch bleiben sollten, waren von zwei dramatischen Ereignissen überlagert, in die das Staatsoberhaupt zwar nicht aktiv eingreifen konnte, doch sowohl die Habsburg-Krise 1963 (Andics 1965; Mommsen-Reindl 1976) als auch die Olah-Krise im Jahr darauf (Konrad/Lechner 1992) bedrückten Schärf tief: »Es waren Konflikte der Nachfolgergeneration, die er sicher mit grimmiger Missbilligung aus der Distanz seines Amtes verfolgte« (Stadler 1982a, 510).

Das »Habsburgergesetz« vom 3. April 1919, das unmittelbarer Bestandteil der Bundesverfassung ist, hatte die Landesverweisung sowie die Beschlagnahmung des Vermögens für alle jene Mitglieder der Familie Habsburg-Lothringen ausgesprochen, die nicht ausdrücklich auf ihre Thronansprüche zu verzichten und sich loyal zur Republik zu bekennen bereit waren. Die Entscheidung, ob eine Verzichtserklärung als ausreichend zu qualifizieren ist, hat die Bundesregierung im Einvernehmen mit dem Hauptausschuss des Nationalrates durch Bescheid festzusetzen. Otto Habsburg, der älteste Sohn von Kaiser Karl, hatte bereits Ende Mai 1961 eine solche Erklärung unterzeichnet, worin er auf seine »Mitgliedschaft zum Hause Habsburg-Lothringen und auf alle aus ihr gefolgten Herrschaftsansprüche ausdrücklich« verzichtete und sich »als getreuer Staatsbürger der Republik« bekannte.

Da im Ministerrat über die Annahme oder Ablehnung keine Einigung erzielt werden konnte, wurde der mangelnde Konsens als Ablehnung gewertet. Weil die Ausstellung eines Bescheides an Habsburg verabsäumt wurde, wendete sich dieser an den Verfassungsgerichtshof, der sich unzuständig erklärte. In der Folge brachte Habsburg eine Säumnisbeschwerde beim Verwaltungsgerichtshof ein, der im Mai 1963 seine Verzichtserklärung für ausreichend befand. Diese Entscheidung, die freilich auch von juristischer Seite fundierte Kritik erfuhr, löste einen innenpolitischen Konflikt von einer Tragweite und Feindseligkeit aus, wie dies bisher in der Zweiten Republik noch nicht der Fall war. Justizminister Broda sprach von einem »Juristenputsch im Richtertalar«, andere von einer »reaktionären Verschwörung«, die bereits »Erregung in den Betrieben« hervorgerufen hätte. Um die Lage zu entschärfen, schlug Kreisky in einem Gespräch mit Schärf eine »salomonische Lösung« vor, nämlich jene, Habsburg als Vertreter zum so genannten »Heiligen Stuhl« zu entsenden. Schärf empfand diese Variante zunächst als »interessant«, doch seine Bedenken erwiesen sich letztlich als stärker (Lendvai/Ritschel 1972, 116).
Am 4. Juli 1963 wurde mit den Stimmen von SPÖ und FPÖ ein Entschließungsantrag angenommen, in welchem die Rückkehr Habsburgs als unerwünscht erklärt wurde. Durch diese fallbezogene Zusammenarbeit zwischen Sozialisten und Freiheitlichen wuchs sich der »Fall Habsburg« zur schwersten Krise der Koalition seit 1947 aus. Zwar blieb sie bestehen, doch das Vertrauen war auf ein Minimum zusammengeschmolzen. Vor der Nationalratswahl 1962 hatte es eine Absprache zwischen ÖVP und FPÖ in Richtung der Möglichkeit einer kleinen Koalition gegeben, doch Gorbach hatte sich gegen die Widerstände in seiner Partei nicht durchzusetzen vermocht. Die enttäuschten Freiheitlichen suchten daraufhin vermehrt Kontakte zu den Sozialisten. Protagonist des Zusammengehens mit der FPÖ war seitens der SPÖ Olah, auf dessen Subventionen an die FPÖ weiter oben bereits verwiesen wurde. Diese Zuwendungen sollten im Zuge der über die Sozialisten hereinbrechenden »Olah-Krise« noch eine bedeutende Rolle spielen. Doch auch Pittermann, Kreisky und Slavik standen in engem Kontakt zum FPÖ-Obmann Friedrich Peter und einigen anderen. Ein Kontaktkomitee führte intensive Verhandlungen, deren Ziel es war, jene Bedingungen auszuhandeln, unter welchen eine Koalition zwischen SPÖ und FPÖ, die als Conditio sine qua non vor allem eine Wahlrechtsreform verlangte, zustande kommen könnte. Kurz nach der

parlamentarischen Abstimmung über die Habsburg-Frage entschied sich die SPÖ im letzten Moment gegen den Bruch der Koalition. Schärf hatte sich ebenfalls dagegen ausgesprochen. Gegenüber Olah hatte die freiheitliche Parteispitze zuvor deutlich gemacht, dass mit Pittermann, mit dessen Popularitätswerten es nicht zum Besten bestellt war, eine kleine Koalition nicht möglich wäre, die FPÖ würde sich vielmehr ihn, Olah, als Bundeskanzler wünschen. In der Folge traten die Gegensätze zwischen der Gruppe um Olah, der in diesen Jahren der populärste SPÖ-Politiker war, und der Gruppe um Pittermann, der unter anderen Waldbrunner, Benya und Broda angehörten, immer deutlicher zutage. Im Oktober 1961 war der »zu intransigenten politischen Aktionen neigende« (Mommsen-Reindl 1976, 207) Olah, der zeit seiner politischen Tätigkeit durch einen »scharfen Kontrast zwischen Licht und Schattenseiten« (Klenner 1979, 2459) hervorstach, in spektakulärer Form als Abgeordneter und Zweiter Nationalratspräsident zurückgetreten, weil er mit den von seinen Parteifreunden erzielten Kompromissen in Zusammenhang mit den Budgetverhandlungen sowie in der Frage einer vom ÖGB verlangten Steuerreform nicht zufrieden war. Seinem Ansehen in der Bevölkerung war dieser Schritt zuträglich, seiner Stellung in der Partei freilich nicht.
Als Olah im März 1963 die einflussreiche Funktion des ÖGB-Präsidenten zurücklegte, um Innenminister zu werden, hatte er den entscheidenden taktischen Fehler begangen. Nach schweren Auseinandersetzungen musste er im September 1964 aus der Regierung ausscheiden, was zu spontanen Demonstrationen und Streiks für Olah führte. Für kurze Zeit wurde in Wien der Strom abgestellt, Broda sah sich sogar tätlichen Angriffen ausgesetzt. Am 3. November wurde Olah, für den übrigens Kreisky bis zuletzt Partei ergriffen hatte, aus der SPÖ ausgeschlossen, später zeigte ihn der ÖGB wegen »des Verdachtes des Betruges, der falschen Zeugenaussage, der Untreue und der fahrlässigen Krida« an. In diesen beinhart ausgetragenen Auseinandersetzungen spielte auch die »Kronen Zeitung« eine wichtige Rolle, deren Gründung Olah maßgeblich unterstützt hatte. Der »Fall Olah« war ein Machtkampf und Richtungskampf gleichermaßen, der um die Frage von Identität und Zukunft der Sozialdemokratie kreiste: »Sollte man auf das Programm oder auf charismatische Persönlichkeiten setzen? Wie sollte sich das Verhältnis zur Gewerkschaftsbewegung gestalten? Welche Bedeutung konnten und sollten die Massenmedien erhalten? Konnte eine dauerhafte Aussöhnung mit der katholischen

Kirche erreicht werden? ... Die politischen Antworten auf (diese) Fragen ... sollten letztendlich weitgehend nach den Intentionen Franz Olahs gegeben werden, und zwar einige Jahre später von Bruno Kreisky« (Konrad 1988, 48). Dazwischen lagen die Nationalratswahlen von 1966, die der ÖVP die absolute Mehrheit brachten, nicht zuletzt deshalb, weil Olah mit seiner neu gegründeten Partei zur Schwächung der SPÖ beigetragen hatte. »Ich hab ihnen die Wahl versaut«, gab er demgemäß zwanzig Jahre später zu Protokoll.

Diesem Wahlsieg der ÖVP war ein einschneidender Richtungswechsel vorangegangen, der mit der Emanzipation von Raab und Maleta ihren Anfang genommen hatte. Nach dem Abschluss der Koalitionsverhandlungen Anfang 1963 war Finanzminister Klaus aus Protest darüber, dass Gorbach der SPÖ keine substanziellen Zugeständnisse abzuringen vermocht hatte, zurückgetreten, Generalsekretär Withalm hatte sich geweigert, seine Unterschrift unter das Abkommen zu setzen. Durch die Habsburg-Krise gestärkt, waren die »Reformer« am 9. Bundesparteitag der ÖVP im September 1963 angetreten, Gorbach zu stürzen und die Partei schärfer und selbstbewusster zu positionieren, auch um den Preis des Bruchs der Koalition. In einer Kampfabstimmung hatte sich schließlich das Duumvirat Klaus (als Parteiobmann) und Withalm (als Generalsekretär) gegen den bisherigen Unterrichtsminister Heinrich Drimmel und den als Generalsekretär kandidierenden Staatssekretär Franz Hetzenauer überlegen durchzusetzen vermocht.

Drimmel war ein die Kulturpolitik der ÖVP über ein Jahrzehnt dominierender, durch und durch reaktionärer, trotz seines Bekenntnisses zur großen Koalition obsessiv antisozialistisch gesinner Kulturkämpfer, dem insbesondere die Werte der Aufklärung ein Gräuel waren. Während er die Habsburgermonarchie verherrlichte, sah er alle Übel der europäischen bzw. österreichischen Politik im politischen System und der (Un)Kultur der Vereinigten Staaten begründet (Drimmel 1984). Auf dem erwähnten Parteitag hatte er abfällig von der »Technokratisierung der Politik« gesprochen und sich über das »klebrige Sinistro« innerhalb des christlichen Lagers mokiert. Die neue Parteispitze stand also für eine neue Politik, die sich später auch in einem neuen Parteiprogramm manifestieren sollte, weshalb es keine Überraschung war, dass Gorbach nach wenigen Monaten, am 25. Februar 1964, als Bundeskanzler demissionieren musste. Bundespräsident Schärf beauftragte Klaus mit der Bildung einer neuen Bundesregierung, die schon am 2. April angelobt werden konnte.

Schärfs Leben neigte sich dem Ende zu. Den Ausklang des »Olah-Konfliktes« erlebte er nicht mehr. 1964 absolvierte er seine drei letzten Staatsbesuche, die ihn nach Dänemark (21. bis 24. Mai), Norwegen (1. bis 3. Juni) und in die Bundesrepublik Deutschland (23. bis 26. Juni) führten. Nach der Wiedererlangung der Unabhängigkeit 1955 war die Repräsentation nach außen durch das Staatsoberhaupt zur Notwendigkeit geworden, alleine schon deshalb, um zu signalisieren, dass Österreich als verlässlicher Partner in den Schoß der internationalen Staatengemeinschaft zurückgekehrt war. Die Jahre von 1955 bis 1968/70 können als »Integrations- und Emanzipationsphase« der österreichischen Außenpolitik bezeichnet werden, in der es zunächst darauf ankam, die Neutralität einer konkreten inhaltlichen Ausgestaltung zuzuführen (Kramer 1997, 719 ff), doch dies war die Aufgabe der Regierung bzw. des Außenministers, nicht des Bundespräsidenten.
Schärf war das erste Staatsoberhaupt, das Staatsbesuche im Ausland absolvierte, die allerdings mit einer Ausnahme auf Europa beschränkt blieben. Die erste Reise hatte ihn im Mai 1958 nach Belgien und am 15. Mai in die benachbarte Schweiz geführt, im Jahr darauf war er erneut in Belgien. Vom 5. bis zum 15. Oktober 1959 hatte Schärf Moskau einen Besuch abgestattet, wo ihm die Würde eines Ehrendoktors verliehen wurde. Vom 4. bis 8. April 1960 war er in Schweden und anschließend bis 12. d. M. in Finnland, vom 17. bis 19. Mai 1961 in den Niederlanden. Da im Zuge dieser Auslandsreisen traditionsgemäß die Ehefrau eines Staatsoberhauptes Bestandteil des Protokolls ist und Hilda Schärf 1956 verstorben war, stellte sich die Frage, welche Dame man Schärf zur Seite stellen sollte. Die Wahl fiel schließlich auf Martha Kyrle, Schärfs 40-jährige, stets elegant gekleidete Tochter, die sich in ihrer Rolle als erste »First Lady« Österreichs sichtbar wohl fühlte. Frau Kyrle war auch dabei, wenn Schärf ausländische Staatsoberhäupter in Wien empfing, so etwa den Schah von Persien, König Bhumipol von Thailand oder im Sommer 1960 Chruschtschow, der gerade von einem geplatzten Gipfeltreffen mit US-Präsident Eisenhower aus Paris kam, weshalb diesem Besuch beträchtliche internationale Aufmerksamkeit beschieden war. Anlässlich eines Besuches Chruschtschows auf dem elterlichen Bauernhof von Nationalratspräsident Figl, den er ebenso wie Schärf seit den Staatsvertragsverhandlungen kannte, kam es zur berühmten »Kukuruzwette«. Der Russe hatte erklärt, dass der sowjetische Mais viel besser als der österreichische wäre und den zehnfachen Ertrag bringen würde: »Wenn es weniger als das Zehn-

fache wird, verliere ich eine Sau, ist es mehr, muss mir Figl eine geben!«
Am 3. Juni 1961 kam der sowjetische ZK-Sekretär und Ministerpräsident wieder nach Österreich, um US-Präsident John F. Kennedy zu treffen. Der Fokus der Weltöffentlichkeit war erneut auf Wien gerichtet, das in dieser Phase zu einem der wichtigsten »koexistenziellen Begegnungsplätze« heranwuchs. Das Galadiner in Schloss Schönbrunn, zu dem Schärf und seine Tochter geladen hatten, geriet zum repräsentativen Höhepunkt dieses Gipfeltreffens, das in angespannter Atmosphäre verlief und politisch erfolglos blieb.
Als Schärf im Februar 1965 den Schah von Persien vom Flughafen abholte, zog er sich eine schwere Grippe zu, von welcher er sich nicht mehr erholen sollte. Am 27. d. M. gaben seine Ärzte ein besorgniserregendes Bulletin heraus, in dem es hieß: »Bundespräsident Dr. Schärf erkrankte vor etwa drei Wochen zunächst an einem grippeartigen Infekt, in dessen Verlauf eine plötzliche krisenhafte Verschlechterung eines bestehenden Leberschadens auftrat. Der Zustand ist insbesondere auch in Ansehung des höheren Alters als ernst zu bezeichnen.« Tags darauf war Schärf tot.
Bundeskanzler Klaus würdigte den Verstorbenen einige Tage später als »väterlichen Berater der Regierung« und hob vor allem seine »umsichtige und objektive Amtsführung« hervor. Schärf, der nicht ohne Grund als »oberster Hofrat der Partei« und »oberster Hofrat der Republik« bezeichnet worden war, hatte nie einen Widerspruch zwischen den Interessen der SPÖ und jenen der Republik gesehen, seiner Amtsführung als Bundespräsident wurde jedenfalls das beste Zeugnis ausgestellt. Sein Auftreten war unspektakulär und jeder Effekthascherei abhold, sein Arbeitsstil sachorientiert und diszipliniert. Er studierte alle ihm vorgelegten Akten sorgfältig, bevor er sie unterschrieb, er wollte »nicht bloß ein Staatsnotar sein, der durch seine Unterschrift zu beglaubigen hat, was ein anderer anordnet«. Der Öffentlichkeit blieb dies freilich verborgen. Jene Beamten, die er selbst ernannt hatte, wurden von ihm persönlich empfangen, wobei er immer wieder betonte, dass der Weg der Protektion der falsche wäre. Auch Ordensverleihungen und speziell Gnadengesuche behandelte er mit tiefem Ernst und größter Sorgfalt. Seit seiner Amtszeit fungiert ein militärischer Adjutant in der Präsidentschaftskanzlei als Verbindungsmann zwischen dem Staatsoberhaupt als Oberbefehlshaber des Bundesheeres und dem Verteidigungsministerium. Auch für seine Nachfolger war bedeutsam,

dass Schärf vor dem Hintergrund seiner verfassungsmäßigen Funktion, die Republik nach außen zu vertreten, die Praxis verankerte, über Vorgänge der Außenpolitik regelmäßig und umfassend informiert zu werden.
Ein politischer Gegner und Wegbegleiter, Alfred Maleta, sprach in der parlamentarischen Trauerfeier für Schärf am 5. März 1965 bewegende Worte: »Fast alle großen Alten sind heute nicht mehr unter uns ... Das Leben aller dieser Männer der großen alten Garde ist gewissermaßen ein Symbol der ... Entwicklung der Zweiten Republik. Sie waren gleichzeitig Gegenspieler *und* Partner *und* einander respektierende Kameraden, ja oftmals Freunde; Männer aus zwei politischen Welten, aber einig in ihrem Österreich-Bekenntnis und in dem Wissen, dass zwar nicht die Form der Zusammenarbeit für alle Zeiten gültig sein muss und kann, dass aber der Geist der Zusammenarbeit ein unabdingbares Fundament der Sicherheit und Existenz unseres Staates in den Gewitterzonen der Weltpolitik ist« (zit. nach Hannak o. J., 455).

Der Arbeiterpräsident
FRANZ JONAS

Anhand der Biografie von Franz Jonas lassen sich die Kontinuitäten und Brüche des 20. Jahrhunderts ebenso nachvollziehen wie der Aufstieg der österreichischen Arbeiterbewegung und deren Reifungsprozess zur Staatspartei. Bevor es Jonas in der Zweiten Republik, die von den Gründerparteien als Antithese zu Österreich I – »die Republik, die keiner wollte« – gedacht war, als erster Arbeiter an die Spitze des Staates brachte, erlebte und erlitt er vier höchst ungleiche Herrschaftssysteme: die österreichisch-ungarische Monarchie, für die er als Jugendlicher in einen sinnlosen Krieg ziehen musste, die von einem geradezu manichäischen Lagerdenken zerrissene Erste Republik, das Herrschaftssystem des »Austrofaschismus«, dessen Opfer er gleich vielen seiner Gesinnungsfreude wurde, und nach dem so genannten »Anschluss« das »Großdeutsche Reich«, in dem Jonas, der das Glück hatte, nicht in die Wehrmacht einrücken zu müssen, sich nichts zuschulden kommen ließ. Seine proletarische Herkunft und seine sozialistische Gesinnung verleugnete er niemals. Bildungshunger und ein nie erlahmender Wissensdurst erwiesen sich als die Antriebsfedern seines gesamten Lebens. Mit Gutschner (1995, 255) ist trotzdem festzuhalten, dass Franz Jonas als Persönlichkeit »weit hinter alle von ihm eingenommenen Ämter zurücktrat. Fehlten ihm Brillanz und Charisma doch deutlich, so verkörperte er aber die Figur eines unbestechlichen Dieners der Allgemeinheit und des Staates, der vom Primat des Gemeinwohls vor individuellen Interessen überzeugt war und danach handelte und lebte.«

Kindheit, Jugend und Krieg

Dass der 1899 geborene Franz Joseph Jonas mit dem alten Kaiser nicht nur den Vornamen teilte, sondern in offizieller Lesart auch an jenem Tag geboren wurde, an dem der Habsburger seinen Namenstag feierte, am 4. Oktober, ist auf das Fehlverhalten einer Hebamme zurückzuführen, die diesen falschen Eintrag – wenngleich nicht aus monarchistischen Beweggründen – zu verantworten hatte. Jonas' Mutter hingegen vermerkte die Geburt ihres dritten Kindes in ihrem Gebetbuch am 29. September (Kreuzer 1965, 5), doch ungeachtet dessen hielt sich Jonas selbst stets an die Eintragung des amtlichen Geburtsregisters. Insgesamt gebar Katharina Jonas ihrem Gatten Josef acht Kinder, von denen zwei bereits kurz nach der Geburt starben. Beide Elternteile waren zunächst als Hilfsarbeiter tätig, die Mutter, die gezwungen war, das karge Familieneinkommen etwas aufzubessern, in einer Gemüsegärtnerei, der Vater beim Bau der Nussdorfer Schleuse. Später fand Josef Jonas einen Posten in einer Floridsdorfer Schraubenfabrik und die Familie erhielt eine Werkswohnung. In diesen zwei Zimmern lebte man hart am Rande des Existenzminimums, weshalb es notwendig war, dass auch die Kinder etwas dazuverdienten. Im Alter von zehn Jahren half der spätere Bundespräsident neben der Schule bereits in einer Greißlerei aus, mit zwölf arbeitete er als Milchzusteller, mit vierzehn trug er den »Volksboten, sozialdemokratisches Organ für die Interessen des arbeitenden Volkes im Viertel unter dem Manhartsberg« aus.

Floridsdorf, später als Wiener Gemeindebezirk eine der Hochburgen der Sozialdemokratie, gehörte ursprünglich zu Niederösterreich. Erst 1896 entstand die Großgemeinde Floridsdorf, der damals ein christlichsozialer Bürgermeister vorstand. Durch den starken Zuzug aus allen Gegenden der Donaumonarchie entwickelte sich dieser agrarisch geprägte Raum rasch zu einem der am stärksten industrialisierten Vororte der Haupt- und Residenzstadt. Auch Jonas' Eltern waren Zuwanderer, sie stammten aus der Umgebung von Iglau in Südwestmähren, wo sie als Kleinhäusler keine Zukunft für sich und ihre Kinder sahen. Ein Jahr vor der Geburt Jonas' wurde in Floridsdorf die Bezirksorganisation der Sozialdemokraten gegründet. Seine Sozialisation durch die aufstrebende Arbeiterbewegung, die angetreten war, das drückende Elend der arbeitenden Menschen zu lindern und schrittweise politische Partizipation einzufordern (z. B. Kaufmann 1978), war vorgezeichnet. Vater Jonas, der in seiner Fabrik als »Vertrauensmann« tätig war, förderte das politische Interesse des Sohnes. Nach fünf Klassen Volksschule und drei Klassen Bürgerschule fällte die Familie auf Drängen der Mutter den Entschluss, Franz nicht in die Fabrik zu schicken. Da an eine höhere schulische Ausbildung aus finanziellen Gründen nicht zu denken war, kam nur noch eine Lehre infrage, für welche man in der »guten alten Zeit« allerdings noch bezahlen musste.

Am 1. November 1913 begann Franz Jonas, der im Übrigen seit seinem achten Lebensjahr aufgrund einer Beinverletzung ein wenig behindert war, eine Lehre als Schriftsetzer in einer Floridsdorfer Druckerei und absolvierte die Fachschule für Buchdrucker und Schriftgießer in Wien. 1915 trat er dem »Verband der jugendlichen Arbeiter« bei, er institutionalisierte somit seinen durch den Vater und die regelmäßige Lektüre des »Volksboten« herbeigeführten Eintritt in die Gedanken- und Ideenwelt der Sozialdemokratie. In den harten Jahren seiner Ausbildung erwachte »ein ... Wissensdurst, der ihn sein ganzes Leben nicht mehr loslassen sollte« (Schausberger 1982, 260).

Am 28. Juli 1914 hatte Österreich-Ungarn Serbien den Krieg erklärt und eine Reihe von Bündnisverträgen führte zum Ausbruch des Ersten Weltkrieges. Jonas wurde einberufen und kam am 12. März 1917 mit den »Deutschmeistern« nach Galizien, also an die russische Front. Zu seinem Marschgepäck gehörten ein Französisch- und Stenografielehrbuch sowie ein Werk von Karl Marx, was einen vorgesetzten Offizier zu der Frage veranlasste, ob Jonas eigentlich wisse, was er da lese. »Freilich weiß ich's«, lautete die Antwort. – »Na, dann lass dich nicht erwischen!« Später erhielt Jonas ein Paket, das ein für ihn unendlich wertvolles Geschenk enthielt, eine Geschichte der Buchdruckerkunst. Die Parolen »Bildung macht frei« und »Wissen ist Macht« trugen ihn durch den Krieg und begleiteten ihn bis zum Ende seines Lebens.

1918 gelangte er nach Italien, wo er der 48. Infanteriedivision zugeteilt wurde. Die Armee war in einem desolaten Zustand, an einen Sieg der Mittelmächte glaubte hier niemand mehr. Einer der führenden Offiziere an der italienischen Front war der populäre Oberst Theodor Körner, den die Erfahrungen an der Front ebenso wie den 19-jährigen Jonas zum überzeugten Gegner des Krieges machten. Im Herbst starb Jonas' Schwester Mizzi an der Grippe, er war nun, eben aus dem Krieg zurückgekehrt, das älteste der Geschwister. In Wien fehlte es damals an allem, an Nahrung, Brennmaterial, Wohnungen, hygienischen Mindeststandards – und vor allem an Arbeit. Die Auflösung der Habsburgermonarchie in einzelne Nationalstaaten führte in den folgenden Monaten zu derart tiefreichenden Neuerungen, dass Otto Bauer, einer der hervorragenden Exponenten der nun politisch führenden Sozialdemokratie, von der »Österreichischen Revolution« sprechen konnte. Was für viele als »Umsturz« galt und Verunsicherung weckte, war für viele andere – Jonas gehörte zu dieser Gruppe – Anlass zum Optimismus. Jonas war ungeachtet seiner Abneigung gegenüber jeder Form von Militarismus zur Verteidigung von Demokratie und Republik bereit. 1918 trat er in die von Julius Deutsch gegründete »Volkswehr« ein, in der er zum »Bildungsrat« gewählt wurde. Kurz nahm er auch am Kärntner Abwehrkampf teil.

Vom Schriftsetzer zum Bürgermeister von Wien

Im Gegensatz zu ungezählten anderen Kriegsheimkehrern hatte Jonas Glück. Jene Druckerei, in der er seinen Beruf erlernt hatte, stellte ihn wieder ein. »Der Beruf des Schriftsetzers stellte hohe Anforderungen und galt damals nicht zu Unrecht als Rekrutierungsfeld für Funktionäre der Sozialdemokratie, als eine Art von ›Arbeiteraristokratie‹.« Der Beruf lehrte Jonas »Pflichtbewusstsein, Genauigkeit, Sprachgefühl sowie Beherrschung von Rechtschreibung und Grammatik ...« (Schausberger 1982, 262). Zusammen mit seinem Vater hatte er nun für die große Familie zu sorgen. Jene Solidarität, die ihm während seiner Lehrzeit widerfahren war, gab der älteste Sohn nun zurück. Auch den jüngeren Geschwistern wurde ein Lehrberuf ermöglicht: Josef wurde Schlosser und später Leiter einer Bibliothek, auch Ludwig erlernte den Beruf eines Schlossers und unterrichtete später in einer Berufsschule. Anton wurde Tischler und Rudolf, der jüngste und geistig begabteste der Jonas-Brüder, konnte aufgrund finanzieller Zuwendungen der Familie sogar auf eine höhere Schule geschickt werden. Er studierte anschließend Medizin und avancierte zum Primararzt. Minna ging in eine Schneiderlehre und emigrierte 1934 nach Großbritannien. Parallel zum Wiedereinstieg in seinen angestammten Beruf verlief die politische Karriere von Franz Jonas. Er wurde Vertreter der Arbeiterjugend im Arbeiterrat von Floridsdorf sowie Mitglied des Arbeiter- und Soldatenrates. Darüber hinaus wurde er als Kassier und Vertrauensmann der Buchdruckergewerkschaft in den Bildungsausschuss der sozialdemokratischen Bezirksorganisation entsandt. Auch seine spätere Frau

Margarete, geb. Towarek, lernte Jonas 1921 in einem Arbeiterheim der Partei kennen (Ziegler 1999, 43 ff). Grete Towarek wurde 1898 als viertes von sieben Kindern ebenfalls in Floridsdorf geboren, sie hatte dieselbe Schule wie Jonas besucht und war in ähnlichen Verhältnissen wie ihr späterer Gatte aufgewachsen.
Am 22. Dezember 1922 heirateten die beiden im Wiener Rathaus und bezogen eine kleine Wohnung in Jedlersdorf, später übersiedelte das aus der katholischen Kirche ausgetretene Paar, welches kinderlos blieb, in einen »Gemeindebau«, eine der großen Errungenschaften des »Roten Wien«. Eine essenzielle Gemeinsamkeit von Franz und Grete Jonas lag im »Hunger« nach Bildung, die ihnen bisher nur unzureichend zuteil geworden war. Sie besuchten Abendkurse der neu gegründeten Volkshochschulen, liebten die Oper und das Theater. Jonas, der in seiner Freizeit in einer Bibliothek, die er selbst fleißig zu benützen pflegte, aushalf, wurde Vertrauensmann der »Büchergilde Gutenberg«, lernte mit Begeisterung Englisch, Italienisch und vor allem »Esperanto«, jene auf Latein basierende Kunstsprache, von deren völkerverbindenden und damit friedensstiftenden Kraft er überzeugt war. Zwischen 1924 und 1932 war Jonas in der Druckerei als Korrektor tätig, ebenfalls ab 1924 nahm er die Funktion eines Sekretärs des »Arbeiter-Esperanto-Bundes« auf, dessen zweiter Bundesvorsitzender er später wurde.
Victor Adler (1929, 27 f) hatte einmal geschrieben, dass die eigentliche Aufgabe der Sozialdemokratie die »Revolution der Gehirne« sei, und das weit gespannte Wiener Volksbildungswesen versuchte diesem Anspruch durch hervorragende Vortragende gerecht zu werden. »Selbst Nobelpreisträger wie Albert Einstein und Thomas Mann fanden es damals nicht unter ihrer Würde, ihr Wissen den bildungshungrigen Arbeitern zu vermitteln« (Schausberger 1982, 264). 1930 nahm Jonas an einem Lehrgang der Arbeiterhochschule Wien-Döbling teil: Renner unterrichtete Staatswissenschaft, Körner Militärgeschichte, Schärf Verfassungsrecht: Alle drei Vortragenden wurden nach 1945 der Reihe nach in das höchste Amt im Staate gewählt und Franz Jonas, ihr gelehriger Schüler, dessen mühsam erworbene Bildung manchem an Selbstüberschätzung laborierenden Akademiker zur Ehre gereicht hätte, folgte ihnen nach. Aber noch war Jonas ein kleiner, unbedeutender Betriebsrat, der sich allerdings aufgrund seines fundierten Wissens und passabler rhetorischer Fähigkeiten für höhere Aufgaben empfohlen hatte. 1930 kandidierte ihn die SPÖ Floridsdorf als Kandidaten für

den Nationalrat, zwei Jahre später für den Wiener Gemeinderat, doch beide Male schaffte er den Einzug nicht. Im Oktober 1932 schließlich tauschte Jonas seinen gut bezahlten Beruf als Korrektor mit jenem eines hauptamtlichen Sekretärs der Floridsdorfer Bezirksorganisation.

Der Bürgerkrieg und das Verbot der SDAP stoppten seinen innerparteilichen Aufstieg. Floridsdorf, eine der Hochburgen der Arbeiterschaft, war verkehrsstrategisch von enormer Bedeutung und deshalb heiß umkämpft, der Republikanische Schutzbund leistete vom 13. bis zum 16. Februar 1934 erbitterten Widerstand. Jonas fungierte als Verbindungsmann zwischen seinem Bezirk und der Parteizentrale, weshalb er an den blutigen Kampfhandlungen nicht direkt teilnahm. Unmittelbar nach dem Ende des Bürgerkrieges arbeitete er aktiv im Widerstand mit und trat in das so genannte »Schattenkomitee« ein, eine Art Koordinationsinstanz zur Organisation des Widerstandes gegen die Dollfuß-Regierung, aus welchem schließlich die »Revolutionären Sozialisten« hervorgingen. Jonas wurde noch im Februar verhaftet, doch aus Mangel an Beweisen kam er rasch wieder auf freien Fuß. Fünfmal pro Woche kam daraufhin die Polizei in seine Wohnung, um nach belastenden Dokumenten zu suchen, freilich ohne fündig zu werden, denn Bruder Anton, der Tischler, hatte Geheimfächer in die Möbel eingebaut (Kreuzer 1965, 36). Um einer weiteren Verhaftung zu entgehen, flüchtete der 35-Jährige Ende Februar in die Tschechoslowakei, wo er Kommandant des Schutzbund-Flüchtlingslagers in Znaim und Leiter der Spitzelabwehr wurde. Im Juli 1934 kehrte er nach Wien zurück und setzte sich an die Spitze der »Revolutionären Sozialisten« in Floridsdorf.

Aufgrund seiner Anwesenheit bei der »Reichskonferenz der Vereinigten Sozialistischen Partei Österreichs«, die vom 30. Dezember 1934 bis 1. Jänner 1935 in Brünn stattfand, wurde Jonas, der bei dieser Gelegenheit mit Nachdruck gegen ein Zusammengehen von Sozialisten und Kommunisten opponiert hatte, am 30. Jänner verhaftet und des Hochverrates angeklagt. Der berühmte, international beobachtete »Sozialistenprozess«, der am 16. März 1936 eröffnet worden war, brachte Jonas nach fast 14 Monaten Haft wieder die Freiheit. Da ein Mann in der Zahnarztordination des Gefängnishospitals bestechlich war, hatte er seine Verteidigungsstrategie während eines fingierten Zahnarztaufenthaltes mit dem jungen Kreisky (1986, 258), dessen fulminante Verteidigungsrede Schlagzeilen machte, absprechen können.

Nach seiner Entlassung musste Jonas gleich Hunderttausenden anderen Österreichern das bittere Los der Arbeitslosigkeit teilen. Ab 1937 lebten er und seine Gattin von der Notstandshilfe, doch konnte durch Gelegenheitsarbeiten und die Unterstützung der Familie die größte Not gelindert werden. In der Ära des »Austrofaschismus« und erst recht in den Jahren der NS-Diktatur blieb Jonas nichts anderes übrig als den Kontakt zu den politischen Freunden auf ein Mindestmaß zu beschränken und schließlich ganz einzustellen. Anders als viele »Revolutionäre Sozialisten«, die ihren Mut und Idealismus nicht selten mit dem Leben bezahlten, war er nicht im Widerstand gegen das Hitler-Regime aktiv und hatte das große Glück, nicht zur Wehrmacht einberufen zu werden. Seit Juni 1938 hatte Jonas auch wieder Arbeit, zunächst als Maschinensetzer in der Druckerei des »Tagblatts«, eine Beschäftigung, die ihm Freunde zugeschanzt hatten, später als kaufmännischer Angestellter in der Wiener Lokomotivfabrik (»Lofag«) in Floridsdorf.
Die »Lofag«, die im deutschen »Henschel«-Konzern aufgegangen war, zählte zu den wichtigsten Rüstungsbetrieben Österreichs. Von Widerstandsgruppen wurden in diesem Konzern während des Krieges zahlreiche Sabotageakte verübt, in welche der in die innere Emigration geflüchtete Jonas nicht eingebunden war. Mit seiner Frau Grete zog er sich – sooft dies eben möglich war – in die Idylle seines im Jahr des »Anschlusses« gepachteten Schrebergartens zurück. Von 1942 bis zum Zusammenbruch des »Dritten Reiches« arbeitete er in der Personalabteilung. Ab Sommer 1944 war Floridsdorf ein bevorzugtes Angriffsziel des voll über Wien hereingebrochenen Luftkrieges, die Familie Jonas wurde zweimal »ausgebombt«, 1945 lag der Arbeiterbezirk in Schutt und Asche. Alles befand sich in Auflösung, nichts funktionierte mehr. Jetzt schlug die Stunde des Franz Jonas.
Am 17. April 1945, nur zwei Tage nach dem Einmarsch der sowjetischen Befreiungs- und Besatzungsmacht, nahm Jonas an ersten Gesprächen über die Erneuerung der Sozialdemokratie sowie eine funktionierende Bezirksverwaltung teil. Sechs Tage später konstituierte sich unter seinem Vorsitz eine provisorische Bezirksexekutive der Floridsdorfer Partei, die kurz darauf einer engeren Kooperation mit den sich aus evidenten Gründen im Aufwind befindlichen Kommunisten eine Absage erteilte. Er wurde Mitglied der provisorischen Bezirksverwaltung des 21. Bezirkes und ab Juli 1945 2. Obmann der SPÖ Floridsdorf. Auf Vermittlung des späteren Parteiobmannes Bruno Pitter-

mann erhielt Jonas eine Anstellung bei der Floridsdorfer Gebietskrankenkasse, was ihm die materielle Basis für seinen politischen Aufstieg verschaffte, der zwar steil nach oben ging, doch zunächst auf ehrenamtliche Funktionen beschränkt war. Ende 1945 wurde er in den Parteivorstand der Wiener Landesorganisation und in die Parteikontrolle gewählt, alles Funktionen, in welchen sich Jonas bewährte, weshalb die Entscheidung von Bürgermeister Körner, den bewährten Kommunalpolitiker im Juni 1946 zum Bezirksvorsteher von Floridsdorf zu bestellen, nur logisch war. Zwei Jahre später erfolgte der nächste Karrieresprung: Jonas, mittlerweile auch stellvertretender Obmann der Wiener SPÖ, übersiedelte als amtsführender Stadtrat für Ernährungswesen in das Wiener Rathaus.

Am 9. Oktober 1949 wurden gleichzeitig Nationalrats- und Gemeinderatswahlen abgehalten. In Wien verlor die SPÖ etwas und kam auf 49, 9 Prozent der Stimmen. Jonas wurde nicht nur in den Gemeinderat gewählt, sondern auch auf den Schild des Obmannes der mächtigen Wiener SPÖ gehoben, eine Position, die ihn automatisch zum Mitglied des sozialistischen Verhandlungsteams machte, das mit der ÖVP über die Bildung einer Koalitionsregierung zu verhandeln hatte. »Damit befand er sich im engsten Führungskreis der Sozialisten mit Schärf, Helmer, Waldbrunner und Pittermann sowie in prominenter Gesellschaft der Gegenseite mit Figl, Raab, Hurdes, Weinberger und Kraus« (Schausberger 1982, 271).

Im Dezember 1949 übernahm Jonas in der Wiener Stadtregierung das im Zeichen des noch lange nicht abgeschlossenen Wiederaufbaus enorm wichtige Amt eines amtsführenden Stadtrates für Bauangelegenheiten. 1950 folgte die Berufung in den Parteivorstand der SPÖ und jene zu einem der stellvertretenden Vorsitzenden. Welchen Herausforderungen er im Bauressort gegenüberstand, illustriert eine Notiz von Körner an den Parteifreund: »Lieber Jonas! Was geschieht aber weiter? Hiemit hast du das Problem: einsturzgefährdete Häuser und viel zu langsamer Neubau. Daher in Wien am 5. VI. 325 Familien – Menschen in einsturzgefährdeten Häusern, also in Lebensgefahr. Deine Geschäftsgruppe hat Recht, solche Häuser zu räumen. Geschäftsgruppe Thaller [Wohnungswesen] soll die Leute nun unterbringen. Hat zu wenig Wohnungen. Also stopft er, so weit er kann, die Leute in Obdachlosenheime. Da diese nicht ausreichen, belegt er Schulen ...« (zit. nach Kollman 1973, 318).

Nach der am 27. Mai 1951 erfolgten Wahl Körners zum Bundespräsi-

denten wurde Jonas vom Gemeinderat mit 76 von 92 abgegebenen Stimmen, wobei auch die Abgeordneten der ÖVP und des VdU für Jonas votierten, am 22. Juni zu dessen Nachfolger als Stadtoberhaupt und Landeshauptmann von Wien gewählt. Die Kommunisten hatten gegen Jonas gestimmt, da dieser im Wahlkampf gegen die KPÖ aufgetreten war. Doch auch innerhalb der SPÖ hatte sich eine Gegenbewegung gegen den angeblichen »Opportunisten« Jonas herauskristallisiert, die speziell von vormaligen Schutzbündlern getragen war. Der von dieser Gruppe protegierte Vizebürgermeister Karl Honay war aber lediglich auf fünf Stimmen gekommen, weshalb Jonas' Kür auch als Gradmesser für die antikommunistische Linie der SPÖ betrachtet werden kann. Die »Erringung und Bewahrung der menschlichen Würde und der menschlichen Freiheit« setzte Jonas anlässlich seiner Antrittsrede als Bürgermeister an den Anfang seiner Ausführungen, welche schwerpunktmäßig um den Primat der Vollbeschäftigung kreisten.
Bürgermeister Jonas war einer der Väter des »Sozialen Städtebaus«, massenweise wurde der so dringend benötigte Wohnraum aus dem Boden gestampft, das Gesundheits- und Fürsorgewesen grundlegend reformiert. Gleich einem roten Faden zog sich durch alle Reden des Stadtoberhauptes die Überzeugung, dass der Sozialdemokratie eine humanitäre, gestalterische, zutiefst demokratische Kraft innewohnen würde, die der »Volksbürgermeister«, ein inoffizieller Ehrentitel, auf den Jonas stolz war, den Wienern ab Juni 1954 in der Rundfunk-Sendereihe »Wiener Probleme« näher zu bringen versuchte. Der Nachfolger von General Körner war »nicht deshalb populär, weil er den Menschen nach dem Mund redet. In seinen Reden, in seinen Radiovorträgen vermeidet er jede demagogische Phrase, jedes Wortspiel, das billigen Beifall einträgt. Er scheut sich niemals, zu sagen, was ist und was Not tut. Er sagt es auch dann, wenn er etwa eine Tariferhöhung bekanntgeben oder zum Wassersparen aufrufen muss. Er belehrt nicht, aber er lehrt. Er lehrt mit der Berechtigung dessen, der gelernt hat und zu lernen bereit ist. Nicht alles hören die Leute gerne. Aber sie spüren: Das ist einer, der sich ernst nimmt und den man ernst nehmen muss ... Keine Minute lang vergisst er, woher er kommt, wessen Auftrag es ist, der ihn ins Rathaus geschickt hat ... Wo immer sich Franz Jonas zeigt, ist er von Wienern umringt, wird gefragt, wird mit Anregungen überhäuft. Das ist ein Bürgermeister, mit dem man reden kann« (Kreuzer 1965, 56 ff).
Über 14 Jahre blieb Jonas Bürgermeister der Bundeshauptstadt.

Außerordentliche Korrektheit, beeindruckender Fleiß, persönliche Bescheidenheit und die Genauigkeit des Buchhalters zeichneten seine Amtsausübung aus und waren auch die Wurzeln seiner ungebrochenen Popularität. Anlässlich dreier Landtagswahlen errang der Sohn eines Hilfsarbeiters den Triumph der absoluten Mehrheit, doch keiner seiner Siege brachte ihn davon ab, die auf Konsens und Ausgleich bedachte Kooperation mit der ÖVP zu beenden.

Bundespräsident

Am 28. Februar 1965 starb Bundespräsident Schärf. Wer sollte sein Nachfolger werden? Die durch die »Causa Olah«, die »Fussach-Affäre« (Wanner 1980) sowie den »Fall Borodajkewycz« (Fischer 1966) gebeutelte Sozialdemokratie respektive deren Parteirat entschied sich im März 1965 relativ rasch für Jonas als Kandidat für die bevorstehende Bundespräsidentenwahl. Mit der erneuten Kandidatur eines Wiener Bürgermeisters sollte wohl auch Kontinuität betont werden. Wie schon 1951 war aber auch Ernst Koref im Gespräch gewesen (Koref 1980, 422 ff), der sich im »nationalen Lager« wesentlich größerer Beliebtheit als Jonas erfreute und im Gegensatz zu diesem eine partielle Öffnung der Partei zur politischen Mitte signalisiert hätte. Das »Forum« (Heft 135, März 1965) schrieb dazu: »Die objektiv besten Kandidaten sind vermutlich schon zu alt ... Der ehemalige Linzer Bürgermeister Dr. Koref, hochangesehen in allen politischen Lagern, ist bereits 74 Jahre alt, wäre insofern der ideale Kandidat ..., weil es ihm noch am ehesten gelingen könnte, die Anti-Wien-Wellen, von der die SPÖ seit Probstens Fussach-Debakel[19] heimgesucht wird, zu glätten.« Mit dem »Fussach-Debakel« wurde Jonas während des Wahlkampfes in Dornbirn konfrontiert, da die »Vorarlberger Nachrichten« die Bevölkerung im Mai dazu aufgerufen hatte, gegen den Wiener Sozialisten zu demonstrieren. Die Stimmung war an diesem Tag mehr als gereizt, doch Jonas, der versprach, sich für eine einvernehmliche Lösung einzusetzen, verstand es instinktiv, das gemeinsame Österreichertum zu beschwören und auf diese Weise die Gemüter zu beruhigen. Der beinahe schüchtern wirkende Jonas galt einerseits als einer der Architekten der jungen Republik, andererseits war er von den Auseinandersetzungen innerhalb der großen Koalition unbehelligt geblieben und erfreute sich auch deswegen beträchtlicher Popularität.

Innerhalb der ÖVP kursierten die Namen mehrerer Kandidaten. Der ehemalige Unterrichtsminister und Wiener Vizebürgermeister Heinrich Drimmel, Nationalratspräsident Alfred Maleta und der renommierte Mediziner Karl Fellinger wurden ebenso genannt wie letzthin sogar Bundeskanzler Josef Klaus, doch das Rennen machte auf Druck der Bundesländerorganisationen der frühere Bundeskanzler und Parteiobmann Gorbach, den man für seine innerparteiliche »Demontage« durch Klaus und Withalm auch ein wenig zu entschädigen beabsichtigte.

Zuvor hatte sich der bereits vom Tode gezeichnete Figl Chancen ausgerechnet, dass seine Partei ihn noch einmal rufen würde, um für die Bundespräsidentschaft zu kandidieren, doch die Volkspartei war seit 1963 klüger geworden: Eine Enttäuschung, ja eine Demütigung, wie Raab sie zu erdulden hatte, wollte man dem »Poldl« ersparen. Figl unterstützte nun seinen Parteifreund Gorbach, so gut ihm dies möglich war. Am 9. Mai 1965 war er tot.

Mit diesem großen Österreicher wurde innerhalb eines relativ kurzen Zeitraumes die vierte Symbolfigur der Wiedergeburt unseres Staates zu Grabe getragen: Oskar Helmer war im Februar 1963 gestorben, Julius Raab im Jänner 1964 und Adolf Schärf im Februar 1965.

Die FPÖ nominierte keinen eigenen Kandidaten und stellte ihren Anhängern die Wahl frei, wenngleich seitens der Parteiführung »deutliche Sympathien für Gorbach« zu erkennen waren, was einer »subkutanen Wahlempfehlung« gleichkam (Höbelt 1986, 25). Im Vorfeld der innerparteilichen Diskussion war bereits damals der Name des späteren Kandidaten Wilfried Gredler gefallen.

Ebenso wie Gorbach absolvierte der 66-jährige Jonas in den Wochen des Wahlkampfes Hunderte Wahlveranstaltungen, sein unermüdliches Engagement hatte vor allem gegen das arrogante, dumme Vorurteil anzutreten, dass ein ehemaliger Arbeiter, ein Nichtakademiker, für das höchste Amt im Staate nicht geeignet wäre. »Im Österreich der Mittelschulprofessoren, wirklichen und geheimen Räte schien für viele ein Nichtakademiker als Bundespräsident eine Denkunmöglichkeit zu sein. In einigen Bundesländern wurde Jonas auch sein Austritt aus der katholischen Kirche zum Vorwurf gemacht« (Gutschner 1995, 252). So genannte »Jonas-Witze« primitivster Provenienz bezogen sich speziell auf die proletarische Herkunft des sozialistischen Kandidaten.

Wie viele Jahre später Waldheim und Steyrer begegneten sich Jonas und Gorbach, der seitens des politischen Gegners als »Verlegenheitslösung« stigmatisiert wurde, mit großer persönlicher Fairness, die Untergriffe hatten die Wahlkampfkomitees zu verantworten. Erstmals wurde in Österreich ein Präsidentschaftswahlkampf mit modernsten Mitteln geführt, beiden Kandidaten standen Hubschrauber zur Verfügung, um möglichst viele Veranstaltungen besuchen zu können. Anlässlich des Mai-Aufmarsches auf dem Wiener Rathausplatz formulierte Jonas humorvoll: »Und nun will ich nur ganz kurz, und ich hoffe mit Ihrer Erlaubnis, auf den 23. Mai zu sprechen kommen. Ich habe an die Frauen einen besonderen Appell zu richten: Am 23. Mai wird es eine halbe Million mehr Wählerinnen geben als Wähler. Es wird also von den Frauen abhängen, wer der nächste Bundespräsident sein wird. Und deshalb fordere ich die Frauen auf, am 23. Mai eine richtige Damenwahl zu treffen und dabei an mich zu denken« (zit. nach Portisch 1996, 260 f).

Seine Standfestigkeit und Prinzipientreue stellte Jonas unter Beweis, als er an der antifaschistischen Kundgebung anlässlich des Begräbnisses des ehemaligen Widerstandskämpfers Ernst Kirchweger teilnahm, der am 31. März von einem neonazistischen Studenten, welcher für den mit antisemitischen Stereotypen und Vorurteilen spielenden Universitätsprofessor Taras Borodajkewycz demonstriert hatte, so schwer verletzt worden war, dass er zwei Tage später starb.

Am 23. Mai 1965 wurde Jonas mit 50,7 Prozent der gültig abgegebenen Stimmen und dem geringen Vorsprung von nur 63 482 Stimmen auf seinen Mitbewerber zum Bundespräsidenten gewählt, niemals zuvor waren zwei Kandidaten so eng beieinander gelegen. Gorbach hatte insbesondere in Vorarlberg gut abgeschnitten, was auf die »Fussach-Affäre« zurückzuführen sein dürfte, seine überdurchschnittlichen Ergebnisse in Wien wurden mit dem »Fall Olah« in Verbindung gebracht. Trotzdem siegte Jonas vor allem in der Bundeshauptstadt, in Kärnten und im Burgenland, selbst in der Steiermark, dem Heimatbundesland Gorbachs, lag er vor seinem Konkurrenten. Zu seinem Nachfolger als Wiener Bürgermeister wurde am 10. Juni Bruno Marek gewählt, der bisher die Funktion des Ersten Präsidenten des Wiener Landtages wahrgenommen hatte. Kreuzer (1965, 86) hielt fest, dass Jonas niemals das Ziel angestrebt habe, »vor dem er nun steht. Und deshalb greift er nach diesem Sieg nicht wie nach einer Frucht, die es zu genießen gilt, sondern er beugt sich diesem Sieg. Er anerkennt über sich die einzige schicksalhafte Macht, die in seinem Leben wirksam war: Die geschichtliche Gegenwart des zum Bewusstsein seiner selbst erwachten Volkes, das Franz Jonas erwählt hat, damit er es vergegenwärtigen, es repräsentieren solle.«

Am 9. Juni trat erstmals ein ehemaliger Arbeiter vor die Bundesversammlung, um die von der Verfassung vorgeschriebene Angelobungsformel zu sprechen, die ihn erst in Amt und Würden versetzte. »Ich stehe hier an der Stelle«, erklärte er in seiner anschließenden Rede, »an der meine Vorgänger Renner, Körner und Schärf ihr Gelöbnis als Bundespräsidenten abgelegt haben. Sie waren mir einst Lehrer und Wegweiser, von jetzt an sind sie meine Vorbilder.« Und weiter hieß es: »Als Bundespräsident werde ich, gestützt auf die Rechte, die ... dem Staatsoberhaupt eingeräumt werden, darüber wachen, dass Freiheit und Gerechtigkeit die Grundlagen unseres Staates bleiben. Ich will der Bundespräsident aller Österreicher und für alle Österreicher sein, ohne Unterschiede ... Dem Miteinander – nicht dem Gegeneinander – verdanken wir unsere Erfolge, verdanken wir es, dass es uns besser geht als jemals zuvor ... Es ist selbstverständlich, dass sich Österreich dabei dessen bewusst bleibt, dass es ein westlicher Staat ist und dass wir an unseren demokratischen Einrichtungen westlicher Prägung unter allen Umständen festhalten wollen. Gerade unsere demokratische Ordnung, unsere freien Wahlen, unser Parlament, unsere Landtage und Gemeindevertretungen bilden die sichere Grundlage, auf der wir Gespräche mit den Vertretern anderer Weltanschauungen führen können. Ich halte nichts von verwaschenen und verwässerten politischen Meinungen. Ich war seit meiner frühen Jugend Sozialist und gedenke nicht, meine politische Überzeugung preiszugeben. Das wird mich ebenso wenig wie meine Vorgänger daran hindern, als Bundespräsident meine Entscheidungen überparteilich und objektiv zu treffen. Überzeugungstreue und Objektivität müssen keineswegs miteinander in Widerspruch stehen, im Gegenteil, feste Grundsätze sind geradezu die Voraussetzung für die leidenschaftslose und unparteiische Beurteilung einer Situation oder eines Menschen.«

Der zurückliegende Wahlkampf war in eine zwar spannende, gleichzeitig aber auch unruhige und von beträchtlicher Polarisierung gekennzeichnete Periode der Innenpolitik gefallen, eine Periode, die 1963 mit dem Präsidentschaftswahlkampf und dem »Fall Habsburg« begonnen hatte. Olah, Fussach, Borodajkewycz, das Rundfunkvolksbegehren oder beispielsweise ein Warnstreik bei Bahn und Post prägten das Klima der nächsten beiden Jahre, in welchen die SPÖ unter Pittermann aus eigenem Verschulden zusehends in die Defensive ge-

riet: Funktionärspräpotenz, ideologischer Dogmatismus, das völlige Unverständnis gegenüber legitimen Ansinnen der Bundesländer sowie ein gestörtes Verhältnis zur direkten Demokratie hatten die Partei gelähmt. Auch der eigentlich überraschende Wahlsieg von Jonas brachte für die SPÖ nicht den erhofften Aufschwung mit sich. Innerhalb der Regierung Klaus-Pittermann, die längst schon von latenter Koalitionsmüdigkeit erfüllt war, wurden sachpolitisch mittlerweile überhaupt keine Fortschritte mehr erzielt, die unabhängigen Zeitungen polemisierten zuletzt permanent gegen die große Koalition, welche in »der bisherigen Art, in ihrem bisherigen Stil, mit den Problemen nicht mehr fertig werden kann«. Die »Koalition des Selbstgenusses« müsse beendet werden, schrieb z. B. Otto Schulmeister am 19./20. Februar in der »Presse«.
Im Herbst war es dann so weit, wieder einmal führte eine Budgetkrise zu vorzeitigen Neuwahlen. Als es der Regierung nicht gelang, dem Nationalrat den Entwurf eines Bundesvoranschlages für das nächste Jahr zeitgerecht vorzulegen, beschloss der Ministerrat am 22. Oktober 1965, »das Staatsoberhaupt zu ersuchen, die gesamte Bundesregierung des Amtes zu entheben«. Am nächsten Tag überbrachte Klaus dem Bundespräsidenten das Demissionsgesuch, zwei Tage später wurden die mit der Fortführung der Geschäfte betrauten Regierungsmitglieder (»einstweilige Bundesregierung«) von Jonas angelobt (Berchtold 1969, 334).
Die Nationalratswahl vom 6. März 1966 bescherte der ÖVP eine absolute Mehrheit, sie erreichte – von damals noch 165 Mandaten – 85 (vorher 81), die SPÖ 74 (vorher 76) und die FPÖ 6 (vorher 8), was 48,30 Prozent (ÖVP), 42,60 Prozent (SPÖ) und 5,40 Prozent (FPÖ) der Stimmen entsprach. Neben der von Pittermann nicht zurückgewiesenen Wahlempfehlung der KPÖ hatte vor allem die Kandidatur von Olahs »Demokratisch-Fortschrittlicher Partei«, die auf 3,28 Prozent der Stimmen gekommen war, den Wahlausgang beeinflusst. Am 9. März beauftragte Jonas Klaus als Chef der mandatsstärksten Partei mit der Regierungsbildung. Die Reformer innerhalb der ÖVP betrachteten das überraschende Wahlergebnis zunächst als eine Art »Betriebsunfall« der großen Koalition. »Trotz der klaren Mehrheit«, schrieb Klaus (1971, 154) in seinen Memoiren, »glaubte ich fest daran, dass wieder eine große Koalition – allerdings unter radikaler Ausmerzung der undemokratischen Auswüchse – das Richtige für Österreich wäre.« Wenngleich festzuhalten ist, dass die anschließenden Koaliti-

onsverhandlungen (Fischer 1993, 14 ff), die am 18. März aufgenommen wurden, ernst gemeint waren, gab es von Beginn an wohl nur wenig Chancen auf einen erfolgreichen Abschluss. Die ÖVP, deren Spitzenrepräsentanten noch immer das Trauma der verlorenen Koalitionsverhandlungen von 1962 im Hinterkopf hatten, war nicht bereit, wie Withalm dies zum Ausdruck brachte, »auf den Gebrauch der Mehrheit ... in irgendeiner Form zu verzichten«, weshalb sie die Mindestbedingungen der SPÖ, eine Mindestdauer der Zusammenarbeit festzusetzen und den Wirkungsbereich der Ministerien unverändert zu lassen, ablehnte.

Innerhalb der SPÖ hatte sich vor allem Kreisky, dessen politisches Denken sehr von den Ereignissen der Ersten Republik geprägt war, bis zuletzt für eine Fortführung der Koalition stark gemacht, doch seine mehrheitlich aus »Bundesländersozialisten« bestehende Gruppe unterlag in der Parteienvertretung den Oppositionsbefürwortern um Pittermann. Auf dem außerordentlichen Parteitag am 15. April hatte Kreisky (1981, 689 f) in den Saal gerufen: »Genossen, es sind keine guten Demokraten, jene Herren, die mit uns in der Regierung zusammengesessen sind. Ich erinnere an den Ausspruch eines ihrer Größten [Raab, Anm. C. D.], über den wir heute, nach seinem Tode, nur Gutes sagen, der einmal gemeint hat: Jetzt brauche ich nur noch ein paar blutige Schädel, und dann geht die Uhr richtig. Genossen, wir haben keine demokratische Tradition, wie sie andere alte demokratische Staaten haben, und ich bitte und beschwöre Sie, das alles nicht einfach beiseite zu schieben.« Später freilich attestierte Kreisky der ÖVP, dass sie »alles in allem korrekt regiert« habe, dass es sich »um untadelige Politiker« gehandelt habe.

Diese Ausführungen machen deutlich, dass Jonas in keiner einfachen Position war, zumal manche ÖVP-Politiker ihrer Befürchtung offen Ausdruck verliehen, der Bundespräsident würde den Gang seiner Partei in die Opposition zu verhindern trachten. Jonas hingegen akzeptierte die demokratische »Normalität« einer monocoloren Regierung nicht nur, er verlieh dieser »Normalität« durch die Selbstverständlichkeit, mit welcher er die erste Alleinregierung in der Republiksgeschichte am 19. April 1966 angelobte, zusätzliches Gewicht. Anlässlich der Angelobungsfeier bemerkte Jonas: »Im Inneren unseres Landes steht vor uns allen die Aufgabe, die demokratischen Grundlagen zu sichern und die Gesamtheit unserer Staatsbürger, ohne Unterschied der Partei, der Religion und der Weltanschauung, immer in gegenseitiger

Toleranz zusammenzuführen. Herr Bundeskanzler, Sie haben den Bestimmungen unserer Verfassung entsprechend die neue Bundesregierung vorgeschlagen. Ich habe Sie, meine Herren, für Ihr hohes Amt angelobt und nun heißt es ans Werk zu gehen« (zit. nach Kammer für Arbeiter und Angestellte für Wien 1974, 53). Während der Regierungsverhandlungen, die am Tage vor der Angelobung der Regierung Klaus endgültig gescheitert waren, hatte Jonas absolut keinen Einfluss genommen und auch keinen Versuch zur Rettung der großen Koalition unternommen. Er hatte lediglich zum Ausdruck gebracht, dass die Zusammenarbeit der großen politischen Kräfte des Landes durch die Sozialpartnerschaft ohnehin gewährleistet sei, seiner Auffassung zufolge müsse aber im Interesse der Republik »eine gemeinsame Linie in der Außen- und Währungspolitik sowie in der Landesverteidigung und bei Verfassungsfragen« beibehalten werden (Schausberger 1982, 291). Andererseits hatte Jonas bei der Regierungsbildung keinen Spielraum, die Mehrheitsverhältnisse im Nationalrat und das Verhalten von ÖVP und SPÖ hielten ihn dazu an, den Konventionalregeln Rechnung zu tragen. Auch als Klaus 1968 seine Regierung umbildete, was sich im Juni 1969 wiederholen sollte, folgte das Staatsoberhaupt uneingeschränkt den Vorschlägen des Bundeskanzlers.

Als erster Bundespräsident besuchte Jonas Großbritannien (17. bis 21. Mai). Selbst in der zweiten Hälfte der 1960er Jahre kam es noch vor, dass in London *Austria* mit *Australia* verwechselt wurde. Man kann sich die peinliche Situation gut vorstellen, die entstand, als der Oberbürgermeister von London anlässlich eines offiziellen Essens für das österreichische Staatsoberhaupt ein Loblied auf Australien anstimmte. Der »Daily Telegraph« war über Österreich besser informiert. Jonas wurde in einem Leitartikel als oberster Repräsentant eines Landes bezeichnet, »das zu einem Stabilitätsfaktor in Mitteleuropa geworden sei. Das neutrale Österreich – frei, demokratisch und untrennbar mit der westlichen Welt verbunden – stellt durch seine menschlichen und kulturellen Kontakte eine Herausforderung für seine östlichen Nachbarn dar ... Sowohl Regierung als auch Opposition sind sich durchaus bewusst, dass die Zusammenarbeit zwischen den beiden Großparteien und nicht der Kampf einer Klasse oder Gruppe gegen eine andere Österreich dabei geholfen hat, im ersten Jahrzehnt nach dem Krieg seine Freiheit, Souveränität und wirtschaftliche Unabhängigkeit wiederzuerlangen. Der Schritt von der Koalition zur parlamentarischen Konfrontation bedeutet eine Rückkehr zu grundlegenden demokratischen Regeln. Wie Österreich dieser Herausforderung begegnen wird, wird ein Prüfstein für die politische Reife des Landes sein« (zit. nach Pick 1999, 123).

Beim Staatsempfang durch Königin Elizabeth II. hatte sich die 68-jährige Grete Jonas etwas im Hintergrund gehalten, da sie gesundheitliche Probleme hatte. Prinzgemahl Philipp bemerkte dies und forderte Frau Jonas mit der Bemerkung, sie möge sich nicht verstecken, auf, ein Stück nach vorne zu kommen. Die Queen hatte den Vorfall registriert und pikiert gemeint: »Ich hätte ihn umbringen können, er wusste doch, dass sie krank ist« (Ziegler 1999, 56).

An dieser Stelle scheinen mir noch einige abschließende Sätze über Grete Jonas angebracht, die über die Wahl ihres Gatten zum Staatsoberhaupt nicht eben erfreut war. »Jetzt kann ich nicht einmal mehr ein paar Würsteln essen gehen«, klagte sie einmal einer Freundin. Frau Jonas legte gegenüber der Öffentlichkeit eine gewisse Schüchternheit an den Tag, Interviews gab sie nur sehr selten. Wenn sie aber doch mit Vertretern der Presse sprach, war ihr Gatte stets dabei. Das Ehepaar lebte auch noch in den Jahren von Jonas' Präsidentschaft persönlich relativ bescheiden, es war jedoch das erste Präsidentenpaar, das in die von der Republik erworbene Amtsvilla auf der Hohen Warte einzog. Körner hatte eine Villa in Grinzing bewohnt, Schärf wollte nicht aus seiner Privatwohnung ausziehen, was heute, alleine schon aus Sicherheitsgründen, undenkbar wäre. Erwähnenswert ist, dass Frau Jonas, die den Bundespräsidenten zu seinen Staatsbesuchen begleitet hatte, Tagebuch zu führen pflegte, doch ihre Aufzeichnungen, die sich in Privatbesitz befinden, sind der Forschung leider nicht zugänglich. Eine wissenschaftlich fundierte Biografie über Franz Jonas liegt noch nicht vor, aber sollte sich in Zukunft ein Autor dieser verdienstvollen Aufgabe stellen, wären diese Notizen ohne Zweifel von einiger Bedeutung. Grete Jonas starb 1976, auf ihrem letzten Weg wurde sie von sämtlichen Mitgliedern der Bundesregierung begleitet.

Weitere Reisen führten Jonas 1967 nach Thailand (16. bis 25. Jänner), wo ihm seitens der Universität Bangkok die Ehrendoktorwürde für Staatswissenschaften verliehen wurde, und vom 8. bis 16. Mai anlässlich der »EXPO '67« nach Kanada. In Montreal, der Stadt der Weltausstellung, setzte er sich für den Ausbau der wirtschaftlichen Beziehungen ein. Vom 20. bis zum 25. Mai 1968 weilte Jonas zu einem Staatsbesuch in der UdSSR, wo er u. a. mit Breschnew und Gromyko zusammentraf. Einigermaßen brisant gestaltete sich sein Staatsbesuch vom 30. September bis 5. Oktober 1968 in Jugoslawien. Nur wenige Wochen zuvor hatten Truppen des »Warschauer Paktes« den »Prager Frühling« gewaltsam niedergeschlagen und auch an der jugoslawischen Grenze starke Truppen stationiert, die allerdings rasch wieder abgezogen worden waren. Bei der Beurteilung der Intervention stimmten das österreichische und das jugoslawische Staatsoberhaupt darin überein, dass grundsätzlich jede Art von Gewaltanwendung aus den zwischenstaatlichen Beziehungen auszuschalten sei (Eger 1981, 103). Während dieses Staatsbesuches, an welchem die sowjetische Regierung zumindest offiziell keine Kritik geäußert hatte, beging Jonas in Anwesenheit von Marschall Tito in einem Weinkeller seinen 69. Geburtstag.

Nach der bitteren Wahlniederlage von 1966, in deren Folge Pittermann zusammengebrochen war, forderte Kreisky in den Medien – mehr oder weniger deutlich – einen Wechsel an der Parteispitze, was ihm eine heftige Schelte durch Wiener Funktionäre eintrug. Die Initiativen zur Ablösung Pittermanns gingen jedoch nicht von Kreisky aus, sondern von jüngeren Funktionären, die davon überzeugt waren, dass die notwendige Erneuerung der SPÖ, deren Strukturen noch aus der Gründerzeit stammten, nur mit einem neuen Mann an der Spitze zu erreichen sei. Die Wiener Partei und die Gewerkschaft, mit den Galionsfiguren Pittermann, Waldbrunner und Benya an der Spitze, sahen jedoch in dem versatilen Kreisky, der sich im In- und Ausland hohes Ansehen erworben hatte, einen potenziellen Tabubrecher und somit auch eine potenzielle Gefahr für die Partei. Anlässlich des Parteitages von 1967 spielte Pittermann zunächst noch mit dem Gedanken, gegen Kreisky anzutreten, doch schließlich schickte er mit Hans Czettel einen Kompromisskandidaten ins Rennen. Am 1. Februar wurde Kreisky schließlich in einer verdeckten Kampfabstimmung zum Vorsitzenden der österreichischen Sozialdemokratie gewählt.

»Unsere Partei ist eine offene Partei. Sie ist offen für alle, die mit uns arbeiten wollen«, hatte er immer wieder betont. Durch und mit Kreisky wurde dieser Anspruch tatsächlich erfüllt. Auch gläubige Katholiken sollten in Zukunft mit der neuen SPÖ jene Strecke zurücklegen können, die später als der »österreichische Weg« bekannt werden sollte. Über den Weg der Modernisierung der Partei strebte Kreisky die Modernisierung und Liberalisierung Österreichs in allen Bereichen der Gesellschaft an. Neben einem fantasievollen Wirtschaftsprogramm wurden von »1400 Experten« Programme auch zu den Themen Justiz,

Hochschule und Verwaltung erarbeitet. Parallel dazu nutzte Kreisky seine vielfältigen Kontakte zu den Medien, mit welchen er souverän zu interagieren verstand, um seine Visionen und Ideen zu kommunizieren (Dickinger 1999b). Auf diese Weise eroberten die Sozialisten in kurzer Zeit die Themenführerschaft, das politische Klima hatte sich zugunsten der Kreisky-SPÖ gewandelt. Mit der »Eisenstädter Erklärung« vom Oktober 1969 erfolgte zudem eine unzweideutige Distanzierung vom Kommunismus. Kreisky war systematisch und erfolgreich darangegangen, alle Barrieren wegzuräumen, die der sozialistischen Mehrheit im Wege stehen könnten. Während die ÖVP mit Steuererhöhungen, mit Sondersteuern auf neu zugelassene PKWs und 1969 mit einer Weinsondersteuer die eigene Klientel vergraulte, vermochte die SPÖ mit Slogans wie »Sechs Monate sind genug« – vor allem bei Jungwählern – zu punkten. Im Gegenwind der 1968er Bewegung erschien die ÖVP als Hort der Reaktion und Repression, die SPÖ hingegen als Versuchsstation für eine neue gesellschaftliche Toleranz. Mehrere Regionalwahlen hatten einen deutlichen Trend zur SPÖ gezeigt, deren offizielles Ziel bei den nächsten Nationalratswahlen am 1. März 1970 eine Wiederherstellung der großen Koalition war.

Klaus hatte sich vor der Wahl ebenso deutlich wie unglücklich festgelegt, indem er erklärte, nur dann im Amte zu verbleiben, wenn seine Partei neuerlich die absolute Mehrheit erreichen würde. Eine große Koalition wies er ebenso von sich wie eine Zusammenarbeit mit der FPÖ. Friedrich Peter, der Obmann der Freiheitlichen, erklärte ähnlich apodiktisch, dass er keine Koalition mit der SPÖ einzugehen gedenke, auch eine Revitalisierung der großen Koalition lehnte er ab: »Kein roter Kanzler, keine schwarze Alleinregierung!«

Der Wahltag brachte ein überraschendes Ergebnis, die SPÖ erreichte zum ersten Mal in der Geschichte eine Mandatsmehrheit im Nationalrat: SPÖ (48,32 Prozent = 80 Mandate), ÖVP (44,69 Prozent = 79 Mandate), FPÖ (5,52 Prozent = 6 Mandate). »In allen möglichen Konstellationen und Kombinationen wurden ... in der Löwelstraße Analysen versucht, Szenarien entwickelt, Risken und Chancen abgewogen, Möglichkeiten skizziert etc., vor allem aber wurde gefeiert«, erinnerte sich Heinz Fischer (1993, 63) an die ersten Stunden des Triumphes. Klaus erklärte noch in der Wahlnacht, dass für ihn aufgrund des Wahlergebnisses keine ÖVP-FPÖ-Koalition infrage käme. Lange nach Mitternacht traf Kreisky zu einem Gespräch mit Peter zusammen, in dessen Verlauf der SPÖ-Vorsitzende die alte Forderung der FPÖ nach ei-

nem gerechteren Wahlrecht anerkannte. Das zu diesem Zeitpunkt gültige bevorzugte speziell die ÖVP, was schon daran ersichtlich ist, dass die SPÖ bei zwei Nationalratswahlen, 1953 und 1959, die Mehrheit an Stimmen erlangen konnte, nicht aber jene an Mandaten. Die FPÖ sah sich einer wesentlich prekäreren Situation gegenüber, ihre Mandate »kosteten« noch wesentlich mehr als jene der Sozialisten. Eine Wahlrechtsreform war der FPÖ schon im Vorfeld des Bundespräsidentschafts-Wahlkampfes 1957 von Raab in Aussicht gestellt worden. Anlässlich dieser Wahl wurde mit dem Arzt Wolfgang Denk von ÖVP und FPÖ ein gemeinsamer bürgerlicher Kandidat aufgestellt, der jedoch gegen Schärf unterlag, womit die notwendige Reform wieder hinfällig war. Aber auch Pittermann »köderte« die Freiheitlichen im Falle einer von manchen in der SPÖ durchaus für möglich gehaltenen Koalition zwischen Sozialisten und FPÖ mit einer Wahlrechtsreform.
Kreisky allerdings verzichtete damals auf jedes Junktim, was Peter bestätigte: »Wir mit unserem katastrophalen Wahlergebnis, das eine noch größere Katastrophe für mich war, dazu die Klaus-Erklärung, er mache keine Koalition der Verlierer, es käme eine ÖVP-FPÖ-Koalition nicht infrage, obwohl beide Parteien ausreichend mehr Mandate gehabt hätten als die Sozialistische Partei. Also es war das eine Situation, in der ich nicht nur mich ad personam, sondern auch die Partei vor dem Ende glaubte. Und da rief etwa um die mitternächtliche Stunde Dr. Jankowitsch an, damals Kabinettschef von Dr. Kreisky, und fragte mich, ob ich Lust zu einem Gespräch mit Dr. Kreisky hätte. Und so kam es am 2. März um 1.30 Uhr in der Früh zu dieser Begegnung Kreisky – Peter. Ich war völlig niedergeschlagen, hörte aber plötzlich erstaunt zu, als Kreisky sagte: ›Ihnen ist von Pittermann Unrecht geschehen, Ihnen ist etwas zugesagt worden, was Pittermann nicht gehalten hat, Sie bekommen die Wahlrechtsreform ohne Gegenleistung.‹ Das war für mich so unglaubwürdig, dass ich mich auch entsprechend verhalten habe. Und Kreisky sagte: ›Sie können glauben, was Sie wollen, Sie kriegen diese Wahlrechtsreform‹« (zit. nach Portisch 1996, 336).
Über die Unterstützung einer möglichen sozialistischen Minderheitsregierung durch die FPÖ wurde damals noch nicht diskutiert. Diese Regierungsform schien innerhalb und außerhalb der SPÖ als zu exotisch. Es gab nicht wenige, die von der Auffassung getragen waren, dass für Österreich a priori die große Koalition die geeignete Regierungsform sei, zu der man nun wieder zurückkehren sollte. Kreisky

(1988, 409) hielt dazu in seinem zweiten Memoirenband fest: »Nichts war so gefürchtet in Österreich wie eine Minderheitsregierung. Eine solche Regierung trage des Charakter der Zufälligkeit und mache sich von anderen politischen Kräften abhängig ... Es war nicht leicht, eine Partei, die sich 20 Jahre lang daran gewöhnt hatte, in einer großen Koalition zu regieren, davon zu überzeugen, dass eine Minderheitsregierung die große Chance wäre ... Sie haben einfach nicht genug Fantasie aufgebracht, zu verstehen, worin meine Taktik bestand, nämlich zu beweisen, dass die Sozialdemokratie in Österreich regieren kann.«
An Fantasie und konzeptioneller Originalität war Kreisky »Freund und Feind« weit voraus. Er vermochte, wie er noch bei vielen Gelegenheiten demonstrieren sollte, »über den Tag hinaus« zu denken bzw. zu planen und konnte sich wesentlich früher mit der Herausforderung einer Minderheitsregierung anfreunden als alle anderen. Einem Historiker erzählte Kreisky 1978, er habe schon während einer Wahlreise seinem Chauffeur erklärt, dass er bei einem Mandatsstand von 80 eine Minderheitsregierung wagen würde (Kriechbaumer 1981, 26). Reizvoll ist es, der Frage nachzugehen, welchen Wahlausgang Kreisky selbst erwartete, auch hinsichtlich der Frage nach der künftigen Regierungsform. Während bei Kriechbaumer nachzulesen ist, dass Kreisky bereits vor der Wahl seinen Mitarbeitern optimistisch erklärt hätte, dass er das Erreichen der relativen Mehrheit für durchaus möglich halte, weiß Fischer (1993, 60), der Kreisky während einer Wahlkampfreise zu diesem Thema befragt hatte, anderes zu berichten. Kreisky erklärte damals: »Die ÖVP wird deutlich verlieren, wir werden einige Mandate dazugewinnen und der Vorsprung der ÖVP wird nur mehr drei oder vier Mandate betragen. Da wird Klaus nichts anderes übrig bleiben, als mit uns eine Koalition zu bilden. Die Schwierigkeiten in der ÖVP werden dadurch größer werden und 1974 könnte uns dann der Durchbruch zur Mehrheit gelingen, wenn wir keine Fehler machen.«
Am 3. März betraute Jonas Kreisky als Vorsitzenden der mandatsstärksten Partei mit der Bildung einer Regierung auf Grundlage einer neuen großen Koalition. Obwohl die ersten »Orientierungsgespräche« bereits am 5. März stattfanden, war der innerparteiliche Willensbildungsprozess hinsichtlich einer möglichen Koalitionsbildung noch am 31. März, dem Tag der Konstituierung des Nationalrates, nicht finalisiert. Da Klaus sich unmittelbar nach der Wahlniederlage zurückzuziehen begonnen hatte, setzte sich Withalm an die Spitze des Verhand-

lungsteams der ÖVP, die von den Sozialisten – ähnlich wie diese im Jahre 1966 – volle Parität in der Bundesregierung einforderte. Der Stern des »eisernen Hermann«, in der neuen Legislaturperiode auch Klubobmann und ab Mai Parteiobmann, war trotz des formalen Aufstiegs bereits im Sinken begriffen. Weder hatte er in den Bundesländerorganisationen den notwendigen Rückhalt, noch war er dem mit allen Wassern gewaschenen Taktiker Kreisky gewachsen. Im Juni 1971 musste er zugunsten von Karl Schleinzer als ÖVP-Obmann zurücktreten. Während der etwa siebenwöchigen Koalitionsverhandlungen, die am 20. April erfolglos abgebrochen wurden, waren sich die beiden Parteien sachpolitisch zwar über viele Punkte einig geworden, die Frage der Ressortverteilung hatte sich jedoch als Stolperstein erwiesen (Kriechbaumer 1981, 25 ff; Withalm 1973, 177 ff).
Kreisky legte den Auftrag zur Bildung einer Koalitionsregierung als unerfüllbar zurück, worauf ihm Jonas den Auftrag erteilte, eine Bundesregierung auf einer anderen Grundlage zu bilden. Als der SPÖ-Vorsitzende eine Minderheitsregierung vorschlug, stimmte Jonas zu. Am Abend des 20. April 1970 legte Kreisky dem Bundespräsidenten seine Ministerliste vor. Niemand konnte ahnen, dass damit eine historische Schwelle überschritten wurde, die in eine 13 Jahre währende Kontinuität monocolorer Regierungen unter ein und demselben Bundeskanzler münden sollte. Mit der Regierung Kreisky I wurde von Jonas am 21. April 1970 die erste Minderheitsregierung bzw. die erste sozialistische Alleinregierung in der Geschichte der Republik angelobt. Jonas, der zwar aufgrund der Parteienfestlegungen nur einen geringen bis gar keinen Spielraum hatte, ging mit dieser Angelobung trotzdem ein nicht unbeträchtliches Risiko ein, da seine Reputation als Staatsoberhaupt im Falle des raschen Scheiterns des neuen Kabinetts schwer geschädigt worden wäre. Wie schon 1953, als Körner dem Wunsch der ÖVP, den VdU in eine Konzentrationsregierung aufzunehmen, nicht entsprach, wirkte sich für die SPÖ der Umstand, dass das Staatsoberhaupt von ihr gestellt wurde, positiv aus. »Bundespräsident Jonas tat nichts, was nicht durch seine verfassungsmäßigen Rechte gedeckt gewesen wäre«, ist Walter Pollak (1979, 289) zuzustimmen, »aber er verzichtete darauf, alle anderen parlamentarischen Möglichkeiten der Regierungsbildung auszuschöpfen, was Kreisky unangefochten die Möglichkeit gab, seine Minderheitsregierung zu bilden.«
Insbesondere Withalm kritisierte die Vorgangsweise von Jonas heftig. Der Bundespräsident habe keine Gespräche mit den Obmännern aller

drei Parlamentsparteien geführt und keine Vermittlungsversuche unternommen, zumindest optisch wäre es klüger gewesen, so Withalm weiter, Jonas hätte wenigstens formell vermittelnd eingegriffen. Als während des Präsidentschaftswahlkampfes 1971 diese Vorwürfe erneuert wurden, bezog Jonas dazu Stellung: »Es gab noch nie ein so überraschendes Wahlergebnis wie am 1. März 1970 und auch noch nie eine Regierungsbildung, die von den Parteien so schlecht vorbereitet war. Die Parteien haben sich in ihrer Manövrierfähigkeit völlig beschnitten ... Für mich war also von vornherein die große Koalition die einzige Möglichkeit und sie hat auch meinen eigenen Wünschen entsprochen ... Dann wurde sieben Wochen ergebnislos verhandelt und nach Gesprächen mit Kreisky und Withalm musste ich feststellen – wie Raab sich seinerzeit immer ausdrückte –, wir sind ›Stock an‹. Ist es denn altmodisch, wenn man den Standpunkt vertritt, dass die Demokratie nicht allein ein Rechenexempel ist, sondern auch eine Frage der politischen Moral und des Grundsatzes von Treu und Glauben? Die kleine Koalition hätte bedeutet, dass die zwei verlierenden Parteien zur Regierung berufen und die Partei, die von den Wählern einen offenkundigen Vorzug erhalten hat, ausgeschaltet worden wäre. Das wäre eine echte Missachtung des sehr deutlich sichtbaren Wählerwillens gewesen. Außerdem haben sich die verschiedenen Parteiführer Dutzende Male gegen eine kleine Koalition ausgesprochen – und dann wird vom Bundespräsidenten erwartet, dass er das Gegenteil davon veranlasst? Das ist doch paradox« (zit. nach Schausberger 1982, 297 f).
Wenige Wochen nach der Angelobung der neuen Regierung brach Jonas vom 26. bis zum 29. Mai zu einem Staatsbesuch nach Belgien auf, vom 10. bis 15. Juni weilte er in Bulgarien und am 15. Juli besuchte er für fünf Tage das Nachbarland Ungarn. In Paris nahm Jonas am 12. November an einem Trauergottesdienst in Notre Dame zu Ehren des drei Tage zuvor verstorbenen Staatspräsidenten Charles de Gaulle teil, ein Anlass, den er zu politischen Gesprächen mit den Staatsoberhäuptern Deutschlands und Italiens nützte.
Am 15. Jänner 1971 schlug die SPÖ Jonas erneut als Kandidaten für die am 25. April stattfindende Bundespräsidentenwahl vor. Die ÖVP hatte sich bereits im Oktober 1970 für den parteilosen UNO-Botschafter Kurt Waldheim als ihren Kandidaten entschieden, nachdem Josef Klaus und der steirische Landeshauptmann Josef Krainer abgelehnt hatten. Auch Alfred Maleta, der Zweite Präsident des Nationalrates, war im Gespräch gewesen, doch dessen Antreten hätte die oh-

nehin nicht berauschenden Chancen der ÖVP noch zusätzlich minimiert. Durch ein Erkenntnis des Verfassungsgerichtshofes vom 25. Juni 1970 waren in einigen Wiener Bezirken die Ergebnisse der Nationalratswahl aufgehoben worden, was zur Konsequenz hatte, dass bis zur Wiederholungswahl am 4. Oktober einige Abgeordneten ihrer Mandate verlustig gingen, darunter der Präsident und der Dritte Präsident des Nationalrates, die Sozialisten Karl Waldbrunner und Otto Probst. Maleta führte somit in diesen Monaten den Vorsitz alleine, die befürchtete Verfassungskrise blieb aber aus. Nun gewann bei dieser Nachwahl die SPÖ ein Mandat von der ÖVP hinzu und hielt nunmehr bei 81 Mandaten (48,38 Prozent), die ÖVP bei 78 (44,66 Prozent), der Mandatsstand der FPÖ (5,52 Prozent) blieb gleich. Dieses Ergebnis hatte zur Folge, dass sich die Volkspartei jetzt ganz auf die Bundespräsidentenwahl konzentrierte, in der sie die nächste und vor allem entscheidende Chance auf einen Umschwung in der Wählergunst erblickte. Für Kreisky bedeutete der 4. Oktober beträchtlichen Rückenwind für die schwierigen Budgetverhandlungen, die zur Nagelprobe seiner Minderheitsregierung werden mussten. Während Withalm noch vor Bekanntwerden des Budgetentwurfs taktisch unklug erklärt hatte, die ÖVP werde dem Haushalt für 1971 mit Sicherheit nicht zustimmen, legte Peter, der die Option ergreifen wollte, die FPÖ aufzuwerten, eine andere Strategie an den Tag. Absprachen zwischen SPÖ und Freiheitlichen begründeten eine Art »stille Koalition«. Nachdem sich SPÖ und FPÖ am 17. November über das Budget geeinigt hatten, wurde am 27. November mit den Stimmen dieser beiden Parteien eine neue Nationalratswahlordnung beschlossen (Ucakar 1985, 488 ff). Die »kleine Wahlrechtsreform«, mit der das parlamentarische »Überleben« der FPÖ langfristig gesichert wurde, teilte das Bundesgebiet in neun Wahlkreise (bisher 25) und zwei Wahlkreisverbände (bisher vier) auf, die Zahl der Abgeordneten wurde von 165 auf 183 hinaufgesetzt. Da durch diese Reform die Bildung einer sich auf eine absolute Mehrheit stützen könnenden Alleinregierung erschwert wurde, sahen sich manche in der FPÖ bereits in einer künftigen Koalitionsregierung. Kreisky wiederum ließ bereits im Frühjahr 1971 durchblicken, dass er eine Neuwahl noch in diesem Jahr zumindest nicht ausschließe.

Die Bundespräsidentenwahl sollte für die SPÖ ein letzter »Popularitätstest« sein und dementsprechend pointiert wurde der Ausgang der Wahl mit dem Schicksal der Regierung Kreisky junktimiert. Im Umkehrschluss wurde das Abschneiden Waldheims mit der politischen Zukunft Withalms – »wer Waldheim wählt, wählt Withalm« – verknüpft. Der ÖVP-Chef machte Jonas zum Vorwurf, dass dieser sich in seiner Amtszeit »in einzelnen Punkten«, so etwa bei der Regierungsbildung, »nicht korrekt« verhalten habe. Waldheim assistierte und hielt immer wieder fest, dass eine Minderheitsregierung »kein Normalzustand« sei und er mit Nachdruck für die große Koalition plädiere. Da er bei diesen Gelegenheiten niemals auf das Machtpotenzial des Präsidenten bei der Kreation der Regierung hinzuweisen vergaß, mutmaßte die SPÖ, »die zerstrittende ÖVP will über einen Präsidenten Waldheim die Wahlentscheidung vom 1. März 1970 rückgängig machen und wieder an die Regierung kommen«. Im Brennpunkt der ÖVP-Wahlwerbung stand das Argument, dass während der gesamten Zweiten Republik ein »roter Präsident« einem »schwarzen Kanzler« gegenüberstand, dieses Gleichgewicht wäre mit der Wiederwahl Jonas' gefährdet. Beide Parteien instrumentalisierten den Urnengang jedenfalls als »Entscheidungswahl«, die Jonas am 25. April 1971 mit 52,79 Prozent der gültig abgegebenen Stimmen für sich entscheiden konnte. Die FPÖ hatte keinen eigenen Kandidaten nominiert und auch keine Empfehlungen abgegeben, trotzdem hatten viele FPÖ-Wähler, welche der Aufwertung ihrer Partei durch Kreisky Tribut zollten, für Jonas votiert.

Am 9. Juni wurde Jonas von der Bundesversammlung angelobt. Bei dieser Gelegenheit machte er deutlich, dass er auch in Zukunft nach bestem Wissen und Gewissen seine Kenntnisse und Fähigkeiten in den Dienst der Republik zu stellen gedenke, so wie er dies immer zu tun bemüht war. Er verurteilte die Anwendung von Gewalt im Zusammenleben der Menschen und sprach »von der demokratischen Lebensart des österreichischen Volkes, dessen dauerndes Bemühen um die soziale Gerechtigkeit und die Sicherung der staatsbürgerlichen Freiheit unseren inneren Frieden vor ernsthaften Erschütterungen bewahrt hat«. Jonas wies im Zuge seiner Ansprache auch auf den Stellenwert der bewaffneten Landesverteidigung hin, ein Thema, welches vor dem Hintergrund der schwelenden Diskussion über eine Heeresreform höchst aktuell war. Er hielt dazu fest: »Ich bin überzeugt davon, dass die übergroße Mehrheit unseres Volkes, auch die wehrpflichtigen jungen Männer, die Notwendigkeit des Bundesheeres bejahen. Die Erkenntnis, dass wir für den Schutz unseres Landes und für die Behauptung der Neutralität aus eigener Kraft zu sorgen haben, lässt sich durch noch so gut gemeinte anders lautende Wünsche nicht außer Kraft setzen. ... Die Verteidigungsbereitschaft muss vom ganzen österreichischen Volk materiell und moralisch gesichert sein.«

Einige Tage nach der Wahl, am 29. April, hatte Kreisky gegenüber den »Salzburger Nachrichten« erklärt: »Wenn wir bei den nächsten Wahlen nur ein Drittel des Stimmenüberhangs bekommen, den Franz Jonas bei den Wahlen bekommen hat, bedeutet das einen Stimmenzuwachs für die SPÖ von mehr als 1,5 Prozent.« Herbstwahlen wurden damit immer wahrscheinlicher. Die »kleine Strafrechtsreform«, eine kleine Steuerreform sowie vor allem die Verkürzung der Wehrdienstzeit schafften für die Sozialisten hervorragende Voraussetzungen. Am 14. Juli wurde im Nationalrat mit den Stimmen von SPÖ und FPÖ die vorzeitige Beendigung der XII. Gesetzgebungsperiode beschlossen. Als Wahltermin setzte man den 10. Oktober 1971 fest. Der positiv geführte Wahlkampf der SPÖ, die mit dem suggestiven Slogan »Lasst Kreisky und sein Team arbeiten!« angetreten war, führte zur erhofften absoluten Mehrheit. Die SPÖ erreichte mit 50,04 Prozent der Stimmen 93 Mandate, die ÖVP mit 43,11 Prozent 80 Mandate und die FPÖ mit 5,45 Prozent 10 Mandate.

Bereits am 21. Oktober wurde die Regierung Kreisky II von Bundespräsident Jonas, der Kreiskys Vision eines »modernen Österreich« teilte und – streng genommen – erst ermöglichte, angelobt. Dem »Arbeiterpräsidenten« war es noch gegeben, den Beginn und die ersten Höhepunkte eines beispiellosen ökonomischen und gesellschaftspolitischen Aufholprozesses mitzuerleben. Die dringend notwendigen Reformen umfassten das Familien- und Strafrecht ebenso wie die Wirtschafts- und Sozialpolitik, die Verstaatlichte Industrie, die Schulen und Universitäten wurden neu organisiert etc. »Chancengleichheit« und »Durchflutung mit Demokratie« lauteten die Zauberworte der bereits früh so genannten »Ära Kreisky«, zu deren Geburtshelfer Jonas geworden war. Gleichzeitig wuchs das internationale Ansehen Österreichs, US-Präsident Richard Nixon beispielsweise legte im Mai 1971 in Salzburg einen Zwischenstopp auf seiner Reise in die Sowjetunion ein.

Zu anerkannten diplomatischen Erfolgen gerieten die nächsten Staatsbesuche des Bundespräsidenten, in erster Linie der Besuch in Italien vom 15. bis zum 17. November 1971. Jonas war das erste österreichische Staatsoberhaupt, das dem südlichen Nachbarland einen Besuch abstattete. Aufgrund des Südtirolproblems waren die Beziehungen

zwischen den beiden Ländern über Jahrzehnte belastet gewesen. Jonas' Besuch wurde vor allem von italienischer Seite als offizielle Befriedung des Konfliktes gefeiert. Im Zuge einer »Privataudienz« traf Jonas während seines Rom-Aufenthaltes mit Papst Paul VI. zusammen, der während dieses Gespräches den berühmten Satz formuliert haben soll, wonach Österreich »eine Insel der Seligen« wäre. 1972 absolvierte Jonas noch drei weitere Staatsbesuche, die ihn nach Frankreich (21. bis 24. März), Finnland (16. bis 20. Mai) und Jugoslawien (13. bis 15. September) führten. Den letzten offiziellen Besuch stattete er vom 7. bis zum 11. Mai 1973 der Bundesrepublik Deutschland ab. In diesem Frühjahr wurde Jonas von seinen Ärzten darüber informiert, dass er an einem unheilbaren Krebsleiden erkrankt war. Diese bedrückende Nachricht hinderte ihn jedoch nicht an der gewissenhaften Erfüllung seiner Pflichten als Staatsoberhaupt, die er bis hin zur körperlichen Erschöpfung wahrzunehmen gewillt war.
Neben großem Fleiß und Pünktlichkeit wurde die von vielen Zeitgenossen oftmals als Pedanterie empfundene Genauigkeit als eine der ausgeprägtesten Eigenschaften von Jonas herausgestrichen. Seine Fragen waren stets präzise gestellt und er erwartete ebenso präzise Antworten, selbst dann, wenn sich sein erwachtes Interesse um ein höchst banales Thema drehte. Seine berufliche Vergangenheit als Korrektor brachte es mit sich, dass er an ihn gerichtete Schriftstücke sorgfältig auf mögliche Fehler untersuchte. Ähnlich wie der in seiner Pedanterie freilich unerreicht gebliebene Kaiser Franz Joseph, der Akten mit Bleistift-Marginalien wie »oho« oder »unglaublich« zu versehen pflegte, griff auch Franz Joseph Jonas gerne zum Rotstift. Nachdem er einmal seitens der Salzburger Landesregierung einen fehlerhaften Brief erhalten hatte, legte er das mit roten Korrekturen übersäte Schreiben anlässlich eines späteren persönlichen Gesprächstermins auf den Tisch und zelebrierte eine ausführliche Fehlerbesprechung: Erst dann konnte die Konversation beginnen. Seine übertriebene Gewissenhaftigkeit war jedoch nur eine Facette seiner Persönlichkeit, die keinesfalls auf das Bild eines etwas steif und manches Mal auch oberlehrerhaft agierenden Staatsnotars, der Briefmarken sammelte und amateurhaft fotografierte, reduziert werden darf. Immer wieder wurde mit Recht festgestellt, dass Jonas »die oft hohle Phrase vom ›Mann aus dem Volk‹ ... mit wirklichem Inhalt« zu füllen verstand. »Für die einfachen Menschen, die ein sehr feines Gefühl für Redlichkeit und Seriosität in der Politik haben, war Jonas eine vertrauenswürdige Leitfigur, zu der sie

aufblicken konnten. Jonas, der anfangs als Bundespräsident wegen seiner Herkunft mit einer Flut an Vorurteilen und Klischeevorstellungen fertig werden musste, war mit einem natürlichen, schlichten Sinn für Würde begabt und in seinen Funktionen von einer gewissen Aura der Unnahbarkeit umgeben. Diese Lauterkeit seines Wesens und sein harter Aufstiegskampf ließen viele einfache Österreicher Jonas als einen der ›Ihren‹ ansehen« (Schausberger 1982, 306). Er war kein charismatischer Politiker, kein affektheischender Blender, doch der seinem Reden und Tun eingeschriebene tiefe Ernst, seine Redlichkeit, Bescheidenheit und Grundsatztreue verliehen ihm die für das hohe Amt nötige Souveränität. Niemals war er der Versuchung erlegen, gegenüber der christdemokratischen Alleinregierung seine beträchtliche Machtfülle über Gebühr auszuspielen, was aber nicht heißt, dass er jedem Vorschlag gefolgt wäre. Gnadengesuche für Personen, die Sittlichkeitsdelikte an Jugendlichen begangen oder (tödliche) Verkehrsunfälle unter Alkoholeinfluss verschuldet hatten, durften nicht auf positive Erledigung hoffen. Auch in der Staatspersonalpolitik huldigte Jonas keinem Automatismus und trat vereinzelt als »aktiver Kontrollor und ›Vetoist‹« in Erscheinung (Welan 1992, 46). Exemplarisch ist in diesem Zusammenhang der »Fall Werner« zu nennen: Der Bundespräsident weigerte sich, dem Vorschlag der Bundesregierung dahingehend nachzukommen, Werner zum Präsidenten des Verwaltungsgerichtshofes zu ernennen. Er lehnte auch den Ernennungsvorschlag der Regierung hinsichtlich des Bonner Botschafters ab. Franz Jonas war ein Politiker, der immer das Gemeinsame vor das Trennende stellte, er profilierte sich als Verfechter des »Interessenausgleichs am grünen Tisch« und trat bis zur Erreichung der absoluten Mehrheit durch die Sozialdemokraten für die Aufrechterhaltung der großen Koalition ein, er war ein konsequenter Befürworter der österreichischen Nation sowie der bewaffneten Landesverteidigung, außerdem galt sein stetes Engagement den Menschenrechten.

Anlässlich der Eröffnung einer Ausstellung am 21. Februar 1974 erlitt Jonas einen Schwächeanfall. Withalm (1974, 155) war damals anwesend. »Jeder der Teilnehmer an dieser Ausstellungseröffnung war entsetzt, als Jonas den Saal betrat«, erinnerte er sich. »Als er dann zum Rednerpult schritt und die Eröffnungsrede hielt ..., waren sich alle im Saal Anwesenden darüber im Klaren, dass hier ein Mann unter Aufgebot seiner letzten Kräfte bis zum bitteren Ende bemüht war, seine Pflichten als Staatsoberhaupt zu erfüllen.«

Jonas hatte den Wunsch ausgesprochen, die Öffentlichkeit von seinem Krebsleiden nicht zu informieren, er wollte seine Aufgaben bis zu jenem Tag erfüllen, »da ihn seine Krankheit daran hindert«. Anfang März berichtete Kreisky von einem Besuch bei Jonas: »Es geht ihm leider sehr schlecht ... Eine Unterredung mit ihm ist sehr schwierig geworden, weil sein Gedächtnis zeitweise aussetzt, aber dann plötzlich wieder da ist und er den Gesprächsfaden ganz woanders aufnimmt« (zit. nach Fischer 1998, 227). Am 28. März teilten die behandelnden Ärzte der Regierung mit, dass Jonas an der Ausübung seiner Funktionen verhindert sei, dem B-VG entsprechend nahm nun Kreisky die Funktionen des Bundespräsidenten wahr und vereinigte für einen begrenzten Zeitraum die Macht des Regierungschefs und des Staatsoberhauptes. Aus demokratiepolitischer Perspektive waren (und sind m. E.) die verfassungsgesetzlichen Bestimmungen für den Vertretungsfall nur sehr unbefriedigend geregelt, weshalb aufgrund einer Initiative Kreiskys in einer Sondersitzung des Nationalrates am 8. April eine Neuregelung der Vertretung des Bundespräsidenten im Falle einer längeren Krankheit oder des Todes beschlossen wurde (BGBl. Nr. 208/1974)[20].

Ab 10. April übernahmen die drei Nationalratspräsidenten Benya, Maleta und Probst als Kollegialorgan die Funktionen des Bundespräsidenten. Franz Jonas, der am Ende seines Lebens nur mehr 40 Kilogramm wog, verstarb in den ersten Minuten des 24. April 1974, fünf Tage später wurde er zu Grabe getragen. »Selbst ein kranker Jonas war noch ein besserer Bundespräsident als mancher Gesunde«, hieß es zuletzt. »Mit ihm ist der letzte große Sozialdemokrat gestorben!«

Der Staatspater
RUDOLF KIRCHSCHLÄGER

»Mir sind ein paar Milliarden Schulden lieber als ein paar tausend zusätzlicher Arbeitsloser!« Wer kennt diesen Satz Kreiskys aus dem Jahre 1975 nicht, jenen Satz, auf welchen manche 13 Jahre Regierungspolitik zu reduzieren pflegen? Die Motive und Hintergründe dieser popularisierten Auffassung werden nicht selten einfach ausgeblendet. Als Franz Vranitzky am Rande eines Parteitages im Mai 1988 gegenüber der Forderung Heinz Fischers, wonach die SPÖ dringend Visionen brauche, erwidert haben soll: »Wer Visionen hat, braucht an Arzt«, hatte auch er sein programmatisches Etikett, von dem er nie mehr loskommen sollte. Diverse Dementis, wonach er »diesen Ausspruch nie getan« habe, blieben wirkungslos. Noch eindeutiger erfolgte die Fokussierung der politischen Karriere von Fred Sinowatz auf zwei simple Sätze: »Alles ist sehr kompliziert« und »Ohne Partei bin ich nichts«. Dass ein Politiker mit einem aus dem Zusammenhang gelösten Satz oder einer prägnanten Bemerkung positiv in Erinnerung bleibt bzw. mit dem Gesagten positive Konnotationen weckt, kommt weniger häufig vor.

Die Ausnahme bestätigt auch hier die Regel. Im Sommer 1980 erregte Kirchschläger, der im Mai dieses Jahres mit einer beeindruckenden Mehrheit erneut zum Bundespräsidenten gewählt worden war, mit einer Festrede anlässlich der »Welser Messe« im In- und Ausland Aufsehen. Kirchschläger nahm den AKH-Skandal zum Anlass, um vor Korruption und – als deren mögliche Konsequenz – vor der Gefahr zu warnen, dass der Ruf nach einem »starken Mann« erhoben werden könnte. »Wir müssen die Sümpfe trocken legen«, beendete er seinen Appell, »und, wir sind auf einer Landwirtschaftsmesse, nehmen wir gleich die sauren Wiesen dazu.« Die stets etwas gebrochen wirkende

Stimme des Bundespräsidenten verriet dabei keine Aufgeregtheit, sondern vielmehr großen Ernst und ehrliche Besorgnis. Die Worte des »Staatspaters«, ein bezeichnendes Epitheton ornans für Kirchschläger, der freilich nie den Eindruck erweckte, von einer erhöhten Kanzel herab zu sprechen, trafen die Stimmung in der Bevölkerung vermutlich recht authentisch.

Kirchschläger galt als Inkarnation moralischer Autorität und genoss bei der Bevölkerung höheres Ansehen als jeder seiner Vorgänger und Nachfolger. Zusammen mit dem »Sonnenkönig« Bruno Kreisky und Kardinal Franz König, dem von allen Seiten geschätzten Erzbischof von Wien, bildete er in den 1970er und frühen 1980er Jahren eine Art Triumvirat der »drei K's«, welches sich während des Sommers mit dem »Goleador« Hans Krankl und während des Winters mit dem »Schikaiser« Franz Klammer pentagonal verschränkte. Mit ihnen vollzogen die Österreicher ihren identitären Koitus. Ähnlich wie Kreisky wurde auch Kirchschläger noch etliche Jahre nach seinem Ausscheiden aus der aktiven Politik von vielen Bürgerinnen und Bürgern, die »nicht glauben wollen«, so der greise Altbundespräsident 1998, »dass mir weder Entscheidungsmacht noch Einfluss zusteht«, um Rat und Hilfe gebeten.

Die frühen Jahre

Kirchschläger wurde zu einer Zeit in die Funktion des Bundespräsidenten gewählt, die von beträchtlicher Aufbruchstimmung getragen war. Die SPÖ-Alleinregierung war 1970 angetreten, um Österreich zu modernisieren. Im Zuge der zahlreichen sozial-liberalen Reformen, die mit dem Ende der Hochkonjunktur im Jahre 1975 ihren Zenit erreicht hatten, wurde unter anderem das gesamte Bildungssystem »demokratisiert«. Durch die Errichtung Hunderter Schulen wurden auch entlegene Regionen infrastrukturell erschlossen, für die Kinder aller sozialer Schichten sollte »Chancengleichheit« bestehen. Die Einführung der Gratisschulfahrten und der unentgeltlichen Schulbücher ebnete für unzählige junge Menschen, die aus keinem begüterten Elternhaus stammten, den Zugang zur »höheren Bildung«. Was heute vielfach als Selbstverständlichkeit betrachtet wird, war zu Beginn der 1970er Jahre ein exorbitanter Fortschritt.

Kirchschläger verbrachte seine frühen Jahre in bitterer, aus heutiger Perspektive kaum mehr vorstellbarer Armut, nichts, rein gar nichts ließ darauf schließen, dass er einmal in jenem imperialen Gebäudekomplex, in dem die Habsburger-Kaiser residierten, das republikanische Österreich als einer seiner würdigsten Vertreter repräsentieren würde.

Am 20. März 1915 wurde Rudolf Kirchschläger in der kleinen oberösterreichischen Ortschaft Niederkappl geboren. Schon bald nach seiner Geburt übersiedelte die Familie nach Steyrermühl. Seine Mutter Anna, die mit Mädchennamen Wagner hieß, starb bereits 1918 an den Folgen einer Grippe. An das Begräbnis der 45-Jährigen konnte sich der Altbundespräsident noch im höheren Alter erinnern: »Es war eben das richtige Wetter zu einem dieser Arme-Leute-Begräbnisse. Kalt war es und in Strömen hat es geregnet.« Johann Kirchschläger, der Vater, heiratete wenig später in dritter Ehe die 39-jährige Rosa Hohensinn, eine aus Salzburg stammende Verkäuferin des Konsums in Steyrermühl, welche dem Halbwaisen eine wirklich gute Stiefmutter wurde. Kirchschläger lehnte die Bezeichnung »Stiefmutter« übrigens ab: »Sie verdient einfach den Namen Mutter, weil sie immer, auch nach dem Tode meines Vaters, stets für mich da gewesen ist.« 1919 trat Kirchschlägers Vater in eine Holzwaren- und Furnierfabrik nahe Windischgarsten ein, die er fünf Jahre später wieder verließ, um in seinen angestammten Beruf eines Organisten zurückzukehren. Die Familie übersiedelte nach Kronstorf, wo Johann Kirchschläger 1926 starb. Dessen früher Tod stürzte Rosa und Rudolf Kirchschläger in einen sozialen Abgrund, denn eine Witwen- oder Waisenpension gab es zu jener Zeit nicht. Zwar durfte die Kleinfamilie im Gemeindehaus gratis wohnen, doch um überleben zu können, musste die Stiefmutter eine Stelle als »Bedienerin« am Gendarmerieposten antreten. Zusammen mit der Entlohnung, die sie seitens der Gemeinde für aushilfsweise Schreibarbeiten erhielt, betrug das Monatseinkommen öS 40,–. Kirchschläger räumte zwar ein, dass die bittere Armut für seine Stiefmutter eine schwere Belastung gewesen sein muss, er selbst hätte als Kind die Not jener Jahre »jedenfalls nicht gespürt«.

Oft ist es purer Zufall, der das Leben eines Menschen auf bestimmte Schienen stellt, welche ihn dann in eine Richtung führen, die nicht vorgezeichnet schien. Es hätte nicht viel gefehlt und Kirchschläger wäre Landarbeiter geworden, vielleicht Knecht auf einem Bauernhof. Viele Menschen in Kronstorf hatten seiner verwitweten Mutter geraten, das Kind nach Absolvierung der Volksschule bei einem Bauern »in den Dienst zu geben«, wie dies damals hieß. Die Bürgerschule

(Hauptschule) kostete schließlich Geld und davon war im Hause Kirchschläger einfach zu wenig vorhanden. In der Person eines Gelegenheitsfriseurs, der auf der Suche nach einem ihm an den Wochenenden etwas zur Hand gehenden Buben war, stellte sich schließlich besagter Zufall ein. Der 12-Jährige konnte sich mit dem Geld, das der Nebenjob einbrachte, die Fahrtkosten (für die Fähre über die Enns) von Kronsdorf in die Bürgerschule nach Steyr leisten. Kirchschläger, der bereits als Kind jene Ruhe und Ernsthaftigkeit ausstrahlte, die ihn sein ganzes Leben begleiten sollten, vermochte sich im Klassenverband rasch zu integrieren. Er fand Freunde und wurde zum Schülervertreter gewählt. Mit 15 Jahren verließ er als Primus die Bürgerschule und trat auf Anraten eines Lehrers, dem die Begabung des Jugendlichen aufgefallen war, in die Aufbauschule in Horn ein. An dieser Schule war es möglich, die so genannte »Reifeprüfung« in fünf Jahren zu absolvieren. Das monatliche Schulgeld, dessen Höhe das gesamte Monatseinkommen seiner Mutter betrug, brachte er in erster Linie durch Nachhilfestunden und Gelegenheitsarbeiten auf. Erst im letzten Jahr seiner Ausbildung erhielt er einen Freiplatz als Hilfserzieher. 1935 maturierte der 20-Jährige mit Auszeichnung. Das wenige Geld, das er sich trotz seiner alles andere als einfachen Lebenssituation erspart hatte, verwendete Kirchschläger nicht für sich: er kaufte seiner Mutter ein neues Kleid ...

Studium, Krieg, Familie

Sein 1980 publiziertes Buch »Der Friede beginnt im eigenen Haus«, ein Titel, den Kirchschläger einer Rede des Philosophen Karl Jaspers entnommen hatte, widmete er seiner Frau: »Meiner lieben Herma in Dankbarkeit zugeeignet.« Rudolf und Herma Kirchschläger, geb. Sorger, kannten einander seit ihrer Schulzeit, seit dem Jahre 1932. Noch vor der Matura war das spätere Paar darin übereingekommen, einmal heiraten zu wollen. Nach einem dreimonatigen beruflichen Intermezzo als provisorischer Gemeindesekretär in Kronstorf nahm Kirchschläger im Wintersemester 1935/36 ein Jus-Studium an der rechts- und staatswissenschaftlichen Fakultät der Universität Wien auf. Die Monate bis zum Frühjahr 1937 waren von großen Entbehrungen geprägt, Kirchschlägers Ernährung hatte beinahe ausschließlich aus Polenta bestanden. Erst im Frühjahr 1937 verbesserte sich seine Situation, da ihm einige Nachhilfeschüler anvertraut worden waren. Aufgrund seines hervorragenden Studienerfolges erhielt er obendrein ein Stipendium, einen ermäßigten Heimplatz sowie einen Freiplatz für das Mittagessen. Die Genugtuung über die materielle Besserstellung währte allerdings nicht lange, denn nach dem »Anschluss« an das Deutsche Reich wurden diese Privilegien mit dem Eintritt in den NS-Studentenbund oder in irgendeine andere NS-Gliederung junktimiert. Ohne die erwähnten Vergünstigungen war es für Kirchschläger unmöglich, sein Studium fortzusetzen, doch die Mitgliedschaft in einer NS-Organisation kam für ihn keinesfalls infrage. Bereits im nächsten Monat verließ der 23-Jährige die Universität (es wurde gelegentlich gemutmaßt, dass die Wurzeln von Kirchschlägers Willensstärke und Standfestigkeit in seiner tiefen, undogmatischen Religiosität begründet seien). Den Abgang von der Alma Mater Rudolphina nahm er nach eigenen Angaben relativ gelassen hin. Kirchschläger verließ Wien und erhielt eine Anstellung bei der Volkskredit Bauern- und Gewerbebank in Linz. Der Gedanke, nun Herma Sorger bald heiraten zu können, mag ein Trost gewesen sein.

Der Einberufungsbefehl zur Deutschen Wehrmacht für den 1. Dezember 1938 machte dieses Vorhaben wieder zunichte. Wäre Kirchschläger an der Universität verblieben, hätte er einen Aufschub bekommen, für Werkstudenten galt diese Regelung nicht. Durch Zufall brachte er in Erfahrung – der Zweite Weltkrieg hatte bereits begonnen –, dass es aufgrund einer Verordnung nur mehr bis Ende 1939 möglich sein sollte, das Studium der Rechtswissenschaft nach österreichischer Studienordnung zu absolvieren. Umgehend suchte Kirchschläger um Urlaub an, doch sein Antrag wurde abgelehnt. Ein couragierter Vorgesetzter solidarisierte sich mit dem Gefreiten und stellte ihm unter der Voraussetzung, dass er so rasch wie möglich sein Studium beende und im Anschluss sofort wieder zu seiner Einheit zurückkehre, einen Urlaubsschein aus.

42 Tage lernte Kirchschläger nun beinahe Tag und Nacht, er gönnte sich kaum mehr als zwei Stunden Schlaf. »Ich habe jeden Kontakt zu meinen Leuten eingestellt«, erinnerte er sich. Und weiter: »Nur zu Weihnachten schrieb ich einen Brief an meine Mutter und an meine Braut. Ich habe nur leichte Sachen gegessen. Kein Fleisch, nur Dinge, die leicht verdaulich waren. Wann immer ich müde geworden bin, habe ich meine Füße in Essigwasser gestellt und habe Unmengen Honig gegessen. Löffelweise habe ich den zu mir genommen, fest gekaut, zer-

gehen lassen und sehr langsam geschluckt. Prompt war ich wieder voll da. Nur in der Nacht, da musste ich manchmal zu brutaler Gewalt greifen. Ich habe mich mit einer eiskalten Dusche immer so geschockt, dass ich hellwach geworden bin« (zit. nach Schenz 1984, 32). Am 25. Jänner 1940 wurde Kirchschläger zum Doktor der Rechte promoviert, gleich darauf kehrte er zu seiner Infanterieeinheit zurück. Wenige Monate später hielten Kirchschläger und Herma Sorger die Zeit für reif, endlich zu heiraten. In der Kirche von Gars am Kamp gaben die beiden einander während eines Heimaturlaubes am 17. August das Ja-Wort.

»Das lange Warten hat uns schon ein wenig alt gemacht«, erzählte Herma Kirchschläger einmal, »nun aber waren wir wieder jung und voll Tatendrang und schauten trotz des Krieges mit guter Hoffnung in die Zukunft« (zit. nach Ziegler 1999, 66). Für Kirchschläger stand die Familie, die er als Bundespräsident als »Baustein der Gesellschaft« und »Schule des Friedens« würdigen sollte, seit früher Kindheit im Zentrum seines Lebens. 1944 wurde die Tochter Christa geboren, drei Jahre später folgte Sohn Walter, der heute als Universitätsprofessor Theologie lehrt. Während des Krieges, den er als Hauptmann der Reserve beendete, wurde Kirchschläger mehrmals verwundet, einmal so schwer, dass die Funktionsfähigkeit eines Sprunggelenkes für immer Schaden nahm. »Pflichterfüllung«, erläuterte Welan (1995, 290), »bedeutet für ihn viel. Aber er hat diesen Begriff später nie für die Deutsche Wehrmacht verwendet. Im Gewissenskonflikt hat er wie die Offiziere seines Bataillons 1942 in Mittelrussland dem Befehl der verbrannten Erde nicht Folge geleistet.« Andererseits wurde Kirchschläger kritisiert, weil er wenige Wochen vor Kriegsende einem vom berüchtigten SS-Offizier Sepp Dietrich ausgegebenen Befehl Folge geleistet und etwa 1200 schlecht ausgebildete und unzureichend bewaffnete junge Männer gegen die vorrückende Rote Armee ins Feld geführt hatte. Nachdem viele andere, die sich solchen Befehlen widersetzt hatten, mit einem Schild um den Hals, das die Aufschrift »Ich bin ein Feigling« trug, aufgehängt worden waren, nimmt sich ein aus dem Verhalten Kirchschlägers gedrechselter Vorwurf freilich ziemlich selbstgerecht aus. An die 200 dieser jungen Soldaten kamen jedenfalls ums Leben, ungefähr 800 wurden verletzt, Kirchschläger war einer von ihnen.

Im April 1945 lagen die kriminellen Träume des Blutlandkartenmalers aus Braunau unter den Trümmern seines »Tausendjährigen Reiches« begraben. Viel Geist, beträchtlicher Eifer und äußerste Akribie wurden aufgewendet, um die letzten Tage und Stunden des so genannten »Führers«, der sich am 30. April vermutlich unter Zuhilfenahme von Gift und einer Kugel davongestohlen hatte, zu rekonstruieren. Über das Schicksal der Namenlosen hingegen, deren Zahl in die Millionen ging, schweigt die Geschichtsschreibung für gewöhnlich. Es fehlen die Quellen, heißt es dann, die Quellen, deren Knecht, die Historiografie, zumeist nur jene zu streifen pflegt, die es »zu etwas gebracht« haben. Es ist sehr gut denkbar, dass diese biografische Skizze niemals zu Papier gebracht worden wäre, wenn Herma Kirchschläger sich in jenen Apriltagen nicht entschlossen hätte, ihren verwundeten Gatten in einer geradezu abenteuerlichen Aktion aus einem Lazarett im tschechischen Rakonice herauszuholen. Am 20. April, Hitler beging seinen letzten Geburtstag, brach die kleine Familie in Richtung Heimat auf: Herma schob den Kinderwagen mit Baby Christa, Rudolf humpelte auf Krücken hinterher. Später erfuhren sie, dass von den Patienten des Lazaretts kein einziger davongekommen war. Jene, die ihre Verletzungen überlebt hatten, waren nach Ankunft der Roten Armee aus Rache aus dem Fenster geworfen worden ...

Jurist und Diplomat

Am 1. Mai, nur wenige Tage vor der endgültigen Kapitulation, waren die Kirchschlägers wieder in Kronstorf. Die amerikanischen Truppen kamen wenig später. Aufgrund seiner Verletzung gestaltete sich die kurze »Kriegsgefangenschaft« Kirchschlägers vergleichsmäßig »angenehm«, er musste sich lediglich einmal wöchentlich bei den Amerikanern melden. Seine berufliche Laufbahn begann er am 15. August 1945 als Rechtspraktikant am Bezirksgericht Horn. Bis Oktober bestritt der noch immer auf seine Krücken angewiesene Jurist diese 17 Kilometer lange Strecke Kamegg–Horn–Kamegg mit dem Fahrrad, das ihm allerdings eines Tages von einem »Unbekannten in sowjetischer Uniform« entrissen wurde. Ab diesem Zeitpunkt humpelte er zu seinem Arbeitsplatz. Im Frühjahr 1946 erfolgte die Übersiedelung nach Krems, wo Kirchschläger beim Kreisgericht, beim Bezirksgericht und bei der Staatsanwaltschaft praktizierte. Am 8. Mai 1947 bestand er die Richteramtsprüfung mit sehr gutem Erfolg. Der 1. Juli brachte die Bestellung zum Richter und Amtsleiter des Bezirksgerichtes Langenlois. Die in Weingegenden übliche Fraternisierung machte er nicht mit, seine

Rolle als Bezirksrichter dürfte er recht distanziert angelegt haben. Am 1. März 1949 wurde er zum Landesgerichtsrat und Gerichtsvorsteher ernannt. Die Menschen schätzten Kirchschlägers absolute Korrektheit, doch »einer der ihren« wurde er in all den Jahren gewiss nie.
Bei den vorverlegten Nationalratswahlen vom 22. Februar 1953 erreichte die SPÖ die Mehrheit der gültig abgegebenen Stimmen. Aufgrund des damals geltenden Wahlrechts blieb sie jedoch ein Mandat hinter der ÖVP, welche damals eine Dreiparteienkoalition unter Einbindung des VdU anstrebte. Bundespräsident Körner verweigerte in der Folge seine Zustimmung und es kam zur Fortsetzung der großen Koalition unter Raab, der Figl als Bundeskanzler ablöste. Kreisky wurde auf Vorschlag Schärfs zum Staatssekretär im Außenamt bestellt. Dies war – in aller Kürze – die politische Situation jenes Jahres, in welchem die Familie Kirchschläger nach Wien übersiedelte. Rudolf und Herma Kirchschläger waren zur Auffassung gelangt, dass ihre Kinder in der Bundeshauptstadt zur Schule gehen sollten. Obwohl der junge Jurist bereits per 1. Juli 1953 einen Posten beim Landesgericht für Zivilrechtssachen in Wien zugewiesen bekommen hatte, musste er mangels eines Nachfolgers bis Ende Dezember in Langenlois verbleiben. Anfang 1954 wurde er dem Bezirksgericht Innere Stadt zugeteilt.
Nur wenige Monate später, im Mai 1954, erhielt Kirchschläger einen Anruf, der sein Leben in gänzlich neue Bahnen lenken sollte. Am anderen Ende der Leitung war der a. o. Gesandte Stephan Verosta, ein schon damals renommierter Jurist, der sich einige Jahre zuvor habilitiert hatte und 1953 zum Leiter der Völkerrechtsabteilung im Bundeskanzleramt, Auswärtige Angelegenheiten, bestellt worden war. Verosta war schon seit einiger Zeit auf der Suche »nach einem geeigneten Mitarbeiter und möglichen Stellvertreter«. Außenminister Figl und Staatssekretär Kreisky hatten es Verosta überlassen, sich nach einem qualifizierten Kandidaten umzusehen. Verosta, in früheren Jahren selbst Richter, hatte es sich in den Kopf gesetzt, diesen Posten mit einem Richter zu besetzen. »Es sollte ein Mann mit solidem juristischem Wissen, mit Lebenserfahrung und Standfestigkeit sein, der bereits ein Interesse für Völkerrecht und Außenpolitik bekundet hatte und bereit war, längere Zeit im Auswärtigen Amt in Wien zu dienen« (Verosta 1982, 317). Manche staunten nicht schlecht, als Verosta am 18. Juli 1954 für diese wichtige Funktion einen völlig unbekannten Landesgerichtsrat namens Rudolf Kirchschläger präsentierte. Im Völkerrechtsbüro, in dessen Agenden sich der 39-Jährige rasch einzuar-

beiten verstand, wurde ihm nach eigener Aussage alsbald klar, »dass auch hier nur mit Wasser gekocht wird und nicht mit lauterem Wein«. Am 8. Februar 1955 machte der sowjetische Außenminister Molotow erstmals ernsthafte Andeutungen über einen möglichen Staatsvertrag. Der Durchbruch wurde schließlich während des Moskau-Besuches von Raab, Schärf, Figl und Kreisky im April erzielt. Dieser Delegation hatte auf Beamtenebene auch Verosta angehört, der direkte Vorgesetzte Kirchschlägers, dessen Aufgabe es zunächst war, den Staatsvertragsentwurf Wort für Wort durchzuarbeiten und aus österreichischer Sicht zu kommentieren. Auch an den weiterführenden Vorbereitungsarbeiten war Kirchschläger seitens der Völkerrechtsabteilung beteiligt, so als Mitglied der österreichischen Delegation zur Botschafterkonferenz. An die hektischen Stunden vor der feierlichen Unterzeichnung durch die fünf Außenminister kann er sich lebhaft erinnern: »In der Nacht zum 15. Mai wurde noch fieberhaft gearbeitet ... Sekretärinnen haben pausenlos geschrieben und wir haben dann alles kontrolliert und übersetzen lassen ... Gegen drei Uhr früh war alles fertig. Es galt nur noch den Text zu siegeln. Die drei Außenminister der westlichen Staaten und Figl überließen uns ihre Siegel. Molotow hat sein Siegel nicht aus der Hand gegeben. Ein sowjetischer Offizier hat darüber gewacht, dass kein Missbrauch geschieht« (zit. nach Schenz 1984, 52 f). Am Abend dieses für die Republik historischen Tages wurde ein Empfang im Schloss Schönbrunn gegeben. Die Kleiderordnung ist bei derartigen Anlässen streng: Rudolf und Herma Kirchschläger besorgten sich den vorgeschriebenen Smoking und das lange Abendkleid aus einer Leihanstalt.
Im März 1956 verließ Verosta auf eigenen Wunsch das Völkerrechtsbüro und übernahm die Position des Botschafters in Warschau. Als Nachfolger hatte er Kirchschläger vorgeschlagen, dessen Bestellung im Außenamt für einigen Unmut sorgte. Vor allem Kreisky hielt den Oberösterreicher für zu wenig kompetent und es störte ihn, dass Kirchschläger von Figl unterstützt wurde. Der rural geprägte Niederösterreicher und der in Wien geborene Weltbürger waren klassische Antipoden, die einander überhaupt nicht leiden konnten. »Der Kreisky war in der Wahl seiner Mittel nicht immer delikat und der Figl hat oft gelogen, dass sich die Wände bogen. Man musste da bei einer Vielzahl von Kleinbränden immer wieder Feuerwehr spielen«, berichtete z. B. ein Diplomat (zit. nach Trost 1972, 328). Kreisky musste freilich bald erkennen, dass er sich in Kirchschläger, über den er später nur

mehr in den höchsten Tönen sprechen sollte, gründlich getäuscht hatte. »Diese Wertschätzung Dr. Kirchschlägers hatte ich durchaus nicht von Anfang an empfunden«, schrieb Kreisky in seinen Memoiren, »zunächst war ich sogar skeptisch gewesen. Als nämlich der bewährte Leiter des Völkerrechtsbüros ... nach Abschluss des Staatsvertrages, um den er sich große Verdienste erworben hatte, den Wunsch äußerte, eine Auslandsvertretung zu übernehmen, und als seinen möglichen Nachfolger im Völkerrechtsbüro Rudolf Kirchschläger nannte, meinte ich etwas abschätzig, wie er denn für ein solches Amt ... einen ›Bezirksrichter‹ vorschlagen könne. Auf Zureden Verostas stimmte ich zu und alsbald wurden alle meine Zweifel zunichte gemacht. Dr. Kirchschläger bewährte sich in hervorragender Weise ...« (Kreisky 1988, 374).

1956 wurde Kirchschläger in den »Höheren Auswärtigen Dienst« aufgenommen, 1958 folgte die Verleihung des Titels eines »a. o. Gesandten und bevollmächtigten Ministers«. Obwohl die Familie diese Jahre in guter Erinnerung hat, waren die Arbeitsbelastung und der Zeitaufwand enorm. »Als Leiter der Völkerrechtsabteilung ... hat Dr. Kirchschläger einen wesentlichen Beitrag zur Auslegung des Staatsvertrages durch Österreich und zur Handhabung der immerwährenden Neutralität ... geleistet. Hiebei betrachtete er es als seine Aufgabe, die politische und rechtliche Konzeption der Schweizer Neutralität ... auch für die Neutralität Österreichs anzuwenden, dabei aber doch eine besondere österreichische Form ... zu verwirklichen, die der österreichischen Geschichte, der geografischen Lage Österreichs und auch den Vorstellungen der Österreicher Rechnung trug und sich mit der Mitgliedschaft bei den Vereinten Nationen vereinen ließ. (Er) wurde auch zu den Beratungen entsendet, in welchen die dauernd neutralen Länder, Schweiz und Österreich und das neutrale Schweden, die Gestaltung ihres Verhältnisses zu den Europäischen Gemeinschaften aufeinander abstimmten. Bei den Verhandlungen über Südtirol wurde er auf Beamtenebene zunächst mit den rechtlichen, später auch mit den politischen Problemen betraut« (Verosta 1982, 317 f). Der hohe Einsatz rächte sich: 1958 erlitt Kirchschläger einen Herzinfarkt.

1963 folgte er, nachdem er bereits im Jahr davor zum stellvertretenden Generalsekretär des Außenministeriums bestellt worden war, einem Angebot Kreiskys, als Chef in dessen Kabinett einzutreten, wo er sich vor allem in integrationspolitischen Fragen, im schwierigen Bereich der Südtirol-Politik sowie in der heiklen Konkordatsfrage zu bewähren verstand. Als 1966 die ÖVP die absolute Mehrheit erzielen konnte, übernahm Lujo Tončić-Sorinj mit dem Außenministerium auch den Kabinettschef seines Vorgängers. Kirchschläger, der gesundheitlich angeschlagen war und Kreisky gegenüber große Loyalität empfand, hatte sich die Entscheidung über seinen weiteren Verbleib nicht leicht gemacht. Außerdem ersuchte er den neuen Minister, er möge ihm in absehbarer Zeit eine weniger exponierte Position zuteilen. Über seine Zusammenarbeit mit Kirchschläger weiß Tončić-Sorinj (1982) nur Positives zu berichten: »Ich war ... der Überzeugung, dass Kirchschläger mit seinen großen Erfahrungen und vor allem durch seine maßgebliche Mitarbeit in der Angelegenheit Südtirol für den Augenblick unentbehrlich sei, und bat ihn, zu bleiben. Diese Entscheidung ist von manchen kritisiert worden, einmal weil Kirchschläger ein loyaler Mitarbeiter von Außenminister Kreisky war, dann aber auch, weil er damals in Kreisen der Volkspartei starke Kritiker fand ... Ganz abgesehen davon, dass ich seine Auffassungen über Neutralität und deren Bezug zu Staatengemeinschaften vollinhaltlich teilte, wollte ich auf seine große fachliche Kraft nicht verzichten. Das Ergebnis war, dass sich daraus ein Verhältnis größter Loyalität entwickelte und, was noch wichtiger ist, eine aufrichtige Freundschaft.«

Tončić löste schließlich sein Versprechen ein und schickte Kirchschläger im Februar 1967 als Gesandten nach Prag. Die beiden Kinder studierten bereits und Gattin Herma sah dem Ortswechsel mit Freude entgegen. Als Vertreter Österreichs knüpfte der Diplomat zahlreiche Kontakte zu Politikern, Wissenschaftern, Klerikern und auch mit Protagonisten des »Prager Frühlings«.

In der Nacht vom 20. auf den 21. August 1968 marschierten Truppen der Sowjetunion, Bulgariens, Polens, Ungarns und der DDR in die Tschechoslowakei ein. Die Bundesregierung reagierte auf diese Krise an ihrer Grenze mit großer Zurückhaltung, was auf den Einfluss von Waldheim, der Tončić als Außenminister abgelöst hatte, zurückzuführen sein dürfte (Eger 1981, 89 ff). Um die Sowjetunion nicht zu provozieren, wurde Kirchschläger angewiesen, bei der Erteilung von Visa an Staatsbürger der ČSSR zurückhaltend zu agieren. Kirchschläger hingegen ließ sich hauptsächlich von humanitären Überlegungen leiten, er negierte die Weisung, dass niemand in das Gebäude der österreichischen Gesandtschaft eingelassen werden dürfe, und übernahm die Verantwortung dafür, dass Tag für Tag ungefähr 5000 Visa ausgestellt wurden. »Mir war nicht daran gelegen«, berichtete er viel später, »weder selbst als ein Heros dazustehen noch das Ministerium bloßzustellen. Ich habe zu keinem Menschen davon gesprochen. Ich habe es auch Kreisky nicht erzählt, als ich in die Regierung eingetreten bin. ... Ich habe diese Sache erst 1973 angedeutet, als mich die Opposition im Parlament einer Vernachlässigung der humanitären Pflichten und irgendeiner Schwäche gegenüber den kommunistischen Staaten bezichtigte. Da hab ich dann gesagt, ... man möge mich nicht zu sehr reizen, weil ich sonst einmal klarstellen müsste, wie die humanitären Ziele in der ÖVP-Alleinregierung verfolgt wurden. ... (Kreisky) hat mich daraufhin gefragt, warum ich ihm das nicht früher gesagt hätte. Aber ihm als damaligen Oppositionsführer davon zu berichten wäre schäbig und nicht im Sinn der Sache gewesen.«

Außenminister

Aus obigem Zitat geht bereits hervor, dass Kirchschläger im Kabinett Kreisky I, welches von Bundespräsident Jonas am 21. April 1970 angelobt wurde, als Außenminister fungierte. Am Vortag, spät abends, hatte Kreiskys Mitarbeiter Peter Jankowitsch, der Jahre später selbst einmal Außenminister werden sollte, nach vielen Telefonaten Kirchschläger in einem Brünner Hotel erreicht. Nachdem dieser sich mit seiner Frau beraten hatte, sagte er Kreisky kurz vor Mitternacht zu, dass er zur Verfügung stehe. Der Eintritt in eine Minderheitsregierung, von der einige ÖVP-Funktionäre glaubten, sie würde ohnehin alsbald »auf dem Schindanger der Geschichte« landen, war natürlich mit hohen Risiken verbunden. Während die Stimmen aus dem Ausland überwiegend positiv waren, musste der noch weitgehend unbekannte Kirchschläger im Inland viel Überzeugungsarbeit leisten. Speziell die ÖVP, die sich teilweise in recht wüsten Attacken übte, sah den neuen Außenminister mit skeptischen Augen, aber auch die sozialistische Parlamentsfraktion stand ihm zunächst reserviert gegenüber. Kirchschläger sollte es jedoch während seiner Amtszeit gelingen, so weit dies im politischen Wettbewerb zwischen zwei Großparteien und einer Kleinpartei überhaupt möglich ist, Außenpolitik zu einer »gemeinsamen Sache« zu machen. Seine Berichte erzielten im Nationalrat, dessen außenpolitischer Ausschuss nie zuvor so umfassend über Fragen der Außenpolitik informiert worden war, fast immer einstimmige Beschlüsse.

Vor dem Hintergrund seiner in Prag gesammelten Erfahrungen ließ er zu Beginn seiner Tätigkeit ein Rundschreiben an alle österreichischen Botschaften versenden, in dem es hieß: »Handeln Sie in erster Linie menschlich und ohne Formalismus. Entscheidend ist ausschließlich das menschliche Schicksal.« In den nächsten vier Jahren sollte die Vermittlung in humanitären Härtefällen stets eine Maxime der Außenpolitik sein. Kirchschläger konzentrierte seine politische Arbeit auf Europa. In ihm fand Kreiskys Idee des Abschlusses von Freihandelszonenverträgen mit der EG einen überzeugten Mitstreiter. Auch seine Auslandsreisen führten Kirchschläger, sieht man von der Teilnahme an den UN-Generalversammlungen sowie Reisen in den Nahen und Fernen Osten ab, beinahe ausschließlich in europäische Hauptstädte. Großes Engagement schenkte er einer aktiven Nachbarschaftspolitik, »der vorsichtigen, aber doch einen aktiven Weg gehenden Gestaltung der Beziehungen zu den damals noch nicht allgemein anerkannten Staaten ... sowie in einem besonderen Maße der Intensivierung des konsularischen Schutzes für die österreichischen Staatsbürger im Ausland« (Verosta 1982, 319). Aufgrund Kreiskys leidenschaftlichem Interesse für Außenpolitik wurde nicht selten in den Raum gestellt, dass Kirchschläger, Erich Bielka und Willibald Pahr, die Ressortverantwortlichen in den Jahren zwischen 1970 und 1983, in ihren Entscheidungen lediglich innerhalb der vom Bundeskanzler definierten politischen Parameter tätig gewesen wären. Kirchschläger hingegen legt Wert auf die Feststellung, dass Kreisky sich während seiner Amtszeit so gut wie überhaupt nicht eingemischt habe, die beiden hätten über die Ministerratssitzungen hinaus höchstens einmal im Monat Kontakt gehabt. Diese eigentlich überraschende Zurückhaltung änderte sich erst, als Kirchschläger bereits aus dem Außenministerium ausgeschieden war.

Bundespräsident

Im Februar 1974 verschlechterte sich der Gesundheitszustand von Bundespräsident Jonas rapide. Anfang März war schließlich klar, dass das Staatsoberhaupt nur noch kurze Zeit zu leben hat, wenige Wochen vielleicht, höchstens. Doch zu diesem Zeitpunkt hatte sich das Karussell der Nachfolgefrage bereits in Bewegung gesetzt. Der schwer kranke Jonas konnte seit 1973 in den Zeitungen lesen, wer im Falle seines

Todes als Nachfolger infrage kommen könnte. Seine unheilbare Krankheit zog Reaktionen nach sich, die nicht nur in der Retrospektive tragisch anmuten, doch es war notwendig, Vorbereitungen für den Ernstfall zu treffen.

Fischer (1998, 229) notierte dazu in seinen Erinnerungen: »Der Bundespräsident lebte noch und wir unterhielten uns schon über die Sitzordnung für die Trauersitzung. Eigentlich ist es grausam, aber andererseits taten wir nichts anderes als das ganze Land: uns – wie heißt es so schön – auf das Schlimmste gefasst zu machen und darauf vorzubereiten, was dann zu geschehen hatte. Das Innenministerium bereitete sich auf eine Bundespräsidentenwahl vor, die Zeitungen spekulierten über mögliche Kandidaten und die Parteien ließen Plakatflächen reservieren.«

Am 24. April war Franz Jonas tot. Noch an seinem letzten Arbeitstag in der Hofburg hatte der Bundespräsident, in dieser Stunde ganz SPÖ-Mann, Justizminister Broda ohne jedes Pathos gefragt: »Sag mir, Genosse Broda, wie weit seid ihr im Parteivorstand mit den Überlegungen für meinen Nachfolger?« Natürlich kursierten innerhalb der SPÖ seit längerer Zeit Namen von Persönlichkeiten, die für das hohe Amt infrage kommen könnten, doch aus Gründen der Pietät gegenüber dem amtierenden Staatsoberhaupt gelangten die einschlägigen Überlegungen nicht sofort an die Öffentlichkeit. Außerdem ist festzuhalten, dass zu dieser Zeit Kreisky die alles dominierende Persönlichkeit war und die Entscheidung über den sozialistischen Kandidaten von ihm eigentlich im Alleingang getroffen wurde. Weniger Zurückhaltung legte sich die ÖVP auf. Am 20. März war Landeshauptmann Andreas Maurer zu Waldheim nach New York geflogen, um diesen zu einer neuerlichen Kandidatur zu überreden, doch Waldheim lehnte ab. Anfang April schließlich hatte Landeshauptmann Eduard Wallnöfer beim Innsbrucker Bürgermeister Alois Lugger vorgefühlt, ob dieser vielleicht als Kandidat zur Verfügung stünde. Im Prinzip deutete aber seit Ende Februar alles darauf hin, dass die Volkspartei ihren ehemaligen Generalsekretär, Klub- und Parteiobmann ins Rennen um das höchste Amt im Staate schicken würde: Hermann Withalm, den »eisernen Hermann«. Der frenetische Applaus, der dem 62-Jährigen am 28. Februar auf dem Linzer Parteitag entgegengebrandet war, wurde allgemein als untrügliches Zeichen in diese Richtung gewertet. Man ließ Withalm Detailgespräche führen, Wahlkampffotos anfertigen und ärztliche Atteste erbringen, um im letzten Moment, nach einer erweiterten Sitzung des

Bundesparteivorstandes vom 29. April, bekannt zu geben, dass die ÖVP doch einen anderen ins Rennen schicken würde: Alois Lugger.
Mit Bruckmüller (1995, 619) lässt sich feststellen, dass die ÖVP mit dieser Vorgangsweise, welche der tief verletzte Withalm in seinem Buch »Antworten« (1974, 146 ff) penibel rekonstruierte, »eine neuerliche Probe ihrer zuweilen verblüffenden Fähigkeit [lieferte], nicht nur politisch verwirrend [und verworren] zu agieren, sondern dabei auch persönliche Kränkungen nach Möglichkeit nicht zu scheuen«.
Auch in der SPÖ führte die Frage der Präsidentschaftskandidatur zu Spannungen, die sich in einem ersten Misstrauensschub Kreiskys gegenüber seinen »Kronprinzen« Hannes Androsch und Leopold Gratz entluden (Dickinger, i. V.). Androsch, Gratz, die Bundesminister Firnberg und Broda sowie ÖGB-Präsident Benya, der selbst als Kandidat im Gespräch war, jedoch mit der Bemerkung, er wisse recht genau, »welche Schuhe ihm passen würden«, ablehnte, vertraten die Auffassung, Kreisky selbst sollte kandidieren. Nachdem bereits in jener Nacht, in welcher Jonas starb, Benya zu Kreisky gesagt hatte, »Bruno, jetzt musst du antreten, da gibt's gar keine Frage«, wurde später Gratz auserkoren, Kreisky aufzusuchen, um ihm den Vorschlag zur Kandidatur zu unterbreiten. In seinen Erinnerungen schrieb dieser sarkastisch von einem »wohlmeinenden Vorschlag ..., den ich allerdings nicht als solchen empfand« (Kreisky 1988, 367). Kreisky hegte den Verdacht, dass ihn einige Parteifreunde in die Hofburg »wegloben« wollten. »Seids narrisch«, ereiferte er sich damals, »ich will ja meine Ideen durchbringen und nicht Galionsfigur sein« (zit. nach Horvath 1989, 106). Obwohl Teile der Partei sich für die Kandidatur des burgenländischen Landeshauptmannes Theodor Kery stark gemacht hatten, ließ Kreisky bald unmissverständlich erkennen, dass er den parteilosen Außenminister Rudolf Kirchschläger für den mit Abstand geeignetsten Kandidaten halte. Der Kanzler dozierte in diesen Tagen im Zuge eines Gesprächs mit Journalisten, dass der Bundespräsident geradezu eine Schlüsselfigur der Bundesverfassung sei. Als ihn ein Redakteur daraufhin fragte, warum er dann, anstatt selber anzutreten, Kirchschläger vorschlage, antwortete Kreisky: »Weil er der in jeder Beziehung bessere Kandidat ist.«
Die näheren Umstände, die zu Kirchschlägers Nominierung führten, geben einen vortrefflichen Einblick in die unkonventionelle, freilich wenig transparente und für alle unmittelbar Beteiligten auch wenig angenehme Personalpolitik Kreiskys. Kirchschläger war zu Ostern 1974

zu einer Ostasienreise aufgebrochen, von welcher er am 16. April zurückerwartet wurde. Zwei Tage später sollte ihn eine neuerliche Reise zu den Vereinten Nationen nach New York führen. Vor seiner Abreise nach China hatte sich Kirchschläger noch bei Kreisky eingefunden, der »ganz unverbindlich« anfragte, ob Kirchschläger sich theoretisch vorstellen könne, Kandidat der SPÖ zu werden. »Ich habe mich schon mit meiner Frau angesichts der vielen Mutmaßungen in den Zeitungen darüber besprochen«, lautete die Antwort. Und weiter: »Ich würde mich nicht zur Kandidatur drängen. Aber wenn sie mir angeboten wird, nehme ich sie an.« Bis zum 29. April, dem Tag des Jonas-Begräbnisses, gab es in dieser Frage keinen weiteren Kontakt zwischen Kirchschläger und Kreisky, der allerdings zwei Tage zuvor im Rahmen einer Pressekonferenz ziemlich deutlich anklingen ließ, dass er seinen Außenminister vorschlagen werde. Kirchschläger wurde von Kreisky eingeladen, er möge sich für den 30. April in seinem Büro »zur Verfügung halten«, da an diesem Tag die Gremien der SPÖ über die Kandidatenfrage beraten würden und er die Entscheidung seiner Freunde nicht vorwegnehmen könne, »was man als beträchtliches Maß an Koketterie bezeichnen muss« (Fischer 1998, 233). Am 1. Mai 1974 erfolgte für Kirchschläger der Wahlkampfauftakt auf dem Wiener Rathausplatz.

Das Duell zwischen Kirchschläger und Lugger verlief auf persönlicher Ebene während des gesamten Wahlkampfes äußerst fair. Nachdem die beiden Männer einander zum ersten Mal begegnet waren, sagte der Tiroler: »Herr Minister, bleiben S' g'sund!« Kirchschläger war gerührt: »Das habe ich so anständig gefunden, weil jeder andere Wunsch wäre sicherlich geheuchelt gewesen. Das ist etwas, das ich nie vergessen werde.« Die ersten Irritationen ließen allerdings nicht lange auf sich warten. Kirchschläger wurde vom politischen Gegner genüsslich mit seiner ehemaligen ÖVP-Mitgliedschaft (November 1945 bis April 1947) konfrontiert, die er Kreisky gegenüber nie erwähnt hatte. Es war auch bekannt geworden, dass Kirchschläger in seiner Jugend Mitglied der »Vaterländischen Front« war. Manche sozialistische Funktionäre konnten zwar ihr Unbehagen nicht verbergen, doch die überwiegende Mehrheit der SPÖ solidarisierte sich demonstrativ mit ihrem Kandidaten. Kirchschläger reagierte gelassen: »Na, wenigstens über Frauengeschichten muss ich nicht nachdenken!« Im Laufe des Wahlkampfes wurde noch mehr Schmutzwäsche gewaschen, von beiden Seiten übrigens, doch dies zu schildern besteht hier keine Notwendigkeit. Bereits während des Wahlkampfes, der Kirchschläger, welcher bis zu diesem Zeitpunkt noch nie eine Versammlung abgehalten hatte, durch ganz Österreich führte, skizzierte er seine Vorstellungen über das Amt des Bundespräsidenten. Er beabsichtige sich an das Beispiel seiner Vorgänger zu halten, erklärte der Kandidat, an deren hervorstechendsten Eigenschaften er sich orientieren wolle: an die staatsmännische Kunst Renners, die Volksverbundenheit Körners, die Entschlossenheit Schärfs und das beeindruckende Pflichtbewusstsein Jonas'.

Am 23. Juni 1974 wurde Kirchschläger mit 51,7 Prozent der Stimmen zum fünften Bundespräsidenten der Zweiten Republik gewählt. Auf seinen Gegner waren 48,3 Prozent der Stimmen entfallen. »Es war wie immer: die Präsidentschaftswahl war sozusagen die Heerschau der Linken und der Liberalen auf der einen, der Konservativen auf der anderen Seite« (Kreisky). Später erklärte Kirchschläger einmal, dass seine Gefühle an jenem Tag nicht von Euphorie gekennzeichnet gewesen seien, sondern vielmehr von Dankbarkeit, vor allem gegenüber Kreisky, »der sicherlich mit schweren Konsequenzen zu rechnen gehabt hätte, wenn Lugger ... gewählt worden wäre. Die Partei hätte ihm dann sicher meine Parteilosigkeit zum Vorwurf gemacht« (zit. nach Schenz 1984, 103).

Es kann durchaus gesagt werden, dass Kirchschläger eine politische »Erfindung« Kreiskys war, dessen Entscheidung für den parteilosen, katholischen Berufsdiplomaten von Alfred Ableitinger (1992, 185) mit Recht als »Höhepunkt unorthodoxer Personalpolitik« bezeichnet wurde. An dieser Stelle soll versucht werden, das Verhältnis dieser beiden Staatsmänner zu durchleuchten. Als gesichert gilt, dass zwischen Kirchschläger und Kreisky in den neun Jahren, in welchen sie als Staatsoberhaupt und Regierungschef mit- bzw. nebeneinander wirkten, niemals ein missbilligendes Wort gefallen war. Kreisky freilich, der stets eifersüchtig darüber wachte, dass sich neben ihm kein anderer »Großer« emporstrecken konnte, ließ in »vertrauter Journalistenrunde« gerne durchblicken, wer da wen »gemacht« hatte. Ein Journalist schrieb einmal: »Zwei ›Presse‹-Leuten spielte der ›Alte‹ einen ganzen Abend vor, wie er Kirchschläger drüben in der Hofburg warten ließ, während er ungeniert sein Seemannsgarn mit den Journalisten spann. Angewandte Zeitgeschichte.« Obwohl die beiden einander schätzten und respektierten, beobachtete »der Alte« Kirchschlägers Beliebtheit und Eigenständigkeit nicht ohne Misstrauen. Dessen ehemaliger Pressesprecher Kurt Skalnik bestätigte dies: »Kreisky liebte nur Planeten und keine Fixsterne. Kirchschläger war damals schon ein Fixstern, was das Verhältnis Kreisky – Kirchschläger getrübt hat.« In das später von Waldheim und Klestil angestrebte Rollenbild eines »aktiven Bundespräsidenten« hätte Kirchschläger, der gewiss nie auch nur einen Gedanken an dieses im Übrigen aufgrund der realpolitischen Machtverhältnisse gar nicht zu verwirklichende Ziel verschwendet hatte, in der Ära Kreisky nicht hineinwachsen können.

Der Bundespräsident stand in den Jahren 1974 bis 1983 einem Kanzler gegenüber, dessen Partei im Nationalrat über eine absolute Mehrheit verfügte und ihn noch dazu nominiert hatte. Nationalratswahlen, die von der SPÖ mit Parolen wie »Kreisky – wer sonst?« geführt wurden, gerieten zu Kanzlerplebisziten. 1971, 1975 und 1979 erreichte die SPÖ absolute Mehrheiten[21], die noch dazu von einem jeweiligen Stimmenzuwachs begleitet waren. Im Zuge der Regierungsbildungen und auch Regierungsumbildungen verhielt der Bundespräsident sich passiv und exekutierte den Willen der Mehrheitspartei. Kreiskys personalplebiszitäre Legitimation und die ganze Strahlkraft seiner Persönlichkeit lassen es gerechtfertigt erscheinen, von einer »Kanzlerdemokratie« zu sprechen. Mit Welan (1995, 295) ist festzuhalten, dass Kreisky mit seinem sehr persönlichen Stil das Bedürfnis nach Personalisierung der Politik befriedigte. Persönlichkeit und Publicity des ehemaligen Kanzlers machten die Politik spannend und unterhaltend. »Aus dem ›Sonnenkönig‹ und ›Journalistenkanzler‹ ... wurde schließlich ›der Alte‹. Er konnte als Vaterfigur besonderer Art sowohl die Rolle des Regierungschefs und manchmal auch die des Staatsoberhauptes als auch die eines Führers der Basis spielen.« Auf der Bühne der österreichischen Verfassungswirklichkeit schlüpfte Kreisky in die Dynamik und Initiative abverlangende Rolle des »Aktivkönigs«, während Kirchschläger als »Passivkönig«, der »nicht regiert, sondern repräsentiert, integriert und legitimiert«, glänzte. Die Typisierung der Autoritätsarten eines Bertrand de Jouvenel, der zwischen »dux«, dem Träger der aktiven und gestaltenden Autorität, und »rex«, dem Träger der bewahrenden und passiven Autorität, unterschied, findet sich im Rollenspiel von Kreisky und Kirchschläger beinahe idealtypisch wieder.

1983 – die SPÖ hatte die absolute Mehrheit verloren – nahm Kreisky seinen Abschied von der Macht. Vielen Weggefährten hatte er sich längst entfremdet, einige Jahre später sollte er jene Partei, die er in die lichtesten Höhen ihrer Geschichte geführt hatte, expressis verbis als »tot« bezeichnen. Er wolle »mit diesen Leuten« nichts mehr zu tun haben. Kirchschläger scheint er in dieser Zeit noch näher gekommen zu sein. Nach seiner Nierentransplantation fand Kreisky bereits einen Brief Kirchschlägers vor, der den »Alten« unendlich freute: »Er war voll Wärme und Herzlichkeit. Ich kann heute sagen, dass der Bundespräsident für mich zu den ganz wenigen Freunden gehört, die ich in dem letzten Abschnitt meines Lebens gefunden habe. Und das ist ein glückhaftes Gefühl« (zit. nach Schenz 1984, 66). 1983 hatte Kreisky noch eine kleine Koalition zwischen SPÖ und FPÖ eingefädelt. Kirchschläger ließ zwar durchblicken, dass er einer Koalition zwischen SPÖ und ÖVP den Vorzug einräumen würde, doch er wurde nicht konkret und unterbreitete auch keinen expliziten Vorschlag in diese Richtung. Am 24. Mai 1983 ernannte er die Regierung Sinowatz – Steger.

Die Angelobung des neuen Bundespräsidenten erfolgte am 8. Juli 1974. Kirchschläger war im Übrigen das erste Staatsoberhaupt, das der Gelöbnisformel den Zusatz »So wahr mir Gott helfe« anfügte, Waldheim und Klestil folgten diesem Beispiel. Vor der Verfassungsnovelle von 1929, im Zuge derer dem Artikel 62 ein zweiter Absatz hinzugefügt worden war (»Die Beifügung einer religiösen Beteuerung ist zulässig«), wäre dies nicht möglich gewesen. In seiner Ansprache vor der Bundesversammlung legte Kirchschläger sein Amtsverständnis dar. Die Legitimation und die Glaubwürdigkeit in der Demokratie standen dabei im Brennpunkt seiner Ausführungen, die an dieser Stelle deshalb etwas ausführlicher zitiert werden, weil sie für die gesamte Präsidentschaft Kirchschlägers eine Art Richtschnur darstellen: »In dem Augenblick, in dem ich das Amt des Bundespräsidenten der Verfassung gemäß antrete«, begann er, »steht die Tatsache klar vor mir, dass ich Bundespräsident nicht kraft eigenen Rechtes und nicht kraft eigener Macht bin und auch nie sein werde. Es ist das österreichische Volk, das in einer unmittelbaren und geheimen Wahl mir Pflicht, Recht und Verantwortung des Bundespräsidenten für sechs Jahre übertragen hat. Von diesem unseren Volk geht das Recht unserer demokratischen Republik aus und ihm sind wir beide, Sie als Bundesversammlung beziehungsweise als Nationalrat und Bundesrat und ich als Bundespräsident verantwortlich. Diese gemeinsame Wurzel unserer Existenz verlangt gebieterisch ein konstruktives Miteinander zwischen der Gesetzgebung und dem Bundespräsidenten, das ich stets aufs Neue suchen werde; ein Miteinander zur Erfüllung der Staatsziele, ein Miteinander auch zur Verlebendigung der in unserer Verfassung enthaltenen Grundsätze ...« Die Respektierung der Bundesverfassung bzw. der im B-VG manifest werdenden Prinzipien mit allen gesetzlich zur Verfügung stehenden Möglichkeiten sicherzustellen war für Kirchschläger ein wichtiger Auftrag. »Meine Sorge wird vor allem jenen Grundsätzen gelten, auf denen unser Staatswesen aufgebaut ist, also der in ihrem Inhalt schon angedeuteten Demokratie als Staats-, Denk- und Lebensform der Rechtsstaatlichkeit als wirksamer Schutz gegen behördliche und politische Willkür, dem Föderalismus als einer inneren staatlichen Ordnung, die nicht nur viel dazu beigetragen hat, dass Österreich 1945 und in den Folgejahren ungeteilt bleiben konnte, sondern auch dem individuellen Gestaltungs- und Freiheitsdrang unserer Bürger angemessen Rechnung trägt, und schließlich auch der Wahrung der immerwährenden Neutralität, die für unsere Republik zu einer international anerkannten Voraussetzung der Unabhängigkeit Österreichs geworden ist.« In dieser programmatischen Rede machte sich der neue Bundespräsident auch nachdrücklich für Minderheiten stark: »Die große Gefahr einer Abwertung der Demokratie kommt vielmehr dann, wenn die politischen Kräfte in einer Demokratie aufhören, mit allen Mitteln dafür zu arbeiten, dass jene Grundsätze verwirklicht werden, die der Demokratie innewohnen: Ich meine damit die Gleichheit der Menschen, die Freiheit des Einzelnen, das Wirken und Arbeiten für ein zusätzliches Maß an Gerechtigkeit in allen Bereichen des Lebens; ich meine damit auch die Toleranz und den Respekt vor den Rechten, aber auch vor den Überzeugungen des anderen, gleichgültig, ob sie politischer, religiöser oder weltanschaulicher Natur sind, und ich meine damit auch den Respekt vor den Minderheiten und den Angehörigen von Minderheiten und vor jenen Menschen, die aus irgendeinem Grund anders sind, als wir zu sein pflegen.«

Kirchschläger beendete seine Rede mit von Adolf Schärf geborgten Worten, welche durch seine auf Ausgleich und Konsens ausgerichtete Politik Leben erhalten sollten: »In der Liebe zu Österreich sollen und werden wir uns immer finden!«

An der Wiege der Ersten Republik konnten Präsident Karl Seitz (1919/20) und Bundespräsident Michael Hainisch (1920–1928) in Amtsführung und Amtsauffassung an keine republikanischen Traditionen anknüpfen, neue Traditionen mussten erst geschaffen und im kollektiven Bewusstsein der Staatsbürger verankert werden. Die nachfolgenden Amtsträger konnten auf den Leistungen ihrer Vorgänger aufbauen und aus deren Fehlern lernen. Das jeweilige Rollenbild eines

Staatsoberhauptes, die ethische und rechtliche Auffassung seiner Funktion, ist immer auch ein Baustein für die Erwartungshaltung und das Anforderungsprofil der Bevölkerung *an* bzw. die von einem politikkulturellen Ist-Zustand postulierten Kriterien *für* das höchste Amt im Staate. Über die Sympathie, welche einem Staatsoberhaupt entgegengebracht wird, entscheidet hingegen dessen persönlicher Stil, entscheiden kleine oder größere Gesten. »Die Türen der Hofburg sind zwar hoch, aber sie dürfen nicht so hoch sein, dass sich der kleine Mann nicht hineinzugehen traut«, lautete ein Wahlspruch Kirchschlägers, der damit plakativ auf den Punkt brachte, dass er mit den breiten Flügeltüren der Hofburg den Menschen auch die Bundespräsidentschaft »öffnen« wollte. Ein anderes Mal bekannte er: »Ich will den Menschen helfen, ihr Misstrauen gegenüber allen Ämtern zu verlieren, was keine leichte Aufgabe darstellt, denn der Amtsschimmel wiehert in Österreich noch ganz gewaltig.«
In früheren Jahrzehnten saß das Staatsoberhaupt bei offiziellen Anlässen alleine in der ersten Reihe und auf Dienstfahrten folgte der Limousine des Bundespräsidenten für alle Fälle ein Reservewagen. Kirchschläger schuf diese und auch andere Privilegien ab. Ebenso wie Kreisky legte er darauf Wert, dass seine Telefonnummer im Telefonbuch zu finden war. Er pflegte alle an ihn adressierten Briefe persönlich zu beantworten und er schrieb auch die meisten seiner Reden selbst. Wenn man in Rechnung stellt, dass Kirchschläger Tag für Tag ungefähr 150 Schreiben erreichten (an manchen Tagen waren es sogar 500), ungezählte Reden hielt und sich geduldig die Anliegen seiner Besucher anhörte, lässt sich ermessen, welcher Zeitaufwand alleine durch diese Tätigkeit entstanden sein mag. Für die Mitarbeiter der Präsidentschaftskanzlei hatte sich mit der Amtsübernahme Kirchschlägers der Arbeitsaufwand jedenfalls beinahe verdoppelt. Sein Pressesprecher Skalnik berichtete über den Arbeitsstil des »Chefs«, der seinen engsten Mitarbeitern rasch das Du-Wort angeboten hatte: »Der Chef Kirchschläger ist ein Mann, der sich selbst zu viele Arbeiten auferlegt. Dadurch wird er manchmal ein wenig ungeduldig und entlädt sich. Wer dann am nächsten steht, wird zum Blitzableiter. Bei uns heißt es bisweilen: Heute hat's einen ›Kirchschlag‹ gegeben. Aber, und das ist gerade charakteristisch für den Bundespräsidenten, er merkt sehr rasch, wenn er ein bisschen zu weit gegangen ist oder vielleicht sogar ein bisschen Unrecht getan hat. Da ist er am nächsten Tag von einer besonderen Liebenswürdigkeit. Ich würde mir nur wünschen, dass er

zwischen seinen wirklich vielen Terminen auch ein bisschen mehr Zeit für die Mitarbeiter hätte. Denn manchmal müssen wir uns mit dienstlichen Angelegenheiten bei ihm hineinschwindeln und alles im Eilzugstempo besprechen. Ich habe ihm deswegen auch schon einmal gesagt: Mit Verlaub, Herr Bundespräsident, aber ich komme ja nicht mit meinen, sondern mit deinen Sachen zu dir! Da hat er ein sarkastisches Lächeln aufgesetzt und genickt, denn Katzbuckeln ist sicherlich die falsche Art, bei Kirchschläger Achtung zu erzielen« (zit. nach Schenz 1984, 112).

Bereits seit dem Frühjahr 1979 wurde in den Parteien über die für 1980 anstehende Bundespräsidentenwahl nachgedacht. Für die SPÖ war klar, dass sie erneut die Kandidatur Kirchschlägers unterstützen werde. Der amtierende Bundespräsident hatte sich in den vergangenen Jahren sowohl in der Bevölkerung als auch bei den politischen Eliten beträchtliches Ansehen erarbeitet, weshalb in der ÖVP ein Diskussionsprozess darüber einsetzte, ob es sinnvoll wäre, diesmal auf einen eigenen Kandidaten zu verzichten. Die Initiative dazu ging von Landeshauptmann Haslauer aus, dessen Vorschlag am 7. Juli 1979 anlässlich eines Geheimtreffens führender ÖVP-Politiker eine Mehrheit erreichte. Zuvor allerdings hatte der Salzburger Waldheim in New York besucht, um bei diesem wegen einer eventuellen Kandidatur vorzufühlen. Waldheim (1996, 20) hatte allerdings erklärt, es wäre nicht zu verantworten, das Amt des UN-Generalsekretärs bereits nach »kaum mehr als einem Drittel dieser Zeit zugunsten einer anderen Funktion aufzugeben«.

Anfang Juni war Josef Taus, der bei den Nationalratswahlen vom 6. Mai seinem großen Widersacher Bruno Kreisky – wie bereits 1975 – nichts entgegenzusetzen hatte, als Parteivorsitzender der ÖVP zurückgetreten. Zu seinem Nachfolger wurde der 45-jährige Klubobmann Alois Mock gewählt, der die Entscheidung der ÖVP nach dem erwähnten Treffen der Öffentlichkeit bekannt gab. Bei einer Bundespräsidentenwahl auf einen eigenen Kandidaten zu verzichten ist für eine große Partei kein einfacher Schritt. Die ÖVP hatte seit 1945 bei jeder Wahl einen Kandidaten nominiert und für viele Mitglieder und Funktionäre stand in dieser Frage ähnlich wie für die SPÖ 1998 die Identität der Partei auf dem Spiel. Dementsprechend emotional gestalteten sich auch die Diskussionen. Die grundsätzlichen Argumente, die Haslauer gegenüber seinen Parteifreunden in die Waagschale geworfen hatte, wiederholte er während seiner Eröffnungsrede zu den Salzbur-

ger Festspielen am 25. Juli ganz offiziell, was bei der FPÖ geharnischte Kritik hervorrief.
Für die Freiheitlichen, die am 10. September die Kandidatur des vormaligen Abgeordneten und Botschafters Wilfried Gredler bekannt gaben, eröffnete der Verzicht der Volkspartei auf einen eigenen Kandidaten[22] die Chance, das Ergebnis der Nationalratswahl weit zu übertreffen. Gredler hatte seine politische Karriere bei der ÖVP begonnen und zählte später zu den Gründern der FPÖ, in der er dem liberalen Flügel zugerechnet wurde. Während des NS-Regimes hatte er Kontakte zur Widerstandsbewegung unterhalten.
Und noch ein dritter Kandidat stellte sich der Bundespräsidentenwahl, Norbert Burger, der von einem »Komitee zur Wahl eines nationalen Deutsch-Österreichers« nominiert wurde. Der 1929 geborene Rechtsextremist Burger war 1963 aus der FPÖ ausgetreten und stand später viele Jahre lang an der Spitze der NDP (»Nationaldemokratische Partei«), welche er 1967 mitbegründet hatte. Diese Partei war »bis in die erste Hälfte der 80er Jahre die führende Kraft des österreichischen Neonazismus« (Dokumentationsarchiv 1993, 163).
Am 18. Mai 1980 wurde Kirchschläger im ersten Wahlgang mit 79,9 Prozent der gültig abgegebenen Stimmen für eine zweite Amtsperiode gewählt. Nie zuvor hatte ein Kandidat ähnlich gut abgeschnitten. 16,9 Prozent der Stimmen entfielen auf Gredler und immerhin 3,1 Prozent auf Burger. Im Zuge seiner Ansprache vor der Bundesversammlung am 8. Juli gab Kirchschläger seiner Überzeugung Ausdruck, dass der Staat von den Bürgern nicht nach Theorien und nicht nach Buchstaben gemessen wird, sondern vielmehr nach den Menschen, welche den Staat vertreten. Er nahm alle politischen Amtsinhaber in die Pflicht, als er meinte: »Dies ist wohl der Grund, warum wir alle ... täglich durch unser Handeln, durch unser Reden, ja noch mehr, durch unser ganzes Leben, jenes Bild formen, welches sich der Staatsbürger vom Staat und von der Demokratie macht. Denn nicht die Worte sind es, die zur Heimatliebe, zum Bekenntnis zu unserer Republik Österreich, zum Glauben an die Demokratie als beste aller Gesellschaftsformen hinführen, sondern einzig und allein das geschaute Beispiel.« Man dürfe sich in der Demokratie nicht in satter Ruhe zufrieden geben, es gelte Tag für Tag wachsam zu bleiben und zu wissen, dass unsere Gesellschaftsform kein zeitloser Besitz sei, sondern mit der Blickrichtung auf den Menschen, auf den Mitmenschen, stets neu erworben und gerechtfertigt werden müsse. Kirchschläger, der sich insbesondere für

den Erhalt der Sozialpartnerschaft stark zu machen wusste, plädierte dafür, dem Grundsatz treu zu bleiben, »dass eine Einigung durch das Gespräch und nicht durch Macht erfolgen kann, also durch ein Suchen nach Verwirklichung von sozialer Gerechtigkeit, verbunden mit einem angemessenen wirtschaftlich vertretbaren Interessenausgleich«. Ferner hielt er fest, dass er um das Bestehen einer Überraschung wisse, »dass ein Bundespräsident sich auch mit Fällen befasst, die längst als Querulanten abgetan sind. Ich werde aber doch diese Praxis fortsetzen, glaube ich doch, dass Querulanten kaum als solche geboren werden, sondern in der Regel erst durch ein vermeintliches oder durch ein tatsächliches Unrecht in diese Kategorisierung gedrängt wurden.«
Kirchschläger agierte für gewöhnlich im Stillen, wenn er sich allerdings zu Wort meldete, hatte seine Stimme größeres Gewicht als jene anderer Politiker. Er ließ sich nicht instrumentalisieren und instrumentalisierte nicht, er war gewiss kein »Medien- oder Journalistenpräsident«, sein unspektakulärer Amtsstil war nicht dazu angetan, die »Personalisierung« der Politik voranzutreiben. Schlichtheit und Besonnenheit verliehen ihm Respekt, Anstand und Redlichkeit Würde. »Mimik, Gestik und Rhetorik waren stets gleich. Selbstgefälligkeit und Eitelkeit fehlten und er bekam ein Gesicht, das immer sein wahres Gesicht zeigt und niemals Maske wird. So wurde es das Gesicht der Autorität der Republik, ganz unspektakulär und unprätentiös« (Welan 1995, 297). Andererseits wurde Kirchschläger nicht nur von journalistischer Seite vorgeworfen, er würde die Dinge nicht klar genug angehen und aussprechen, seine Reden wären zu unverbindlich und zu unkonkret. Diese zumeist eher verhalten artikulierte Kritik verdichtete sich in den populären Zuschreibungen »Staatsprediger«, »Staatspater« oder »Pater Rudi«. Von Ausnahmesituationen einmal abgesehen, ist es für den Bundespräsidenten schwierig bis unmöglich, »konkrete Akte«, wie dies gelegentlich eingefordert worden war, zu setzen. Kirchschläger hatte es hinsichtlich der Wahrnehmung seiner Rolle als »Wächter« und »Mahner« aber auch vermieden, konkret Namen zu nennen und – Anlässe hätte es genügend gegeben – Konsequenzen zu urgieren. Als 1980, nicht lange nach Kirchschlägers Wiederwahl, die ganze Tragweite des AKH-Skandals (überhöhte Honorare, Bestechungsgelder etc.), der das Ansehen der Politik bzw. der Politiker langfristig sehr geschädigt hatte, immer stärker in das Bewusstsein der Staatsbürger einrückte, fand der Bundespräsident deutliche Worte. Am 29. August, nur wenige Tage bevor Bundeskanzler Kreisky mit einem relativ spontan er-

stellten »10-Punkte-Programm« zur Sauberkeit im öffentlichen Leben und zur Trennung von Politik und Geschäft in die Öffentlichkeit ging, hielt Kirchschläger seine mittlerweile legendäre Rede anlässlich der Eröffnung der »Welser Messe«, welche, so begann er, »heuer in einer guten Situation (ist). Denn sie wird nicht unmittelbar von jenen bösen Schatten beeinflusst, die gegenwärtig jene so genannten Wirtschaftspraktiken werfen, die am Beispiel einzelner Auftragserteilungen für das Allgemeine Krankenhaus in unserer Bundeshauptstadt zutage getreten sind und für die das harte Wort Korruption nicht vorschnell gewählt ist ... Im Zusammenhang mit dieser bösen Erfahrung wird da und dort der Ruf nach einem starken Mann vernehmbar. Viele von uns haben es an sich selbst erfahren, wohin das Regiment eines starken Mannes führt ... Der Rechtsstaat ist stark genug, auch mit diesen verabscheuungswürdigen Praktiken fertig zu werden. Was wir aber brauchen, sind charakterlich starke Demokraten mit einem hohen Berufsethos, und zwar in jedem Bereich, im wirtschaftlichen ebenso wie im politischen ... Wir müssen die Sümpfe trockenlegen und, wir sind auf einer Landwirtschaftsmesse, nehmen wir gleich die sauren Wiesen dazu.«

Dass diese eigentlich wenig spektakulären und von keinerlei Folgen begleiteten Sätze, von welchen die Medien, wären sie in den 90er Jahren von Klestil formuliert worden, kaum Notiz genommen hätten, damals ein derartiges Aufsehen erregten, ist auf die politische Kultur jener Jahre sowie auf das äußerst restriktive Rollenverständnis Kirchschlägers zurückzuführen.

Er wies oftmals darauf hin, dass von den vielen Aufgaben des Bundespräsidenten, die Vertretung der Republik nach außen eine der wichtigsten sei. In seinem bereits zitierten Buch »Der Friede beginnt im eigenen Haus« finden sich neben Ausführungen zur Familie, den Gemeinden und Bundesländern auch grundsätzliche Überlegungen zur Sicherheits- und Außenpolitik bzw. zu Sinn, Aufgabe und Inhalt der immerwährenden Neutralität. In weiteren Kapiteln folgen klare Bekenntnisse zu Europa und den Vereinten Nationen. Offizielle Staatsbesuche freilich, insbesondere solche, die über die Grenzen Europas hinausführten, schätzte er nicht besonders.[23] Herma Kirchschläger erinnerte sich: »Mein Mann fuhr in zwölf Jahren 22mal zu Staatsbesuchen ins Ausland, ich begleitete ihn bei 19. Nahezu die gleiche Zahl von ausländischen Staatsoberhäuptern und deren Ehefrauen empfingen wir auch in Österreich. Dazu kamen noch einige informelle Kontakte mit den an Österreich grenzenden Ländern Ungarn, Italien und Deutschland ...« (zit. nach Ziegler 1999, 78). Von den wenigen Auslandsreisen blieben vor allem die Aufenthalte in Jordanien und in den USA in Erinnerung, aber auch jene im Iran und in der Sowjetunion. Mit seiner Jordanien-Reise 1978 erwiderte Kirchschläger einen Staatsbesuch König Husseins aus dem Jahre 1976, der eine Reihe von privaten Kontakten zwischen diesen beiden ungleichen Staatsoberhäuptern begründete. 1981 schaffte sich der jordanische Monarch, der bis zu seinem Tode eine Schlüsselrolle im Nahost-Friedensprozess gespielt hatte, auf dem Kahlenberg bei Wien eine prachtvolle Villa an, in der Kirchschläger und seine Gattin mehrmals zu Gast waren. 1984 hielt sich der Bundespräsident neun Tage in den Vereinigten Staaten auf (26. Februar bis 6. März), wo die österreichische Delegation mit Präsident Ronald Reagan, Vizepräsident George Bush und Außenminister George Shultz zusammentraf.

Wesentlich größeren Wert als auf ausgedehnte Auslandsreisen legte Kirchschläger auf regelmäßige Reisen in die Bundesländer. Er unterhielt ausgezeichnete Kontakte zu Landes- und Bundespolitikern aller Parteien (Mock 1990, 167 ff) sowie zu Repräsentanten der Interessenvertretungen. Seine beispielhafte Unabhängigkeit und gelebte Äquidistanz zu den politischen Parteien (»Mich verbindet mit keiner Partei ein besonderes Band, mich verbindet aber mit allen Parteien das Bekenntnis zu Österreich!«) trug in den Jahren seiner zweiten Amtszeit wesentlich dazu bei, dass Kirchschläger in eine Aura der Unangreifbarkeit eintrat. Von dieser geradezu erhöhten Position aus gab er am Höhepunkt des Bundespräsidentschaftswahlkampfes 1986 als noch amtierendes Staatsoberhaupt eine viel beachtete »Erklärung an die österreichische Nation« ab. Am 22. April 1986 ließ er wissen, dass er es – wäre er Staatsanwalt – nicht verantworten könnte, aufgrund der zur Verfügung stehenden Informationen vor einem ordentlichen Gericht Anklage gegen Kurt Waldheim zu erheben. In seiner Funktion als Ordonnanzoffizier müsste er jedoch in seinem militärischen Zuständigkeitsbereich im Bilde gewesen sein. Ferner hielt Kirchschläger fest: »Mit Schuldzuweisungen müssen alle Völker vorsichtig sein. Gerade der Aufbruch vieler, offensichtlich nur notdürftig vernarbter Wunden in der letzten Zeit lässt mich vermuten, dass wohl keine der europäischen Nationen – und wohl Amerika mit eingeschlossen – die Vergangenheit ganz bewältigt hat« (zit. nach Gehler 1995, 625). Es wurde viel gerätselt, was Kirchschläger zu dieser doch sehr problematischen Erklärung, die allerdings nur auf leise Kritik stieß, veranlasst haben mag. Womöglich war er von der Absicht getragen – gleich einem sorgfältig prüfenden und abwägenden Richter – zur Befriedung der Situation beizutragen, zur Deeskalation des Wahlkampfes. Vielleicht spielte auch der Umstand eine Rolle, dass Kirchschläger selbst Soldat war und die militärischen Zwänge jener Zeit am eigenen Leib erlebt hatte.

Als sich seine zweite Amtszeit dem Ende zuneigte, dachten manche Politiker über eine Verfassungsänderung nach, um Kirchschläger eine dritte Periode zu ermöglichen, doch dieser lehnte kategorisch ab. Der Abschied von seinem hohen Amt fiel Kirchschläger nicht besonders schwer. Am 7. Juli 1986 veranstaltete die Bundesregierung noch ein Abschiedsessen für das scheidende Staatsoberhaupt und am nächsten Tag wurde Kirchschläger in einer feierlichen Sitzung der Bundesversammlung verabschiedet. Im Anschluss übergab er an seinen Nachfolger Waldheim die Amtsgeschäfte in der Hofburg. Der Altbundespräsident bewohnte seit diesem Zeitpunkt mit seiner Gattin ein Reihenhaus in Wien-Dornbach, das er während seiner zweiten Amtsperiode angekauft hatte. Interviews gab er nur mehr selten. 1990 wurde er wegen eines Krebsleidens operiert, außerdem war seine Sehkraft schwer beeinträchtigt. Am 30. März 2000 starb Kirchschläger an den Folgen einer schweren Herzkrankheit. Kurz davor, zu seinem 85. Geburtstag am 20. März, war ein Buch mit seinen gesammelten Reden herausgegeben worden. Dessen Titel hatte man gut gewählt: »Immer den Menschen zugewandt.«

Der Pflichterfüller
KURT WALDHEIM

Der ernste, gefrorene Blick Kurt Waldheims, der in der ersten Reihe der Besuchergalerie des Hohen Hauses neben Rudolf Kirchschläger und Thomas Klestil Platz genommen hatte, ruhte auf dem neuen Bundeskanzler Wolfgang Schüssel, als dieser am 9. Februar 2000 vor dem Nationalrat seine Regierungserklärung verlas. Kurz davor hatten die vierzehn Partnerstaaten der Europäischen Union erklärt, dass sie aufgrund der Regierungsbeteiligung der FPÖ die bilateralen Kontakte zu Österreich »herabstufen« würden. Die Tragweite dieser Entscheidung wurde erst allmählich begriffen. Kaum jemals zuvor war der Republik ein vergleichbares Maß an internationaler Aufmerksamkeit zuteil geworden. Waldheims Präsidentschaft, der ein ungewöhnlich harter und über weite Strecken unfairer Wahlkampf vorangegangen war, gilt als die eine große Ausnahme, wenngleich es diesmal die gesamte Regierung war, die am Pranger stand. Das österreichische Staatsoberhaupt, dem vorgeworfen worden war, während des Zweiten Weltkrieges an Kriegsverbrechen beteiligt gewesen zu sein, hatte bis zum Ende seiner Amtszeit keine Einladungen »westlicher« Staatsoberhäupter erhalten. Aufgrund der faktischen Lähmung Waldheims im Bereich der Vertretung nach außen, einer der wichtigsten dem Bundespräsidenten von der Verfassung auferlegten Kompetenzen, vermochte er auch innenpolitisch nicht jene Rolle des »starken« Bundespräsidenten auszufüllen, die zu besetzen er im Wahlkampf versprochen hatte. In der zeremoniellen Abgeschiedenheit der Hofburg besetzte Kurt Waldheim als Gefangener der unspektakulären Verfassungswirklichkeit das Rollenbild des präsidialen Staatsnotars, dem es nicht gegeben war, seiner »Pflicht« in vollem Umfang nachzukommen.

Die frühen Jahre

Die Donaumonarchie krachte längst schon in allen Fugen, doch im Verlauf des Jahres 1918 war klar geworden, dass der einst so mächtige Doppeladler im Sterben lag. Es herrschte Hunger und die Menschen sehnten sich nach Frieden. 1918 war ein Wendejahr, das ebenso wie die Jahre 1933/34, 1938 und 1945 einen Bruch in der Geschichte Österreichs symbolisierte. »Ich bin 1918 in Österreich, dem besiegten, zerstückelten und wirtschaftlich ruinierten Rest der einstigen Habsburgermonarchie, geboren und trat so in eine Welt ein, die unter den einschneidenden Folgen des Ersten Weltkrieges zu zerbrechen drohte. Wirtschaftliche und politische Krisen lösten einander ab, ja bedingten einander.«

Mit diesen Worten begann Waldheim jenes Kapitel seines Buches »Im Glaspalast der Weltpolitik«, in welchem er auf wenigen Seiten über Kindheit und Jugend reflektierte (Waldheim 1985, 29). Auch wenn Waldheims frühe Jahre nicht so hart wie jene des fast vier Jahre älteren Kirchschlägers waren, erlebte er die materielle Not jener Zeit, welche ihn zutiefst geprägt zu haben scheint, am eigenen Leib. »Meine harte Kindheit und Jugend«, ist er überzeugt, »haben mir sicherlich geholfen, die späteren Prüfungen des Lebens leichter zu bestehen.«

Kurt Waldheim wurde am 21. Dezember 1918 im niederösterreichischen St. Andrä-Wördern geboren. Sein Vater Walter, eines von insgesamt elf Kindern, war hier Dorfschullehrer. Später wechselte er in die Hauptschule Neunkirchen, um es schließlich bis zum Bezirksschulinspektor in Tulln zu bringen. Waldheims Mutter Josefine, geb. Petrasch, stammte von einem großen Bauernhof, welcher allerdings aufgrund einer Krankheit ihres Vaters, der in der Gemeinde auch die Funktion des Bürgermeisters bekleidete, verkauft werden musste. Mit dem Erlös wurde ein Wohnhaus finanziert, in welchem Waldheim und seine Eltern eine Mansarde bewohnten. Waldheim sowie seine Geschwister Walter und Gerlinde wuchsen in einem familiären Bezugsrahmen auf, in dem Werte wie Zielstrebigkeit und Fleiß als Eckpfeiler fungierten; wie sehr Waldheim diese Wertvorstellungen verinnerlicht hat, wird in vielen seiner Reden transparent (Waldheim 1992). Von 1928 bis 1936 besuchte der spätere Bundespräsident das humanistische Gymnasium in Klosterneuburg. Über diese Zeit notierte er: »Im Schulerfolg ging es auf und ab. Ich war weder ein besonders eifriger noch ein sonderlich träger Schüler, schwamm irgendwie in der Mitte zwischen den Anforderungen der strengen und dem verständnisvollen Wohlwollen der freundlichen Lehrer« (Waldheim 1985, 34). Den Beginn seines politischen Interesses datiert Waldheim in etwa mit dem Erreichen seines 15. Lebensjahres, prägend war sein Vater, den sein »unerschütterlicher Glaube an die Unabhängigkeit Österreichs« zu einem »entschiedenen Gegner des Nationalsozialismus« gemacht hatte (Waldheim 1985, 35). Waldheims vom politischen Katholizismus durchtränkte politische Sozialisation führte ihn während seiner Mittelschulzeit in den Cartellverband. In jenen Jahren kennzeichneten Dissens, latentes Misstrauen und eine bis zur offenen Feindschaft gesteigerte Polarisierung die politische Landschaft. Der Zusammenfall von politischer und ökonomischer Krise führte über die Ausschaltung des Parlaments 1933 und die Ausschaltung der Sozialdemokratie 1934 zur Errichtung eines autoritären Ständestaates unter dem christlichsozialen Bundeskanzler Dollfuß. Die Parteilichkeit des jungen Waldheim zugunsten des Herrschaftssystems des »Austrofaschismus« war aufgrund seiner Herkunft ebenso wie seine frühere Loyalität gegenüber den Christlichsozialen und seine spätere gegenüber der ÖVP gleichsam vorgezeichnet. Nach der Matura und der Einführung der allgemeinen Wehrpflicht 1936 meldete sich Waldheim als »Einjährig-Freiwilliger« beim Ersten Dragoner-Regiment im niederösterreichischen Stockerau. Ende August wurde er vom Aktivdienst in die Reserve überstellt.

Militär- und Studienzeit[24]

Im September 1937 inskribierte Waldheim an der Fakultät für Rechts- und Staatswissenschaft der Universität Wien und nahm parallel dazu ein relativ kostspieliges Studium an der angesehenen Konsularakademie auf, da er bereits zu diesem Zeitpunkt eine Karriere als Diplomat ins Auge fasste. Sein Vater war zunächst mit der Studienwahl des Sohnes nicht einverstanden, er hatte diesem ein Studium der Medizin nahe gelegt, da Juristen in jenen Jahren der Massenarbeitslosigkeit nur schlechte Berufsaussichten hatten. Trotzdem gewährte er jede ihm mögliche Unterstützung. Als junger Student demonstrierte Waldheim für Österreichs Unabhängigkeit und gegen die Anschlussbestrebungen. Und dennoch: »Waldheim war, trotz seiner Sozialisation im katholisch-konservativen Lager, 1938 und danach in den Dunstkreis der

NSDAP gekommen. Wie intensiv auch immer dieses Verhältnis gewesen sein mag – es war für Österreich typisch. Viele jüngere Österreicher aus den beiden großen Lagern ... wurden durch die realen Machtverhältnisse 1938 und danach beeinflusst. Auch wenn Waldheim kein Parteimitglied der NSDAP war – er wurde von der nationalsozialistischen Organisation zumindest in einer sehr lockeren Form erfasst« (Pelinka 1995b, 586). Nach dem Einmarsch der Wehrmacht im März 1938 wurde Waldheims Vater von Nationalsozialisten angezeigt und kurz darauf von der Gestapo verhaftet. Später wurde er fristlos aus dem Staatsdienst entlassen, seine Pension wurde auf das Existenzminimum herabgesetzt. Waldheim hatte es der Zuwendung von Freunden und Verwandten zu verdanken, dass er seine Studien fortsetzen konnte, außerdem gab er Nachhilfestunden in Griechisch und Latein. 1939 schloss er die Konsularakademie ab und legte an der Universität die Referendarprüfung ab, »gerade noch rechtzeitig, bevor ich zum Wehrdienst eingezogen wurde. Jemand, der wie ich als politisch unzuverlässig galt, hätte als mittelloser Wehrpflichtiger nicht die geringste Chance gehabt, das Land zu verlassen. Außerdem brachte die Wehrmachtsuniform für meinen Bruder und mich einen gewissen Schutz vor der Geheimen Staatspolizei« (Waldheim 1985, 39).

Waldheim kam in eine Aufklärungsabteilung einer oberösterreichischen Division, welche im Frühjahr 1940 nach Frankreich verlegt wurde. Nach einem kurzen Studienurlaub kehrte er nach Frankreich zurück, kurz vor Ausbruch des Russlandfeldzuges (22. Juni 1941) wurde er an die Ostfront verlegt. Dort wurde er schwer verletzt und konnte in der Folge erwirken, sein Studium fortsetzen zu dürfen. Ein Arzt, der ihn im Feldlazarett operiert hatte, sagte zu ihm: »Burscherl, noch einen Tag und dein Fuß wäre weg gewesen.«

1942 lernte Waldheim an der Universität seine spätere Frau Elisabeth Ritschel kennen, die ebenfalls Jus studierte. »Ich weiß nicht, ob ich mich damals gleich verliebt habe«, erinnert sie sich. »Wir waren dann in diversen juristischen Kursen zusammen, haben uns näher kennen gelernt, und er hat immer angerufen, bis er wieder zum Militär zurück musste. Ich war damals 20 Jahre alt. Danach ist er immer nur anlässlich von Genesungs- und Heimaturlauben nach Wien gekommen. 1943 haben wir uns verlobt. Das war zu Weihnachten ...« (zit. nach Ziegler 1999, 86). Zur Zeit der Vorlobung war Ritschel, die mit 17 Jahren in den »Bund Deutscher Mädel« eingetreten war, NSDAP-Mitglied, sie trat auf Wunsch ihres Freundes jedoch wieder aus.

Im April 1942 erfolgte Waldheims Versetzung auf den Balkan, wo er dem Armeekommando 12 als Dolmetscher zugeteilt wurde, etwas später kam er zur in Montenegro stationierten Infanteriedivision »Pusteria«. Schon im Sommer dieses Jahres gelangte er in seiner Funktion als Dolmetscher nach Arsakli in Griechenland. Im Herbst erhielt der junge Offizier erneut Studienurlaub, um an seiner Dissertation zum Thema »Die Reichsidee des Konstantin Frantz, politischer Schriftsteller des 19. Jahrhunderts und Gegner Bismarcks« weiterarbeiten zu können. 1986 wurde Waldheim zur Last gelegt, dass in dieser Doktorarbeit problematische Ansichten vertreten seien. So schrieb er, dass der Zweite Weltkrieg die »große Auseinandersetzung des Reiches mit der außereuropäischen Welt« sei, aus der sich ein »großartiges Zusammenwirken aller Völker Europas unter der Führung des Reiches ergeben wird«. Im Frühjahr 1943 wurde Waldheim die Rückkehr zum Armeeoberkommando 12 befohlen. Er arbeitete nun als Ordonnanzoffizier bei der Heeresgruppe E (1c), im Juli erfolgte die Rückkehr nach Arsakli. Im Herbst 1943 hatte Waldheim Gelegenheit, seine Eltern zu besuchen, die nach Baden übersiedelt waren. In der Zeitspanne zwischen Ende Februar bis Mitte April 1944 beendete Waldheim, der wegen einer neuerlichen Verletzung in einem Sanatorium auf dem Semmering weilte, die Dissertation. Als Doktorvater fungierte der prominente Völkerrechtler und Rechtsphilosoph Alfred Verdross-Droßberg, der übrigens auch der akademische Lehrer Verostas, des späteren Vorgesetzten Kirchschlägers, war. Nach der Promotion kehrte Waldheim zur Heeresgruppe E (1c) zurück. Gegen den Wunsch beider Eltern, die den Zeitpunkt für schlecht gewählt hielten, heirateten Ritschel und Waldheim im August 1944. Frau Waldheim trat bei dieser Gelegenheit wieder in die katholische Kirche ein, der sie während ihrer NSDAP-Mitgliedschaft den Rücken gekehrt hatte. Im September musste Waldheim nach Arsakli zurück, die nächsten Stationen waren Mitrovica, Sarajevo, Nova Gradisca und Zagreb. Nachdem es ihn in der zweiten Aprilhälfte 1945 in die Umgebung von Triest verschlagen hatte, gelang es ihm, sich über Udine nach Kärnten durchzuschlagen, von wo er weiter in die Ramsau bei Schladming reiste. Dort traf er auf seine Frau, die vor den Luftangriffen aus Wien geflüchtet war.

Am 7. Mai 1945 wurde Kurt und Elisabeth Waldheims erstes Kind, Liselotte, geboren. Später folgten Sohn Gerhard (1948) und Tochter Christa (1959). »Nach vielerlei Wirren und größten Entbehrungen« übersiedelten die Waldheims nach Haag am Hausruck (OÖ), wo sie bei Bauersleuten wohnten. Anfang September 1945 erreichten sie Baden, wo noch immer Waldheims Eltern lebten. Am Bezirksgericht Baden, wo Waldheim kurz als Richteramtsanwärter tätig war, hielt es ihn nicht lange. Der Traum von einer Karriere als Diplomat hatte ihn niemals losgelassen.

Diplomat und Minister

Bereits im November 1945 trat der 26-jährige Waldheim ins Außenministerium ein. Nach wenigen Monaten wurde er zum Sekretär von Außenminister Gruber bestellt, bei dem er drei Jahre lang bleiben sollte. Gruber, ein führender Widerstandskämpfer, war 1945 Landeshauptmann von Tirol geworden, trat allerdings wenig später als Unterstaatssekretär für Äußeres in die provisorische Regierung ein. Nach den Nationalratswahlen vom November 1945 avancierte er zum Minister. Seine Demissionierung 1953 war vor allem darauf zurückzuführen, dass er Figl und Raab kompromittiert hatte, indem er in einem Buch (Gruber 1953, 164 ff) wenig diskret und ziemlich polemisch auf ein geheimes Kontaktgespräch zwischen Figl und dem KPÖ-Funktionär Ernst Fischer aus dem Jahre 1947 hinzuweisen wusste (»Figl-Fischerei«). Der Außenminister und sein Sekretär wurden jedenfalls Freunde und blieben es bis zu Grubers Tod 1995. Gruber hatte Waldheim während dessen Präsidentschaft in Wort und Schrift verteidigt (Gruber 1988, 327 ff und 1992), wobei er, antisemitische Stereotypen bedienend, nicht selten über das Ziel hinausschoss und sich als einer der wenigen vehement für eine Wiederkandidatur einsetzte.
Waldheims Parteilosigkeit stand seinem diplomatischen Aufstieg nicht im Wege, seine politische Herkunft und das nahe Arbeitsverhältnis mit Gruber ließen über die politische Zuordnung des jungen Diplomaten keinen Zweifel aufkommen. 1948 nahm er den nächsten Schritt auf der Karriereleiter, er wurde erster Sekretär der österreichischen Botschaft in Paris. 1951 kehrte Waldheim zurück und trat seinen neuen Posten als Personalchef im Außenamt an. In den darauf folgenden Jahren nahm er auch an Gesprächen über einen Staatsvertrag für Österreich teil, nach dessen Abschluss für Waldheim die nächste Berufung ins Ausland anstand. Im Juni 1955 wurde er bei den Vereinten Nationen als Beobachter mit dem Rang eines a. o. Gesandten und bevollmächtigten Ministers akkreditiert. Am 21. Dezember 1955, zufällig genau

am Tage von Waldheims Geburtstag, wurde das nunmehr freie Österreich Vollmitglied der UNO. Zwischen 1956 und 1960 arbeitete Waldheim, der in dieser Zeit zum Botschafter befördert wurde, als Chef der österreichischen Mission in Ottawa, für jeweils dreieinhalb Monate im Jahr übersiedelte er nach New York, um an den UN-Generalversammlungen teilzunehmen. Für Elisabeth Waldheim waren die Jahre in Kanada »die unbeschwertesten, die glücklichsten und auch die erfülltesten meines Lebens«. 1960 wurde Waldheim nach einem Intermezzo als Leiter der Westabteilung auf den Posten des politischen Direktors des Außenamtes berufen. Vier Jahre später kehrte er in die USA zurück und arbeitete als ständiger Vertreter Österreichs bei den Vereinten Nationen. Dass Waldheim in diese diplomatische Spitzenpositionen aufzusteigen vermochte, obwohl bis 1966 der Sozialist Kreisky als Außenminister fungierte, dokumentiert, dass es in diesen Jahren im Bereich der Außenpolitik zwischen ÖVP und SPÖ eine Art Grundkonsens gab.

Anfang Jänner 1968 erhielt Waldheim überraschend einen Anruf von Bundeskanzler Klaus, der ihm das Angebot unterbreitete, als Außenminister in sein Kabinett einzutreten. Nach kurzer Bedenkzeit sagte Waldheim zu und wurde am 19. Jänner von Bundespräsident Jonas vereidigt. Diese Regierungsumbildung brachte unter anderem folgende Änderungen: Withalm wurde nun Vizekanzler, Franz Soronics Innenminister und Stephan Koren Finanzminister. Die Ernennung des formal parteilosen, konsenswilligen Diplomaten Waldheim war auch ein deutliches Anzeichen dafür, dass Klaus in der Außenpolitik seiner monocoloren Regierung weiterhin um größtmögliche Gemeinsamkeit bemüht war. Etwa ein halbes Jahr später, am 21. August, zogen Truppen des Warschauer Paktes in der ČSSR ein und schlugen den »Prager Frühling« gewaltsam nieder. Diese Krise verlangte von der Administration Klaus, wie zumindest Waldheim erklärte, »eine äußerst vorsichtige Politik ... Auf der einen Seite stand sie unter dem Druck der öffentlichen Meinung gegenüber dem Osten und hatte eine uneingeschränkte Presse- und Meinungsfreiheit zu verteidigen. Andererseits musste sie glaubhaft machen, dass sie sich ihrer Verpflichtung zur Neutralität voll bewusst sei und ihr nachkomme. Nun musste ein Kurs gefunden werden zwischen der Erwartung der Öffentlichkeit und dem Diktat der politischen Vernunft« (Waldheim 1985, 64).

Der österreichische Gesandte in Prag, es wurde schon erwähnt, hieß damals Rudolf Kirchschläger. Dieser freilich fühlte sich nur einem ein-

zigen Diktat verpflichtet, jenem der Humanität, weshalb er den Wunsch Wiens, bei der Erteilung von Visa an Flüchtlinge zurückhaltend zu sein, ignorierte. Waldheim ließ er wissen: »Gell, Kurt, sei so lieb und gib mir eine Zeit lang keine Weisung. Hernach werd ich dir nicht bös sein, wenn du mich abberufst.« Der historischen Redlichkeit halber ist festzuhalten, dass Waldheim damals ob seines zögerlichen Vorgehens nicht öffentlich kritisiert wurde, erst 1985 war sein Verhalten im Sommer 1968 wieder ein Thema. Auf die Kritik von SPÖ-Zentralsekretär Peter Schieder, Waldheim habe sich während des Prager Frühlings unmenschlich verhalten, antwortete ÖVP-Generalsekretär Michael Graff, Schieder würde eine »Schmutzkübelkampagne« betreiben (»Kurier« vom 9. Oktober 1985). Die wichtigste außenpolitische Entscheidung, welche in der etwas mehr als zwei Jahre währenden Ministerschaft Waldheims getroffen wurde, war das »Paket« an Maßnahmen zur Befriedung der Südtirolfrage (Steininger 1999), die Kreisky 1960 vor die UNO gebracht und auf diese Weise internationalisiert hatte. Österreich und Italien war aufgetragen worden, bilaterale Verhandlungen zu führen. »Als wir die Südtirolfrage endlich vor die UNO gebracht hatten«, erinnerte sich Kreisky (1988, 155), »luden mich zwei österreichische Spitzendiplomaten (Waldheim und Haymerle) in ein französisches Restaurant in New York ein und versuchten mich in stundenlangem Gespräch zu überreden, dass wir uns jetzt aus der Affäre ziehen sollten, da ja die Südtirolfrage nun auf die Tagesordnung der UNO komme. Andernfalls würde Österreich als ein Störenfried betrachtet werden ... Wir hätten unseren Auftrag erfüllt, die Welt auf das Südtirolproblem ›aufmerksam‹ zu machen.«
Diese Episode offeriert ein anschauliches Beispiel für die legendäre Vorsicht Waldheims, über welchen sein Freund Gruber einmal sagte: »Er ist ... der Typus des Mannes, der vorsichtig ist und sich eher ein bisschen abdeckt ... Er ist der Typus des mittleren (!) Österreichers, ein bissl vorsichtig ..., ein bissl Opportunismus.« 1969 wurde schließlich ein von Waldheim und dem italienischen Außenminister Aldo Moro ausgehandeltes Abkommen unterzeichnet, das der Provinz Bozen Autonomie gewährte und zudem einen präzisen Operationskalender beinhaltete. Die SPÖ stimmte im Nationalrat der Regierungsvorlage nicht zu, da ihr dieses Abkommen, dessen Inhalt Waldheim als den bestmöglichen Erfolg bezeichnete, zuwenig Zugeständnisse von italienischer Seite enthielt. Auch in Südtirol rief der Vertrag zahlreiche Kritiker auf den Plan.

Präsidentschaftskandidat und Generalsekretär der Vereinten Nationen

Waldheims Politik in der Südtirolfrage hatte sein gutes Verhältnis zur SPÖ nicht getrübt. Als Kreisky 1970 seine Minderheitsregierung bildete, wurden ihm zwei attraktive Botschafterposten angeboten: London und Moskau. Waldheim allerdings entschied sich für eine Rückkehr nach New York, wo er erneut Botschafter bei den Vereinten Nationen wurde. Doch bereits im Herbst trat die ÖVP mit der Frage an ihn heran, ob er als ihr Kandidat für die bevorstehende Bundespräsidentenwahl zur Verfügung stehen würde. Waldheim erklärte sich bereit und trat gegen das amtierende Staatsoberhaupt Franz Jonas an. Schon damals war im »Salzburger Volksblatt« (24. Oktober 1970) über Waldheims Kriegsvergangenheit bzw. dessen mögliche Zugehörigkeit zu einer »SA-Reiterstandarte« spekuliert worden. Die große Erregung blieb freilich aus. Da die Umstände dieses Wahlkampfes in groben Zügen bereits referiert wurden, muss hier die Feststellung genügen, dass Jonas am 25. April 1971 mit 52,8 Prozent der gültig abgegebenen Stimmen im Amt bestätigt wurde. Waldheim, der als parteiloser Kandidat mit beträchtlicher internationaler Erfahrung aufgetreten war, erreichte mit 47,2 Prozent einen Achtungserfolg. Nach der Wahl kehrte er auf seinen Posten in New York zurück.

Zu dieser Zeit neigte sich die zweite fünfjährige Amtszeit des aus Burma stammenden UN-Generalsekretärs U-Thant dem Ende zu. Da dieser keine dritte Periode ins Auge fasste, wurden bereits seit Monaten Namen von Nachfolgekandidaten kolportiert. Als Waldheim in Erfahrung gebracht hatte, dass auch sein Name gelegentlich genannt worden wäre, kontaktierte er Kreisky, welcher ihm zusagte, dass ihn die österreichische Bundesregierung gegebenenfalls unterstützen oder sogar vorschlagen werde. Diese Unterstützung eines konservativen Kandidaten durch die SPÖ war nicht ungewöhnlich, denn auch 1966 hatte sich der ÖVP-Außenminister Tončić-Sorinj bereit erklärt, eine mögliche Kandidatur Kreiskys, der von verschiedenen Botschaftern genannt worden war, für die Funktion des UN-Generalsekretärs zu unterstützen, wozu es jedoch bekanntlich nicht kam. Doch zurück zu Waldheim: »Möglichst unauffällig begann ich nun«, schrieb er in seinen Erinnerungen, »bei verschiedenen Botschaftern den Stand der Dinge zu sondieren, aber das Ergebnis war keineswegs schlüssig. Ich kannte inzwischen die Gefahr, allzu früh mit einer Kandidatur hervorzutreten, und riet meiner Regierung in Wien, meine Bewerbung vorerst nicht öffentlich anzukündigen« (Waldheim 1985, 70).

Die Wahl des Generalsekretärs erfolgt auf Vorschlag des Sicherheitsrates durch die Generalversammlung, wobei de facto jedem ständigen Mitglied des Rates auch ein Vetorecht zukommt. Zunächst war China im Sicherheitsrat gegen Waldheim aufgetreten, da es gerne einen Vertreter der so genannten Dritten Welt auf diesem Posten gesehen hätte, doch allmählich gab die Volksrepublik ihren Widerstand auf und Waldheim wurde am Tage seines 53. Geburtstags, dem 21. Dezember 1971, der UN-Vollversammlung als Kandidat vorgeschlagen. Am Tag darauf wurde er nach Trygve Lie, Dag Hammerskjöld und U-Thant zum vierten Generalsekretär in der Geschichte der Vereinten Nationen gewählt. Waldheim ging es von Beginn an »um eine Balance zwischen der weitestgehenden Nutzung meiner ohnehin beschränkten Vollmachten und einer möglichst unbelasteten Arbeitsbeziehung zu jenen großen Nationen, deren Unterstützung für eine erfolgreiche Amtsführung unbedingt notwendig war. Dies erforderte nicht nur strikte Unparteilichkeit, sondern auch größte Zurückhaltung bei öffentlichen Auftritten, wann immer es um Streitigkeiten zwischen Mitgliedsstaaten ging. Für große Auftritte und medienwirksame Selbstdarstellung war dies das denkbar ungeeignetste Amt. Denn nur in der Stille und Vertraulichkeit ... waren Politiker und Diplomaten bereit, jene Kritiken und Mahnungen zu akzeptieren, die in der Öffentlichkeit wohl aggressive Reaktionen provoziert hätten« (Waldheim 1985, 75 f).

Wenn Waldheim schreibt, dass es das Schicksal des Generalsekretärs sei, »ein Gefangener vieler sich widersprechender Tendenzen« zu sein, so ist diese Bemerkung vor dem Hintergrund des »Kalten Krieges« zu sehen, welcher den Sicherheitsrat, das wichtigste Organ der Vereinten Nationen, in Permanenz lähmte. Er legte seine Rolle als Vermittler in Krisensituationen an und erwies sich als zäher Verhandler. Anfang Dezember 1976 wurde Waldheim, der sich speziell in Staaten der Dritten Welt, für deren Interessen er sich immer wieder stark gemacht hatte, großer Beliebtheit erfreute, für eine zweite Amtsperiode wiedergewählt, doch noch im selben Jahr wurde sein Image angekratzt. Am 4. Juli befreite eine israelische Spezialeinheit auf dem ugandischen Flughafen Entebbe jüdische Geiseln aus der Hand von Terroristen, 20 ugandische Soldaten, die sich den Israelis in den Weg gestellt hatten, fanden dabei den Tod. Während Israel darüber Klage führte, dass erstmals ein Staat mit Terroristen kooperiert hätte, rief Ugandas Diktator Idi Amin den Sicherheitsrat an und bezeichnete die Befreiungsaktion als »Invasion«. Waldheim kritisierte die Verletzung der Souveränität Ugandas, was ihm einmal mehr den Vorwurf eintrug, er wäre gegenüber Israel auffällig unsensibel.

Am 4. November 1979 wurde von fanatischen Iranern die Botschaft der USA in Teheran gestürmt. Als Gegenleistung für die Herausgabe der Geiseln verlangten sie die Auslieferung des exilierten Schahs Reza Pahlewi, der sich in New York einer Krebsbehandlung unterzog. Der neue Machthaber, Ayatollah Ruholla Khomeini, hatte die Geiselnahme öffentlich begrüßt. Nachdem alle Bemühungen des Sicherheitsrates und des Internationalen Gerichtshofes gescheitert waren, reiste Waldheim persönlich nach Teheran, um eine »Paketlösung« für diese Krise vorzuschlagen. Am Neujahrstag 1980, die UdSSR war kurz zuvor in Afghanistan einmarschiert, landete Waldheims Flugzeug in der Nähe von Teheran. Vielen vom Revolutionsfieber erfüllten Persern erschien die UNO als verlängerter Arm des imperialistischen Amerika, die Medien berichteten über Morddrohungen gegen Waldheim, den »Handlanger des großen Satans«. Während eines Friedhofsbesuches wurde er tatsächlich von einer fanatisierten Menschenmenge derart bedroht, dass er um sein Leben fürchtete. Waldheims Mission war eine Geste des guten Willens, erfolgreich war sie freilich nicht. Sein Resümee fiel ernüchternd aus: »Meine Reise nach Teheran war zweifellos die bizarrste und eindrucksvollste Erfahrung, die ich in all den Jahren an der Spitze der Vereinten Nationen gemacht habe. Sie zeigte mir anschaulich die Grenzen und die Frustrationen, die mit dem Amt des Generalsekretärs verbunden sind« (Waldheim 1985, 27). Der Versuch der Carter-Administration, die Geiseln zu befreien, scheiterte am 25. April 1980 kläglich. Erst am 20. Jänner 1981, dem Tag der Vereidigung des neuen US-Präsidenten Ronald Reagan, kamen die 52 amerikanischen Geiseln nach langen Verhandlungen wieder frei.

Während Waldheim in seiner Funktion als UN-Generalsekretär innerhalb Österreichs höchste Wertschätzung genoss, gab es international, insbesondere in Israel und den USA, zahlreiche Stimmen, die ihm Opportunismus, Rückgratlosigkeit, mangelnde Kompetenz und Überheblichkeit attestierten. Der vormalige israelische Verteidigungsminister Ezer Weizman z. B. bezeichnete Waldheim in einem Buch als »einen der unsympathischsten Menschen, den ich je getroffen habe – feindselig, eiskalt und nicht sehr intelligent« (zit. nach »Kurier« vom

3. Mai 1981). Die »Arbeiter-Zeitung« berichtete am 27. Juni 1981, dass der US-Abgeordnete Stephen Solarz Waldheim Unfähigkeit und Willfährigkeit gegenüber Diktatoren vorgeworfen habe. 1981 verhinderte China eine mögliche dritte Wahl Waldheims, der vom Peruaner Xavier Perez de Cuellar abgelöst wurde. Damals tauchte in den Medien das Gerücht auf, Elisabeth Waldheim habe aus dem Haushalt des UN-Generalsekretärs silberne Löffel »mitgenommen«, ein unbegründeter Vorwurf, der jedoch während des Bundespräsidentschaftswahlkampfes 1986 wieder thematisiert werden sollte. Waldheim wurde nach seinem Ausscheiden aus der UNO seitens der katholischen Georgetown University in Washington D. C. eine Gastprofessur für Internationale Beziehungen angeboten, die er auch annahm. Von 1982 bis 1985 leitete Waldheim, der in dieser Zeit als österreichischer Beamter in den Ruhestand getreten war, das »Interaction Council«, einen Aktionsrat ehemaliger Staatsmänner, der den Regierungschefs Vorschläge zur Lösung akuter Weltprobleme vorlegen soll.

Bundespräsident

Waldheim wurde bereits ungewöhnlich früh als Kandidat für die 1986 anstehende Bundespräsidentenwahl ins Gespräch gebracht. Bereits am 24. August 1983, etwa drei Jahre vor dem Ende der Amtszeit Kirchschlägers, wurde in der katholischen Wochenzeitung »Die Furche« ÖVP-Bundesparteiobmann Mock mit den Worten zitiert: »Wenn morgen Bundespräsidentenwahlen wären, hieße der ÖVP-Kandidat Kurt Waldheim!« Daraufhin wurde dieser gefragt, wer ihm als potenzieller Gegenkandidat lieber wäre: »Minister Kurt Steyrer oder Bürgermeister Leopold Gratz?« – »Diese Frage stellt sich nicht«, lautete damals Waldheims Antwort, »da wir erstens einen ausgezeichneten Bundespräsidenten noch für drei Jahre haben und ich mich außerdem noch nicht entschieden habe, obwohl Mocks Vorschlag mich sehr ehrt.«
Die Namen der späteren Kandidaten, Waldheim und Steyrer, kursierten also bereits Mitte 1983, wenngleich der Meinungsbildungsprozess in der SPÖ noch am Anfang stand und eine Festlegung auf Gesundheitsminister Steyrer erst viel später erfolgte. Zunächst konnten auch mehrere Spitzenfunktionäre der SPÖ der von der ÖVP ventilierten Variante, Waldheim als gemeinsamen Kandidaten der beiden Großpar-

teien ins Rennen zu schicken, einiges abgewinnen. Eine einschlägige Aufforderung an die Sozialisten, Waldheim zu unterstützen, erging z. B. von Landeshauptmann Wilfried Haslauer. Der damalige SPÖ-Klubobmann Fischer (1998, 385) wies diese Aufforderung jedoch als »taktlos gegenüber dem amtierenden Bundespräsidenten« zurück. Am Rande einer Klubtagung am 30. Oktober 1984 wurde Steyrer von SPÖ-Chef Sinowatz gefragt, ob er grundsätzlich als Kandidat zur Verfügung stehen würde. Der Gesundheitsminister sagte zwar nicht kategorisch nein, doch er reagierte sehr zurückhaltend: »Lieber Fredl, lass mich in Ruh, das ist keine erstrebenswerte Aufgabe für mich« (zit. nach Kunz 1991, 234).

Seit Anfang 1985 versuchte nun Waldheim, dessen ganzes Wesen zeit seiner politischen Tätigkeit auf Zustimmung und Konsens ausgerichtet war, bei führenden SPÖ-Politikern die Chancen für eine mögliche Unterstützung seiner Kandidatur auszuloten. Als ein stets auf Ausgleich und Kompromiss bedachter Politiker, der bereits Außenminister, Präsidentschaftskandidat und UN-Generalsekretär war, galt Waldheim bis 1986 unbestreitbar als Integrationsfigur. Es wäre ein grober Fehler und zudem intellektuell unredlich, den Politiker Waldheim hinsichtlich dessen Wahrnehmung durch die Bevölkerung, die Medien und die politischen Eliten *vor* 1986 unter dem Brennglas der noch zu referierenden Ereignisse *seit* 1986 zu betrachten. Wie vorsichtig Waldheim zu taktieren verstand, wie sehr er darauf bedacht war, sich nach allen Seiten hin abzudecken, macht ein von ihm angestrebtes Gespräch mit Kreisky deutlich. Waldheim begründete diesen Besuch beim Altbundeskanzler in seinem Buch »Die Antwort« (1996, 22) wie folgt: »... weil ich sondieren wollte, was an den Gerüchten wahr sei, er selbst strebe das höchste Amt im Staat an. In diesem Fall hätte ich mir eine Kandidatur höchstwahrscheinlich sehr überlegt. Er aber winkte eindeutig ab: Das interessiere ihn nicht. Er schilderte offen die Probleme ... und räumte mir gute Chancen ein. Einem meiner Freunde vertraute er sogar an: ›Und da er auch noch eine Frau hat, die Sissy heißt, ist der Waldheim in Österreich vermutlich unschlagbar.‹«

Kreisky war tatsächlich von Sinowatz zur Kandidatur eingeladen worden, doch »der Alte« hatte abgelehnt. Im Interview mit einem deutschen Publizisten, der den Altbundeskanzler wenige Monate nach der Wahl fragte, ob er nicht Bundespräsident hätte werden müssen, um Österreich die Waldheim-Krise zu ersparen, sagte Kreisky, dass es in diesem Szenario für ihn und die Regierung nur einen einzigen guten

Tag gegeben hätte, ... nämlich jenen des Sieges. »Der Konflikt wäre vorgezeichnet gewesen«, urteilte dieser Publizist, »der Einmischung hätte er sich nicht enthalten können« (Harpprecht 1989, 70). Kreisky, der zu diesem Zeitpunkt von vielen führenden Funktionären seiner Partei bereits tief enttäuscht war, hielt später über das entsprechende Gespräch mit Sinowatz fest: »Es ist richtig, dass Genosse Sinowatz mit mir ein Gespräch darüber führte, ob ich nicht bereit wäre, für die Bundespräsidentschaft zu kandidieren. Er tat das mit der Bemerkung, dass ich der einzige Kandidat wäre, der die Aussicht hätte, die Wahl zu gewinnen. Ich erwiderte ihm, dass es bei meinem Nein bleibe, aus vielen Gründen, die ich der Öffentlichkeit bekannt gegeben habe, dass ich aber wisse und fühle, dass es für manche heute führende Genossen, er nicht ausgenommen, ein Albtraum wäre, mich wieder in der Innenpolitik zu sehen« (Kreisky 1996, 320).

Während Rudolf Sallinger, der langjährige Präsident der Bundeswirtschaftskammer, einer Bitte Waldheims folgend, mit ÖGB-Präsident Anton Benya über die Option einer gemeinsamen Kandidatur sprach, suchte Waldheim selbst den Kontakt zu Sinowatz. Auch wenn er keine klare Absage erhielt, musste dem ehemaligen UN-Generalsekretär doch klar geworden sein, dass innerhalb der SPÖ die von ihm erhoffte Vorgangsweise wohl kaum eine Mehrheit finden würde. Angeblich auch aufgrund einer Meldung der »Südost-Tagespost«, die berichtet hatte, dass Mock möglicherweise selbst zu kandidieren beabsichtige, beschloss die ÖVP am 2. März 1985, einen Tag nach dem Gespräch Sinowatz – Waldheim, Letzteren als ihren Kandidaten zu nominieren. 15 Jahre nach seiner Niederlage gegen Jonas setzte Waldheim erneut an, den Sprung in das »höchste Amt im Staate« zu schaffen. Die SPÖ geriet nun unter Zugzwang. Als mögliche Kandidaten kamen neben Steyrer einmal mehr Benya und Gratz infrage, doch die Einigung auf den Gesundheitsminister erfolgte dann relativ rasch. Obwohl die Öffentlichkeit seit 16. April über diese Entscheidung informiert war, erfolgte die offizielle Nominierung erst im November 1985. »Ich bin keiner, der gerne verliert«, erinnerte sich Steyrer an seine Gefühlslage, »ich habe sicherlich, obwohl ich eine gewisse Aversion gegen dieses Amt oder gegen diese Aufgabe gehabt habe, doch versucht, mit ganzer Kraft diesen Wahlkampf zu gewinnen« (zit. nach Kunz 1991, 234). Die Meinungsumfragen sprachen jedoch von Beginn an für den Kandidaten der ÖVP. Bei seiner offiziellen Vorstellung als Kandidat sagte Waldheim: »Es ist bekannt, dass ich keiner politischen Partei angehöre und mich als überparteilicher Kandidat verstehe ..., aber Sie wissen, dass ich mich zeitlebens zur christlichen Weltanschauung bekannt habe und den gesellschaftlichen Zielsetzungen der Österreichischen Volkspartei verbunden war.«

Als weitere Kandidaten traten Freda Meissner-Blau und Otto Scrinzi an. Der Kärntner Arzt Scrinzi, Jahrgang 1918, »der meiner Meinung nach noch heute ein Nazi ist« (Kreisky 1996, 233), war Mitglied der NSDAP und SA-Sturmführer, von 1966 bis 1979 vertrat er die FPÖ im Nationalrat. Um zu verhindern, dass Scrinzi allzu viele Proteststimmen auf sich vereinigt, ließ sich die 1927 in Deutschland geborene Meissner-Blau von ihren Freunden aus der Grünbewegung zu einer Kandidatur überreden. Popularität hatte die spätere Klubchefin der Grünen im Nationalrat durch ihr Engagement gegen das Kernkraftwerk Zwentendorf und das Kraftwerk in der Hainburger Au sowie als »Club 2«-Moderatorin erlangt.

Zunächst hatte es den Anschein, dass sich die bevorstehende Wahlauseinandersetzung eher ruhig gestalten würde, zumal Waldheim und Steyrer ein »Fairnessabkommen« geschlossen hatten, doch gegen Ende 1985 tauchten in Zeitungen erste Hinweise auf, wonach ein schonungsloser Wahlkampf bevorstehen würde (Wodak u. a. 1990, 60 f). An der Wiege des Wahlkampfes wurde ein Lebenslauf Waldheims veröffentlicht, in dem es lapidar hieß: »Zu Beginn des Zweiten Weltkrieges wurde er zur Deutschen Wehrmacht eingezogen. An der Ostfront verwundet, kehrte er in die Heimat zurück und konnte das Rechtsstudium wieder aufnehmen. 1944 beendete er es als Doktor der Rechte ...« Auch in Waldheims Buch »Im Glaspalast der Weltpolitik« wurde seine Zeit in der Wehrmacht nur fragmentarisch dargestellt. Mit dem Beginn des Wahlkampfes im Frühjahr 1986 setzte schließlich die Diskussion über Waldheims Kriegsvergangenheit ein. Mit der Lancierung seiner »Wehrstammkarte« an die Medien und der Thematisierung seiner Mitgliedschaft in NS-Organisationen erhielt die Diskussion über den Präsidentschaftskandidaten der ÖVP eine internationale Dimension, amerikanische Medien und vor allem der »World Jewish Congress« (WJC) – »zweifellos der Hauptakteur bei den Enthüllungen über Kurt Waldheims Vergangenheit« (Wodak u. a. 1990, 69) – bzw. dessen Präsident Edgar Bronfman wurden zu Waldheims schärfsten Gegnern. Das Nachrichtenmagazin »profil«, welches im Februar besagte »Wehrstammkarte« veröffentlicht hatte, deckte auf, dass Waldheim Mitglied der SA und des Nationalsozialistischen Deutschen Studentenbundes war. Mehrmals hatte Waldheim versichert, dass er nach einer Verwundung im Dezember 1941 an der Ostfront nicht mehr »kriegsdienstverwendungsfähig« gewesen wäre, worauf er Studienurlaub erhielt. Erst nach Abschluss seiner Studien sei er wieder einberufen worden. Es wurde jedoch nachgewiesen, dass Waldheim bereits im März 1942 nach Saloniki zur Heeresgruppe E versetzt wurde. Seine Jahre am Balkan wurden der Öffentlichkeit erst Schritt für Schritt bekannt und der ehemalige Oberleutnant der Heeresgruppe 1c/AO gab stets nur so viel zu, wie ihm nachgewiesen werden konnte. Nach seinem Wahlsieg wurden schließlich immer wieder Vorwürfe laut, Waldheim wäre an Kriegsverbrechen beteiligt gewesen, habe mit Maßnahmen gegen Partisanen sympathisiert oder hätte vom »Verschwinden« der jüdischen Bevölkerung von Saloniki gewusst.

Am 9. März 1986 gab Waldheim in der ORF-»Pressestunde« jenen unsäglichen Satz von sich, wonach er bei der Wehrmacht eingerückt war, »wie Hunderttausende Österreicher auch, die ihre Pflicht erfüllt haben«. Mit diesem Bekenntnis stellte Waldheim die historischen Tatsachen sozusagen auf den Kopf, da die Republik ihre Existenz »eben nicht dieser ›Pflichterfüllung‹ verdankt, sondern denen, die gegen die Pflichterfüller gekämpft haben« (Pelinka 1990, 45). Die Kritik an Waldheim wurde von der ÖVP während des Wahlkampfes in eine Kritik an der »gesamten Kriegsgeneration« und zuletzt in eine Kritik an ganz Österreich umgemünzt. »Wir Österreicher wählen, wen wir wollen – jetzt erst recht Waldheim«, wurde damals auf gelbem Hintergrund affichiert. Plötzlich war auch wieder vom »Weltjudentum« die Rede, »die ehrlosen Gesellen des Jüdischen Weltkongresses« wurden ohne viel Aufhebens mit »dem Judentum« gleichgesetzt etc. Noch gut in Erinnerung ist die verbale Geschmacklosigkeit Graffs, der den Bundespräsidenten für unschuldig hielt, »solange nicht bewiesen sei, dass Waldheim eigenhändig sechs Juden erwürgt habe«. Für einen traurigen Höhepunkt dieser Polemiken sorgte schließlich der christdemokratische Vizebürgermeister von Linz, der in einem Brief an den WJC die Vorwürfe gegen Waldheim mit der Kreuzigung des Nazaräers »durch Ihre Glaubensgenossen« verglich. Erst nach Kirchschlägers viel beachteter »Erklärung an die österreichische Nation« vom 22. April beruhigte sich die Situation etwas. Steyrer, der als der kontaktfreudige, auf die Menschen zugehende Arzt in Szene zu setzten versucht wurde, war sich nach eigenen Angaben bereits im Februar 1986 sicher, dass aufgrund der fortdauernden Attacken gegen Waldheim der Wahlkampf für ihn verloren sei. Die gewaltige Medienpräsenz seines Gegners erwies sich als derart dominierend, dass Steyrer sogar bei Großveranstaltungen der SPÖ als »unser Kandidat Dr. Waldheim« vorgestellt worden war. Im ersten Wahlgang am 4. Mai 1986 vermochte keiner der Kandidaten die absolute Mehrheit zu erreichen. Waldheim kam auf 49,64 Prozent, Steyrer auf 43,66 Prozent, Meissner-Blau auf 5,5 Prozent und Scrinzi auf 1,2 Prozent.

Wenige Tage vor der somit notwendig gewordenen Stichwahl schrieb Peter Michael Lingens im »profil« (Heft 23/1986) einen emotionsgeladenen Leitartikel, der die Stimmung vieler Intellektueller recht anschaulich repräsentiert haben dürfte: »Man müsste auf dem Stimmzettel eine neue Rubrik mit dem Titel ›Keiner von beiden‹ einführen. Wenn die Mehrheit der Wähler dort ihr Kreuzl macht, sollte die Wahl annulliert und mit neuen Kandidaten wiederholt werden müssen ... Da es [diese Option] leider nicht gibt, wird Kurt Waldheim am kommenden Sonntag zweifellos einen neuerlichen Triumph feiern ... Auch ich muss – ein-, zweimal in zehn Jahren – ins Blatt kotzen dürfen. Kurt Waldheim kotzt mich an. Dieser ›große Österreicher‹, der der jämmerlichste Generalsekretär gewesen ist, den die Vereinten Nationen ... jemals besessen haben. Dessen Reputation im Ausland lang vor der so genannten ›Kampagne‹ ungefähr so gut war wie die des Volksopernballetts. Der ... einen Gummischlauch statt eines Rückgrats eingezogen hat. Nur, dass selbst dieser Schlauch im Zweifel in die falsche Richtung taumelt: Gefügig wie keiner vor ihm gegenüber den Russen, feindlich wie keiner vor ihm gegenüber Israel und den USA. Patschert und erfolglos wie keiner vor ihm ... Ein Bundespräsident zum Abgewöhnen. Kurt Steyrer kotzt mich an. Ja, er ist persönlich ein lieber, anständiger Mensch, freundlich wie übrigens Kurt Waldheim auch. Aber schon als Gesundheitsminister ein Totalversager ... Steyrer (hat) grundsätzlich jeden Konflikt vermieden – und das geht nur, wenn man auch jede Entscheidung vermeidet ... Das einzige, was man Kurt Steyrer zugute halten kann: Er biegt und beugt sich aus im SPÖ-Milieu erworbener Schwäche und nicht wie Kurt Waldheim aus Veranlagung. Die ÖVP kotzt mich an. Was ein geeichter ÖVP-Anhänger ist, der wählte einen Kretin zum Bundespräsidenten, wenn es nur die erste Wahlniederlage der SPÖ bewirkt ... Die SPÖ kotzt mich an. Als Journalist ist es mir nicht gelungen zu beweisen, dass sie hinter den Angriffen auf Kurt Waldheim steht ... Aber als Privatmann hege ich so wenig Zweifel an der Urheberschaft der SPÖ wie alle anderen Österreicher ... Ich weiß, dass man einen solchen Leitartikel nicht schreiben soll. Man soll den künftigen Bundespräsidenten nicht abwerten, denn wir müssen mit ihm leben und sein Amt bedarf des Respekts. Man soll die Parteien nicht abwerten, denn sie sind die wichtigsten Träger unserer Demokratie. Und man soll die Politik nicht abwerten, denn die Politikmüdigkeit ist sowieso schon gefährlich genug. Aber ist das Politik? Kann man einem das Kotzen verwehren, der seit mehr als vier Monaten mitten in der Kotze steht?«

Am 8. Juni 1986 wurde Waldheim im zweiten Wahlgang mit 53,89 Prozent der gültig abgegebenen Stimmen zum Bundespräsidenten gewählt, Steyrer kam lediglich auf 46,1 Prozent. Einen Tag nach Waldheims Wahl gab Sinowatz, der in der SPÖ der wichtigste Exponent der Kritik am Kandidaten der ÖVP war, bekannt, dass er als Bundeskanzler zurücktreten werde. Gratz folgte dem Beispiel seines Freundes mit der Begründung, er wolle nicht »Waldheims Außenminister« sein. Als neuer Bundeskanzler wurde am 16. Juni der seit 1984 amtierende Finanzminister Franz Vranitzky vereidigt. Über die Rolle der SPÖ bei der »Kampagne« gegen Waldheim wurden zahlreiche Spekulationen angestellt. Waldheim selbst ist davon überzeugt, dass die von ihm so genannte »Campaign« »seit Monaten geplant gewesen« und »zentral gesteuert« worden sei, »um Verunsicherung in der Innenpolitik und in der Bevölkerung selbst« auszulösen und seine internationale Reputation zu zerstören, auch Mock wusste von »innenpolitischen Brandstiftern« (zit. nach Gruber u. a. 1992, 114). Der Pressedienst der ÖVP brandmarkte den Kabinettschef von Bundeskanzler Sinowatz, Hans Pusch, als Hauptverantwortlichen und unterstellte Zentralsekretär Schieder, er habe davon gewusst. Als Graff vor diesem Hintergrund von den »Schmutzfinken in der SPÖ« sprach, riss Sinowatz der Geduldsfaden. Er habe, so der Bundeskanzler am 11. März, weder die Biografie Waldheims geschrieben noch dessen »Wehrstammkarte« hergestellt. Und weiter: »Wir nehmen zur Kenntnis, dass nicht Waldheim bei der SA war, sondern nur sein Pferd.« In der Frage, ob es sich bei der Causa Waldheim tatsächlich um eine von Österreich aus initiierte »Kampagne« gegen Waldheim handelte und ob die »Drahtzieher« tatsächlich aus den Reihen der SPÖ stammten, geht ein Riss durch die Parteien und auch durch die Wissenschaft. Heinz Fischer etwa, damals Wissenschaftsminister, leugnet strikt, dass die Insinuationen der ÖVP, Funktionäre und Mitarbeiter seiner Partei hätten die »Kampagne« angezettelt, der Wahrheit entspricht.

Die Angelobung Waldheims fand am 8. Juli 1986 statt. Der neue Bundespräsident folgte dem Vorbild Kirchschlägers und fügte an die Angelobungsformel eine religiöse Beteuerung. In seiner Ansprache nach der Angelobung stellte Waldheim die Integrationfunktion des Präsidentenamtes in den Vordergrund. Er hielt fest, dass das Amt dem Bedürfnis entgegenkomme, »das zu symbolisieren, was uns eint, und nicht das, was uns entzweit. Die Zeichnung von ›Feindbildern‹ würde nicht nur die Tradition dieses ... Amtes brechen, sondern auch dem Geist einer bisher noch nie in Frage gestellten Verfassung widersprechen. Diese Verfassung will Österreich bei aller Vielfalt unserer Republik nach innen wie nach außen durch ein überparteiliches Symbol unserer Gemeinschaft repräsentiert sehen.« Nachdem er seinem Gegenkandidaten für dessen Fairness gedankt hatte, bezeichnete sich Waldheim als Bundespräsident für alle Österreicher. Die Demokratie würde sich dadurch auszeichnen, dass Wahlentscheidungen zur Kenntnis genommen werden können, ohne persönlich verletzend empfunden zu werden ... Es werde nur entschieden, wem Verantwortung auferlegt wird. Als eine seiner bedeutendsten Aufgaben nannte Waldheim die Aufrechterhaltung der Rechtsgrundsätze sowie von Werten wie Moral, Toleranz und Leistung. Über seine Amtsauffassung sagte er, dass das Staatsoberhaupt einen ruhenden Pol in dem Sinne bilden solle, dass es bei Konflikten versöhnend wirken kann und als unparteiischer Vermittler Anerkennung findet. Auf die politische und moralische Autorität, welche ihm durch die Volkswahl verliehen wurde, Bezug nehmend, erklärte Waldheim, dass diese nicht das Leiseste an den Gewichten, die den politischen Kräften des Landes aufgrund anderer Wahlen zukommen, verändern dürften. Sie müssen jedoch dann in die Waagschale geworfen werden, wenn die in der Demokratie an sich berechtigten Gegensätze Gefahr laufen, in lähmende Konfrontationen auszuarten. Er fand auch klare Worte zum Nationalsozialismus, zur »planlosen Vernichtung von Millionen jüdischer Mitbürger«. Jenes »niemals wieder«, das sich die Österreicher auf den Trümmern des Zweiten Weltkrieges geschworen haben, gelte auch heute nicht nur den Schrecken des Holocaust, sondern auch jener furchtbaren Geisteshaltung, die ihn verursachte: dem Antisemitismus.

Der vormals der SPÖ besonders nahe stehende Politikwissenschafter Norbert Leser (1992, 96) hatte Waldheim unmittelbar nach dessen Wahlsieg vorgeschlagen, er möge die nach der Wahl eines Bundespräsidenten gewohnheitsmäßig – als Formalakt – angebotene Demission der Regierung annehmen und ein Beamtenkabinett einsetzen, welches bis zu Neuwahlen die Regierungsgeschäfte führen sollte, womit er »von allem Anfang an klargestellt (hätte), dass der Bundespräsident die Nummer 1 im politischen Prozess ist und sich nicht mit der Rolle des Staatsnotars zufrieden zu geben gedenkt«. Waldheim hingegen wollte mit der Realverfassung nicht brechen und ging auf diesen riskanten, wenngleich durch die Verfassung gedeckten Vorschlag, welcher dem innerstaatlichen Frieden nur abträglich gewesen wäre, nicht ein.

Die FPÖ geriet indessen in arge Turbulenzen, da sich der seit langem schwelende Konflikt zwischen dem Parteiobmann und Vizekanzler Norbert Steger und dem Kärntner FPÖ-Obmann Jörg Haider immer mehr zuspitzte. Am 14. September 1986 wurde Haider am Innsbrucker Parteitag der FPÖ im Zuge einer Kampfabstimmung gegen Steger mit 57,7 Prozent zum Parteichef gewählt. Sein Sieg war ein eindeutiges Signal der Rückkehr zu den alten deutschnationalen Traditionen der Partei. Aufgrund des rechtsnationalen Protestkurses der FPÖ kündigte Vranitzky die Koalition mit den Freiheitlichen auf und schlug Neuwahlen vor, die für 23. November angesetzt wurden. Etwas mehr als drei Jahre nach Kreiskys Demission ging es nun um die Position der stärksten Partei in Österreich. Der Sieg Waldheims hatte der ÖVP nicht nur einen beträchtlichen Aufwind in den Meinungsumfragen verschafft, auch innerhalb der Partei war man überzeugt, dass nun die Zeit für eine »bürgerliche Wende« gekommen sei. Andreas Khol (1987, 97) schrieb dazu: »Kurt Waldheim war damit die Speerspitze der Wende in Österreich.« Aus gutem Grund war die ÖVP, der es unter Mock gelungen war, die Themenführerschaft an sich zu reißen, zu Beginn des Wahlkampfes siegessicher, doch die stark personalisierte Wahlauseinandersetzung spitzte sich auf das Duell der beiden neuen, charismatischen und telegenen Spitzenkandidaten Vranitzky und Haider zu. Mock geriet zusehends ins Hintertreffen, ein »Kopf-an-Kopf-Rennen« bahnte sich an. Die Nationalratswahl vom 23. November 1986 brachte folgendes Ergebnis: SPÖ (43,12 Prozent = 80 Mandate), ÖVP (41,30 Prozent = 77 Mandate) und FPÖ (9,73 Prozent = 18 Mandate), »Grüne Alternative/Liste Freda Meissner-Blau« (4,82 Prozent = 8 Mandate). Während die FPÖ ihren Stimmenanteil beinahe verdoppeln konnte, verloren SPÖ und ÖVP 4,5 Prozent bzw. 1,9 Prozent; »Erdrutschverluste«, wie eine Tageszeitung damals schrieb. Mit den Grünen zog erstmals seit dem Ausscheiden der Kommunisten im Jah-

re 1959 wieder eine vierte Partei in den Nationalrat ein. Am nächsten Tag trat die Regierung Vranitzky – Steger zurück und wurde von Waldheim mit der Fortführung der Amtsgeschäfte betraut.
Angesichts der Neuformierung der politischen Landschaft Österreichs wurde das Jahr 1986 in der einschlägigen Literatur als »Jahr der Wechselwähler« (Plasser/Ulram 1987, 31 ff) und als »Wendejahr« (Dachs 1995, 291 ff) bezeichnet. Nie zuvor in der Zweiten Republik hatten die Wähler eine größere Mobilität an den Tag gelegt, scheinbar unverrückbare Loyalitäten begannen zu wackeln, die weltanschaulichen »Lager« erodierten. Der elektorale »Rechtsruck« führte jedoch nicht zu einer rechtskonservativen Koalition zwischen ÖVP und FPÖ, die nun über 95 der 183 Mandate im Nationalrat verfügte, sondern nach 21 Jahren wieder zu einer großen Koalition zwischen SPÖ und ÖVP.[25] Waldheim hätte die Möglichkeit zur Einsetzung einer »bürgerlichen« Koalition ÖVP – FPÖ gehabt, eine solche – verfassungsrechtlich völlig konforme – Vorgangsweise war von Gegnern Waldheims ebenso befürchtet wie von Anhängern erhofft worden. »Wieder hatten meine Gegner Unrecht behalten, die meinten, ich würde – ohne langes Nachdenken – eine VP-dominierte Regierung zu installieren trachten«, erinnerte sich Waldheim (1996, 128). Und weiter: »Mein freundschaftliches Verhältnis zu Alois Mock war bekannt. Er wäre zweifellos ein ausgezeichneter Bundeskanzler ... gewesen. Doch ich legte Wert darauf, von der Tradition nicht abzugehen, den Chef der mandatsstärksten Partei mit der Regierungsbildung zu betrauen.« Einmal abgesehen davon, dass Mock, der eine Koalition mit Haider präferiert hätte, sich innerhalb seiner Partei nicht durchzusetzen vermochte, hatte Waldheim während der Koalitionsverhandlungen deutlich durchblicken lassen, dass er einer großen Koalition den Vorzug einräumen würde, da die großen Probleme des Landes nur durch eine Zusammenarbeit der maßgeblichen politischen Kräfte gelöst werden könnten. Waldheim wusste natürlich sehr genau, dass nach der anhaltenden Diskussion über seine Kriegsvergangenheit die Reputation Österreichs im Ausland durch eine rechtskonservative Regierung zusätzlichen Schaden erlitten hätte. Alois Mock wurde am 19. Mai 1989 auf einem Parteitag von Josef Riegler als Obmann und Vizekanzler abgelöst. Fischer (1998, 491) räumte ein, dass »in der SPÖ in diesen Monaten eine gewisse Nervosität in Bezug auf die Frage (herrschte), inwiefern ein Obmannwechsel in der ÖVP auch Ausgangspunkt für einen Koalitionswechsel in Richtung einer ÖVP/FPÖ-Zusammenarbeit sein könnte.

Diese Nervosität wurde noch gesteigert, als ÖVP und FPÖ am 8. Mai 1989 Jörg Haider in Kärnten gemeinsam zum Landeshauptmann wählten ... Es stellte sich aber in weiterer Folge heraus, dass Josef Riegler nicht auf eine ÖVP/FPÖ-Koalition hinarbeitete und dass er von Haider bald bitter enttäuscht wurde.« Auch im Zuge der Regierungsbildung nach den Nationalratswahlen vom 7. Oktober 1990[26] operierte Waldheim innerhalb der ungeschriebenen Regeln der österreichischen Realverfassung. Vranitzky wurde als Chef der stärksten Parlamentspartei mit der Regierungsbildung beauftragt, die aufgrund des Umstandes, dass sich SPÖ und ÖVP schon vorher auf den Fortbestand der Koalition geeinigt hatten, nur eine Frage der Zeit sein konnte. Am 17. Dezember nahm Waldheim die Angelobung der neuen Bundesregierung vor.

Blenden wir wieder einige Jahre zurück. Bereits im April 1986 waren in amerikanischen Medien Gerüchte aufgetaucht, wonach die Möglichkeit eines Einreiseverbotes für Waldheim in die USA geprüft werde. Vier Monate später forderte der WJC das Justizministerium auf, Waldheim auf die so genannte »Watchlist« zu setzen. Außenminister Mock wies am 14. Mai auf die einschneidenden politischen Konsequenzen einer solchen Vorgangsweise für die Beziehungen zwischen Wien und Washington hin, »da die österreichische Öffentlichkeit kein Verständnis für einen solchen Schritt aufbrächte«. Kreisky, der seiner Partei zürnte und sogar den Ehrenvorsitz zurückgelegt hatte, weil die SPÖ in den Koalitionsverhandlungen das Außenministerium aufzugeben bereit war, sah den zukünftigen Entwicklungen mit Skepsis entgegen: »Der Verzicht auf das Außenministerium ist schlicht und einfach eine Katastrophe und es bleibt die Frage offen, ob wir einen Bundespräsidenten Waldheim und den Obmann jener Partei, die ihn nominiert und voll und ganz unterstützt hat, im Ausland aushalten werden ...« (Kreisky 1996, 324 f).

Bundeskanzler Vranitzky war hinsichtlich der Bejahung des gewählten Staatsoberhauptes um Konsens mit dem Koalitionspartner bemüht. Kanzler und Außenminister hatten nach der »Watchlist«-Entscheidung vereinbart, dass die Bundesregierung alles unternehmen werde, um ungerechtfertigten Anschuldigungen gegen den Bundespräsidenten entgegenzutreten. Die Entscheidung des US-Justizministeriums und des State Department vom 27. April 1987, dem österreichischen Staatsoberhaupt als Privatperson die Einreise in die Vereinigten Staaten zu verbieten, löste in Österreich Empörung und international großes Aufsehen aus. Interventionen des österreichischen Botschafters Thomas Klestil bei Justizminister Meese und Außenminister Shultz blieben ohne Wirkung. Grundlage dieser problematischen und unverständlichen Entscheidung war ein Gesetz, welches Personen, die im Verdacht stehen, während des Zweiten Weltkrieges auf deutscher Seite in »Verfolgungshandlungen« involviert gewesen zu sein, ein Einreisevisum in die USA verwehren kann (Ermacora 1988, 213 ff). Zehn Jahre nach der »Watchlist«-Entscheidung schrieb ein ehemaliger CIA-Beamter über deren Zustandekommen ein aufschlussreiches Büchlein, in welchem die Ansicht vertreten wird, dass Waldheim als Spielball der amerikanischen Innenpolitik instrumentalisiert worden war (Mapother 1997). Obwohl die Entscheidung der Reagan-Administration »lediglich« einen Verwaltungsakt darstellte, war dessen Tragweite doch enorm. Das »profil«-Cover vom 4. Mai, auf welchem Waldheim als »Der Geächtete« firmierte, brachte die internationalen Reaktionen auf den Punkt. Zusätzliche Brisanz ergab sich aus dem Umstand, dass für die zweite Maihälfte ein Besuch Vranitzkys in den USA bevorstand, über dessen Absage nun debattiert wurde. Die Reise des Bundeskanzlers fand schließlich statt und wurde ein großer Erfolg. Führende Vertreter aller Parteien gingen in der Auffassung konform, dass ein Rücktritt Waldheims zu diesem Zeitpunkt kontraproduktiv wäre. Die Bundesregierung entsandte nun eine dreiköpfige Expertengruppe nach Belgrad, um jene Dokumente, die zum Einreiseverbot führten, zu überprüfen. Das Material umfasste etwa 2500 Seiten Originaldokumente und 10 000 Seiten Mikrofilm. Nach der Rückkehr hielten die Experten (Felix Ermacora, Kurt Peball, Manfried Rauchensteiner) fest: »Ein eingehendes Studium der Dokumente« ließe »nichts erkennen, was die Argumention stützen würde, Dr. Waldheim hätte eine wichtige und mit Befehlsgewalt verbundene militärische Stellung innegehabt und sich in den aufgelisteten Fällen schuldig gemacht.« Nachdem sich die Experten für die Analyse des umfangreichen Materials allerdings keine drei Tage Zeit genommen hatten, erweckten deren Schlussfolgerungen keinen seriösen Eindruck.

Nur wenige Wochen nach der »Watchlist«-Entscheidung, am 25. Juni, wurde der Bundespräsident aufgrund »einer wiederholten Anfrage von österreichischer Seite« von Papst Johannes Paul II. empfangen, was den Konflikt mit Israel, das seinen Botschafter bereits nach Waldheims Wahlsieg aus Wien abgezogen hatte, noch zusätzlich verschärfte. Die ÖVP-Zeitung »Neues Volksblatt« titelte in dieser innenpolitisch aufgeheizten Atmosphäre: »Juden fallen wegen Einladung Waldheims über den Papst her«! Und als anlässlich des Parteitages der Wiener SPÖ Josef Hindels den Bundespräsidenten einen »hinterhältigen Lügner« nannte, wurde er von Graff mit dem »Blutrichter« des NS-Regimes Roland Freisler verglichen.

Am 1. September trat erstmals die von der Bundesregierung eingesetzte internationale Historikerkommission zusammen, die untersuchen sollte, »ob ein persönlich schuldhaftes Verhalten von Dr. Kurt Waldheim während seiner Kriegszeit vorliegt«.[27] Das Ergebnis der Untersuchungen wurde am 8. Februar 1988 vorgelegt. Ein persönlich schuldhaftes Verhalten Waldheims wurde zwar nicht konstatiert, sehr wohl aber »konsultative Mitwirkung an Unterdrückungsmaßnahmen«. Für seine Autorität und Integrität als amtierender Bundespräsident war freilich die Feststellung der Kommission, Waldheim wäre entgegen seiner bisherigen Beteuerungen sehr wohl Mitglied in der SA und im NSDStB gewesen, ein schwerer Schlag. Aus einem vom ehemaligen Außenminister Gruber (mit) herausgegebenen »Weißbuch« war noch 1987 hervorgegangen, dass der Bundespräsident kein Mitglied einer nationalsozialistischen Organisation gewesen sei. Das abschließende Urteil der Historikerkommission lautete wie folgt: »Waldheims Darstellung seiner militärischen Vergangenheit steht in vielen Punkten nicht im Einklang mit den Ergebnissen der Kommissionsarbeit. Er war bemüht, seine militärische Vergangenheit in Vergessenheit geraten zu lassen und, sobald das nicht mehr möglich war, zu verharmlosen ...«

Waldheim forderte von der Regierung die Zurückweisung des Berichtes und drohte angeblich mit ihrer Entlassung, er selbst bestreitet dies. In der Öffentlichkeit bezeichnete er die Erkenntnisse der Kommission aber mit Nachdruck kontrafaktisch als »umfassende Entlastung«, um eine Woche später in einer Fernsehrede zu verkünden, dass er »nicht der Verleumdung weichen« werde. Der Bericht entspreche »in Teilen nicht der Wahrheit«.

Wenig später erhielt die »Causa Waldheim« anlässlich der offiziellen Feierlichkeiten zum »Ge- und Bedenkjahr« 1988, in welchem in Ausstellungen, Gedenkveranstaltungen und Staatsakten des fünfzigsten Jahrestages des »Anschlusses« Österreichs an Hitler-Deutschland gedacht wurde, einen dramatischen Höhepunkt. »Die Linke wollte mich bei dieser Gedenkstunde [im Parlament, Anm. C. D.] nicht sprechen lassen«, klagte Waldheim (1996, 126), der schließlich mit Vranitzky einen Kompromiss erzielte. Waldheim nahm zwar an der Feier im Parlament teil, doch seine Rede hielt er am 10. März nicht im Hohen Haus, sondern im Fernsehen. Diese Ansprache war eigentlich bemerkenswert, doch seine Glaubwürdigkeit war bereits so sehr beschädigt, dass auch kein noch so offenes Eingeständnis zu einer für Waldheim positiven Wirkung geführt hätte. Dennoch, was jahrzehntelang seitens der Staatsspitze verabsäumt worden war, wurde nun ausgerechnet von Waldheim in der gebotenen Klarheit ausgesprochen: die österreichische Mitwirkung an den Verbrechen des Nationalsozialismus. »Der Holocaust ist eine der größten Tragödien der Weltgeschichte«, begann er, »Millionen jüdischer Menschen wurden in den KZ's [sic!] vernichtet. Diese Verbrechen sind durch nichts zu erklären und durch nichts zu entschuldigen. Ich verneige mich in tiefem Respekt vor diesen Opfern, die uns stets Mahnung und Auftrag sein müssen ... Wir dürfen nicht vergessen, dass viele der ärgsten Schergen des Nationalsozialismus Österreicher waren. Es gab Österreicher, die Opfer, und andere, die Täter waren. Erwecken wir nicht den Eindruck, als hätten wir damit nichts zu tun« (zit. nach Karas 1988, 7 ff).

Doch erst die von Vranitzky am 8. Juli 1991 im Parlament gehaltene Rede zu diesem Thema wurde international als authentisches Bekenntnis zur österreichischen Mitschuld an den NS-Verbrechen wahrgenommen. Während seines Israel-Besuches im Juni 1993, der in den seit 1986 schwer gestörten österreichisch-israelischen Beziehungen einen »Dammbruch« herbeiführte, erhielt Vranitzky für die besagte Ansprache ein Ehrendoktorat. Seine Ausführungen kamen freilich vierzig Jahre zu spät und polarisierten aufgrund der schonenden Diktion auch nicht. »Ich hatte damals einen vorsichtigen Weg zu gehen, um nicht eine richtige und notwendige Absicht ins Gegenteil zu verkehren«, sagte Vranitzky einmal. Und weiters meinte er: »Der März 1988 stand noch zu sehr unter dem Eindruck der ... Waldheim-Debatte und es ist in solchen Fällen immer wichtig, dass man den richtigen, den vernünftigen Zweck nicht verfehlt« (Vranitzky/Thurnher 1992, 31).

Der Kernpunkt der Auseinandersetzung um den Präsidentschaftskandidaten und späteren Bundespräsidenten Kurt Waldheim scheint mir zu sein, dass dieser von einer *Person* über den für ihn und seine Familie sicher schmerzhaften Weg einer *Affäre* zu einem *Fall* wurde. Seine den offiziellen Opfermythos geradezu pulverisierende Bemerkung, wonach er »nur seine Pflicht erfüllt« hätte, stimmte mit der subjektiven »Erinnerungswahrheit« der Kriegsgeneration durchaus überein, ein »großes Tabu« (Pelinka/Weinzierl 1987) war gebrochen. Die mit

vielen Emotionen versetzte Täter-Opfer-Diskussion, welche eine breite Öffentlichkeit *erfasst*, jedoch – aus heutiger Sicht kann dies gesagt werden – nicht genügend *sensibilisiert* hatte, brachte aber auch eine reinigende Wirkung mit sich, eine – freilich nicht zu überschätzende – Enttabuisierung des Nationalsozialismus. Die durch die Waldheim-Debatte hervorgerufene Stimmungslage bewirkte zudem einen »Rechtsruck« im öffentlichen Diskurs, welcher der rechtspopulistisch gewandelten FPÖ eine nicht zu unterschätzende Schubkraft verlieh.
Die »Causa Waldheim« fand erst mit der relativ spät erfolgten Erklärung des Bundespräsidenten vom 21. Juni 1991, wonach er bei der nächsten Wahl nicht mehr antreten werde, ihr eigentliches Ende. Waldheim konnte weder in der Innenpolitik, wo er als »Mahner« und »Warner« diskreditiert schien, noch in der Außenpolitik jene aktive Rolle übernehmen, von welcher er im Wahlkampf so ambitioniert gesprochen hatte. Waldheim (1996, 124) erklärte Jahre nach dem Ende seiner Amtszeit, dass er zwar »das politische Leben nicht tatenlos an (sich) vorüberziehen lassen« wollte, eine »ungebührliche Strapazierung der Vollmachten des Bundespräsidenten« hätte er jedoch niemals erwogen. »Bei manchen meiner politischen Gegner hatten meine Ausführungen schon während des Wahlkampfes zur Sorge Anlass gegeben, ich könnte meine Befugnisse dazu missbrauchen, einen autoritären Herrschaftsstil einzuführen oder vielleicht gar eine ›dahinschleichende Beamtendiktatur‹ etablieren, wie das seinerzeit Dr. Kreisky formulierte.«
Waldheim nahm sich während seiner Amtszeit in der Ausübung der präsidialen Funktionen bewusst zurück, er setzte auf Versöhnung und Befriedung, wobei die von ihm präferierte Regierungsform der großen Koalition die geeigneten Rahmenbedingungen geschaffen hatte. Im Spiegel seiner zahlreichen Reden wird die konsensuale Ausrichtung Waldheims gut sichtbar (Sassmann 1992). Seiner Rolle als Staatsnotar vermochte Waldheim durchaus erfolgreich gerecht zu werden. Wenngleich er nicht als »bloßer Stempelabdruck« fungieren wollte und sich von Zeit zu Zeit durchaus als Kontrollor der Bundesregierung verstand, etwa bei der Ernennung von Schuldirektoren, mied er weitgehend jede Konfrontation. Gnadengesuche und Ernennungsvorschläge wurden von Waldheim mit größter Sorgfalt geprüft, der inflationären Vergabe von Berufstiteln und Ehrenzeichen versuchte er gegenzusteuern. Im Bereich der Beurkundung des »verfassungsmäßigen Zustandekommens der Bundesgesetze« hat zwar noch kein Staatsoberhaupt sei-

ne Unterschrift verweigert, Gelegenheiten dazu hätte es hingegen genügend gegeben. Waldheim holte einmal anlässlich der umstrittenen Neuregelung von Taxiberechtigungen den Rat des Präsidenten des Verfassungsgerichtshofes ein, seine Unterschrift verweigerte er schließlich nicht.
Während seiner gesamten Amtszeit erhielt Waldheim keine einzige Einladung in ein Land der »westlichen Wertegemeinschaft«, er war in einer seiner wichtigsten Aufgaben »gelähmt«. Lediglich der Papst hieß den katholischen Bundespräsidenten eines katholischen Landes willkommen. »Der Boykott Waldheims wurde eine ritualisierte Geste und gehörte zum guten Ton der westlichen Welt. Er hatte wenig Konsequenzen, weil der Bundespräsident weder ein ›Regierungspräsident‹ noch ein ›Exekutivpräsident‹ sein muss« (Welan 1997, 83). Waldheims Staatsbesuche führten ihn vor allem in islamische Länder, nach Jordanien (1. bis 4. Juli 1987), Pakistan (23. bis 25. November 1987), Saudi-Arabien (4. bis 6. Juni 1988), Syrien und Kuweit (27. Oktober bis 2. November 1988), Tunesien (4. bis 6. Dezember 1989), Ägypten, Oman und Jordanien (10. bis 14. Jänner 1991). Anlässlich der Eröffnung der Salzburger Festspiele am 26. Juli 1990, drei Tage vor Kreiskys Tod, traf Waldheim schließlich noch mit seinem Amtskollegen Richard von Weizsäcker zu einem »privaten« Treffen zusammen, was in der renommierten Wochenzeitung »DIE ZEIT« als »falsche und nicht erklärliche Bewegung« des deutschen Bundespräsidenten gebrandmarkt wurde. Der tschechische Präsident Václav Havel, der die Eröffnungsrede hielt, sprach bei dieser Gelegenheit von einer Art Spiel, einem Ritual. Waldheim sei so etwas wie ein stellvertretendes Opfer geworden.
Wenige Tage danach, am 2. August, Waldheim hatte sich in sein Haus am Attersee zurückgezogen, begannen drei Panzerdivisionen der irakischen Streitkräfte mit der Eroberung Kuweits, der Startschuss für den zweiten Golfkrieg war gegeben. Unter den ausländischen »Gästen der irakischen Regierung«, die das Land nun nicht mehr verlassen durften, waren auch ungefähr hundert österreichische Staatsbürger. Nachdem Waldheim von Angehörigen gebeten worden war, für die österreichischen Geiseln zu intervenieren, brach er am 24. August in den Nahen Osten auf. Tags darauf wurde er von Saddam Hussein empfangen. Nach einer längeren Konversation über die politische Lage brachte Waldheim das Gespräch auf seine Landsleute. Der Diktator lenkte überraschend ein und bezeichnete seine Zusage, die österreichischen Geiseln freizulassen, als »Gastgeschenk für Waldheim«. Am 26.

August konnte die »Kleine Zeitung« titeln: »Waldheims Triumph: Alle Österreicher frei!«

Aufgrund Waldheims Isolierung musste Vranitzky bei zahlreichen Gelegenheiten und in mancher Hinsicht die Rolle des Bundespräsidenten übernehmen und die Art, wie er dies tat, brachte ihm mit Recht Respekt und Anerkennung ein. Selbst Kritiker und unversöhnliche Gegner des Altkanzlers stellten in Rechnung, dass sich sein Krisenmanagement bewährt hätte. »Seine Rolle als quasi Ersatz-Bundespräsident hat er ja nicht schlecht gespielt, damals, während der Waldheim-Zeit«, erklärte Hannes Androsch einmal, der ansonsten kein gutes Haar an seinem ehemaligen Sekretär zu lassen pflegt, »das kann er.«

Auch Waldheim fand zu einer differenzierten Betrachtung: »Mein Verhältnis zu Bundeskanzler Vranitzky, den ich als erfahrenen Fachmann und sachorientierten Politiker schätzte, war korrekt und vom beiderseitigen Bemühen gekennzeichnet, eine konstruktive Zusammenarbeit zu pflegen. Am Ende meiner Amtsperiode haben manche Zeitungen darüber geschrieben, der Bundeskanzler habe sich angesichts der Schwierigkeiten, die manche ausländische Staaten dem österreichischen Bundespräsidenten bereitet hätten, außenpolitische Kompetenzen angemaßt. Ich habe es indessen durchaus verstanden, wenn er gelegentlich einsprang, als mir aus bekannten Gründen die Hände gebunden waren. Enttäuscht war ich allerdings über manche seiner Bemerkungen im Zusammenhang mit der Polemik gegen mich im Ausland, als er seine Arbeitsüberlastung mit der wenig überzeugenden Feststellung begründete, dass er sechzig Prozent seiner Tätigkeit für meine Verteidigung gegenüber dem Ausland aufwenden müsse« (Waldheim 1996, 125 f).

Am 8. Juli 1992 wurde Waldheim von Nationalrat und Bundesrat im Rahmen einer Festsitzung verabschiedet. »Besonders hat mich die Abschiedsrede des sozialdemokratischen Nationalratspräsidenten Fischer beeindruckt«, erinnerte sich Waldheim (1996, 229), »der wahrhaftig nie zu meinen Anhängern gezählt hatte, der aber wohl unzweifelhaft zu jenen Politikern Österreichs zählt, denen man intellektuelles Format und Integrität nicht absprechen kann.«

Fischer hatte unter anderem ausgeführt: »In diesem Sinne möchte ich aussprechen, dass dem Menschen und dem Bundespräsidenten Kurt Waldheim Unrecht zugefügt wurde, wenn ihm Handlungen – ja sogar Kriegsverbrechen – angelastet wurden, die er nach aller historischen Evidenz ... nicht begangen hat. Ich darf in diesem Zusammenhang hinzufügen, dass die Haltung mancher ausländischer Staatskanzleien oder Regierungen wohl nicht durch ein Höchstmaß an sorgfältig abwägender Gerechtigkeit bei der Reaktion auf die Biografien einzelner Staatsoberhäupter charakteristisch war ...«

Für viele Bürger und vor allem für viele Intellektuelle blieb Waldheim unglaubwürdig. Wenn der Bundespräsident einmal die richtigen Worte fand, so hieß es, dann war es meist schon zu spät. Anders als Weizsäcker konnte er sich nicht aus der Umklammerung der Vergangenheit lösen. Stets schwebte die Vermutung im Raum, er handle und spreche nicht aus Überzeugung, sondern aus Berechnung und Opportunismus. Für Pelinka (1990, 46) war Waldheim ein typischer »Mitläufer«, »Mitläufer im autoritären Ständestaat, Mitläufer bei der Großdeutschen Wehrmacht, Mitläufer im diplomatischen Dienst, Mitläufer bei den Vereinten Nationen und nun österreichischer Bundespräsident«, weder stellte er den typischen Täter noch das typische Opfer dar, er ist »ein normaler, er ist ein echter Österreicher«. Nach dem Urteil der Historikerkommission hätte er ohne großen Gesichtsverlust im Sinne einer »Entscheidung für Österreich« (Simon Wiesenthal) zurücktreten können. Waldheim dachte nicht daran: »Pflichterfüllung« bis zuletzt.

Der Diplomat
THOMAS KLESTIL

»Lassen Sie doch das Staatsoberhaupt aus dem Spiel!« Diese erregt in das Plenum des Hohen Hauses geschmetterte Aufforderung eines Abgeordneten, der augenscheinlich die Gefahr gewittert hatte, dass man das Staatsoberhaupt in die Niederungen der Tagespolitik herabzuzerren im Begriffe sei, galt mehr als vier Jahrzehnte als politisches Credo kollektiven Wollens. Person und Amt des Bundespräsidenten wurden als Bestandteile der Sakralsphäre des Staates gefeiert und von allen Parteien außer Streit gestellt. Erst die Ereignisse während und nach dem Bundespräsidentschaftswahlkampf 1986, der auch als die Ouvertüre eines Entsakralisierungsprozesses gedeutet werden kann, katapultierten das Staatsoberhaupt in die tagespolitische Arena. Gleich allen anderen Funktionsträgern hat sich der Bundespräsident seit diesem Zeitpunkt der Kritik der Öffentlichkeit, der Medien und der Parteien zu stellen, was, unabhängig von der Qualität und Nachvollziehbarkeit allfälliger Kritik, in einer noch immer von Obrigkeitsdenken, Paternalismus und Etatismus gesättigten politischen Kultur durchaus als demokratiepolitischer Fortschritt bezeichnet werden kann. Auch Thomas Klestil musste während seiner bis zur Abfassung dieses Buches acht Jahre währenden und überaus ereignisreich verlaufenen Präsidentschaft lernen, mit Kritik an seiner Amtsausübung sowie an seiner Person umzugehen. In seine Amtszeit fielen der EU-Beitritt und die Regierungsbeteiligung der FPÖ, er stritt mit SPÖ, LIF und Grünen über seine Kompetenzen im Bereich der Außenpolitik und versuchte vergeblich, eine außereheliche Beziehung geheim zu halten, ihm wurde innerhalb relativ kurzer Zeit eine zu große Nähe zur FPÖ und ein anderes Mal zur SPÖ vorgeworfen, seine lebensgefährliche Erkrankung war wochenlang das dominierende

Gesprächsthema der Republik. In seiner ersten Amtsperiode scheiterte er an dem Anspruch, ein »starker« Bundespräsident sein zu wollen, in der zweiten hingegen zwang ihn die Dynamik der politischen Ereignisse, »Stärke« zu zeigen und in eine Regierungsbildung machtvoller einzugreifen, als dies je einer seiner Vorgänger für möglich gehalten hätte. Die beträchtlichen Einflussmöglichkeiten, die im Amt des Bundespräsidenten ruhen, wurden bei dieser Gelegenheit ebenso eindrucksvoll exemplifiziert wie die realpolitischen Grenzen präsidialer Machtausübung.

Die frühen Jahre

Wie alle seine Vorgänger im Amt des Bundespräsidenten ist auch Klestil als sozialer Aufsteiger zu charakterisieren, der aus so genannten »kleinen Verhältnissen« stammt und es aus eigener Kraft in hohe und höchste Positionen brachte. Er wurde am 4. November 1932 als Sohn des ursprünglich aus Böhmen stammenden Straßenbahners Thomas und dessen Gattin Maria Klestil, geb. Meier, einer Gärtnerstochter, als jüngstes von fünf Kindern in Erdberg, einem Wiener Arbeiterviertel, geboren. Seine älteste Schwester war zu diesem Zeitpunkt bereits 17 Jahre alt. Das spätere Staatsoberhaupt wuchs in zwar behüteten, aber doch kargen, ja ärmlichen Verhältnissen auf, was in den 30er und 40er Jahren eher die Regel denn die Ausnahme war: etwa 50 m² Zimmer, Küche, Kabinett, das Wasser aus der Bassena, die Toilette natürlich auf dem Gang. Der Vater, an den Klestil sich nur noch schemenhaft zu erinnern vermag, starb 1942, worauf die Mutter von einer bescheidenen Witwenrente leben musste. Maria Klestil war eine tief religiöse Frau, die täglich die Messe besuchte, und es ist wohl auch ihrem Einfluss zuzuschreiben, dass Sohn Thomas, der während der Schulzeit häufig im katholischen Jugendheim *Salesianum* verkehrte, Ministrant wurde. Die Klestils widerstanden der Versuchung, in den ideologischen Blendgranaten des Nationalsozialismus die Erfüllung ihrer Hoffnungen und Träume zu erblicken, der früh verstorbene Vater galt als »politisch unzuverlässig«, da er in der Ersten Republik »christlichsozialer Fürsorgerat« war. Die Mutter, deren zwei ältere Söhne in der Wehrmacht dienen mussten, widerstand auch einem Angebot, Thomas, der die Volksschule im 3. Wiener Gemeindebezirk besucht hatte und anschließend in die Hauptschule übergetreten war, in der NS-Eliteschule NAPOLA unterzubringen. Klestil verblieb aber nicht in der Hauptschule, sondern wechselte in die 3. Klasse des Don-Bosco-Gymnasiums in der Hagenmüllergasse über. In unmittelbarer Nähe befand sich das »Wagenrad«, ein vom Salesianerpater Fritz De Bray ins Leben gerufener Jugendtreffpunkt, »ein integratives Sozialmodell; es verbindet Jugendkultur, Sport, Bier und Schmalzbrote mit der Feier der Eucharistie« (Riedl 1993, 70).

Dieser Pater wurde für viele Erdberger Burschen, die ihren Vater im Krieg verloren hatten, zu einer wichtigen sozialen Bezugsperson. Im *Salesianum* traf Klestil erstmals auch die gleichaltrige Edith-Maria Wielander, die er beim Volkstanzen in der Pfarre und bei anderen »Nachkriegs-Belustigungen« näher kennen lernte. Die Tochter eines Postbeamten, die nach der Pflichtschule die Bundeslehr- und Versuchsanstalt für Textilindustrie besuchte, wurde später Klestils Frau. Einer seiner guten Freunde aus jenen Jahren war der später zu Weltruhm gelangte Jazz-Musiker Joe Zawinul. Der Besuch eines Gymnasiums war in den 40er Jahren für ein Arbeiterkind ohne Zweifel ein Privileg, Klestil freilich war zunächst das Gegenteil eines begeisterten, strebsamen Schülers, der begierig den Weihen einer höheren Bildung hinterherläuft. Mit welchem aberwitzigen Dünkel Kinder aus weniger begüterten Familien in den Gymnasien – und dies teilweise bis hinein in die 70er Jahre – konfrontiert waren, dokumentiert eine Episode, die Klestil mit einem Lehrer für »Darstellende Geometrie« erlebte. »Klestil, was ist denn dein Vater«, wurde der Minderjährige zur Rede gestellt. – »Tot.« – »Was war dann dein Vater?« – »Straßenbahner!« – »Dann werde auch Straßenbahner. Dann hast du hier in der Schule nichts verloren.« Eine derartige Konversation prägt. »Erst viel später habe ich begriffen«, meinte Klestil einmal, »das Lernen ist der Weg heraus.« In der 7. Klasse war es ausgerechnet die »Darstellende Geometrie«, die Klestil neben Latein zum Stolperstein für den Aufstieg in den nächsten Jahrgang geriet. »Das war der größte Schock meines Lebens: Ich hab geglaubt, i bring mi um. Diese Schande! Die ganze Familie erwartet von mir, dass ich der Bannerträger des Aufstiegs bin, und ich enttäusche alle, weil ich ein fauler Hund bin. Ich hab mir geschworen, dass von nun an alles anders wird« (zit. nach Riedl 1993, 70).

Nach einer Ferialtätigkeit auf dem Bau wechselte Klestil in ein Gymnasium nach Simmering und tatsächlich erreichte er schon nach kurzer Zeit den Status eines Vorzugsschülers. Die Matura brachte Klestil im Jahre 1952 mit ausgezeichnetem Erfolg hinter sich. Nach der Reifeprüfung inskribierte er an der Wiener Hochschule für Welthandel im Fach Wirtschaftswissenschaft. Im Jahr darauf trat er der katholischen Studentenverbindung »Bajuvaria« bei. In den Sommerferien verdiente Klestil als Kassier in diversen Spielkasinos, unter anderen in Velden, viel Geld; Geld, das er für sein Studium gut gebrauchen konnte. 1956 schloss Klestil sein Studium mit dem Titel Diplomkaufmann ab, ein Jahr später promovierte er. Sein erstes – durchaus verführerisches – Jobangebot, in Wien ein neu gegründetes Casino zu führen, schlug er schließlich aus. Den 25-Jährigen zog es in den Staatsdienst.

Berufseinstieg und diplomatischer Dienst

Im November 1957 nahm Klestil seine Arbeit in der »Sektion V« des Bundeskanzleramtes auf, wo er dem »Büro für Wirtschaftskoordination« zugeteilt wurde. Fünf Monate zuvor hatte er seine langjährige Freundin Edith geheiratet, mit der er nun eine kleine Wohnung in Grinzing bewohnte. 1959 wurde Tochter Ursula geboren, 1963 bzw. 1967 kamen die Söhne Thomas und Stefan zur Welt. Im Geburtsjahr von Uschi Klestil erfolgte die Versetzung zur österreichischen Mission der OEEC, der später in OECD umbenannten Organisation für Zusammenarbeit und Entwicklung, nach Paris, wo Klestil die Spielregeln der internationalen Diplomatie, welche er im Zuge seiner Arbeit wie kaum ein anderer internalisieren sollte, erlernte. Drei Jahre später, 1962, wurde er Wirtschaftsattaché an der Botschaft in Washington D. C., wo er bis 1966 blieb. Sosehr den jungen Klestil die in Paris übliche »Exklusivität« innerhalb der diplomatischen Zirkel irritiert haben mag, so angenehm zeigte er sich von der Ungezwungenheit des Zeremoniells in den USA berührt. »Bald spürte ich auch«, erinnerte er sich, »dass der unkonventionelle ›Drive‹ der Amerikaner weitgehend meinem Arbeitsstil entsprach« (Klestil 1997, 14).
In jenen Jahren traf Klestil erstmals mit Josef Klaus zusammen, der damals noch als Finanzminister einer Tagung der Weltbank in New York beiwohnte. Klaus zeigte sich von der Professionalität Klestils beindruckt und erinnerte sich an ihn, als er seine Alleinregierung bildete. Im Mai 1966 trat Klestil als persönlicher Sekretär und stellvertretender Abteilungsleiter in Klaus' »Kabinett« ein, wo er für Fragen der Wirtschaftspolitik und des Außenhandels zuständig war. Neben den inneren Abläufen der österreichischen Demokratie lernte er

führende Persönlichkeiten aus Politik, Wirtschaft und Diplomatie kennen. Rund ein Dutzend Männer, die im Laufe der Jahre im Mitarbeiterstab von Klaus tätig waren (»Klaus-Buben«), machten später beeindruckende politische, diplomatische oder wirtschaftliche Karrieren. Josef Taus, der mit Klestil schon die Schulbank gedrückt hatte, gehörte ebenso dazu wie Wolfgang Schmitz, Alois Mock, Heinrich Neisser, Michael Graff oder Leopold Wallner.

1969 eröffnete die Republik in Los Angeles, wo an die 30 000 österreichische Emigranten eine neue Heimat gefunden hatten, ein Generalkonsulat, um auch an der prosperierenden Ostküste der USA eine Vertretung zu haben. Mit dem Aufbau des Generalkonsulats wurde der 37-jährige Amerika-Kenner Klestil beauftragt, auf den die Wahl auch deshalb gefallen war, weil er in keiner Weise mit dem Nationalsozialismus in Verbindung gebracht werden konnte. Dieser Aufgabe wurde Klestil durch die Herstellung und Pflege vielfältiger Kontakte zu Emigranten, Wirtschaftstreibenden und Künstlern ebenso gerecht wie durch den spezifischen Servicecharakter, den das Generalkonsulat unter seiner Ägide angenommen hatte. Eine der von Klestil kontaktierten Persönlichkeiten war der große Rechtsgelehrte Hans Kelsen, dessen wissenschaftlicher Nachlass maßgeblich von Klestil für Österreich gesichert werden konnte. Dass er vom Außenministerium für sein Engagement nicht belobigt, sondern gerügt wurde, weil er zuvor kein Ansuchen für die Genehmigung der Transportkosten gestellt hatte, soll als typische austriakische Fußnote nicht verschwiegen werden.

1974 wurde Klestil von seiner Funktion abberufen und vor die Wahl gestellt, ob er entweder einen anderen Auslandsposten annehmen oder in Wien bleiben wolle. Wegen der Kinder entschied sich die Familie für Wien. Klestil, der sich zunächst bitter darüber beklagt hatte, dass dem Außenamt »vollkommen Wurscht« sei, ob er jetzt da ist oder nicht, übernahm das Referat »Zusammenfassende Behandlung aller Amtssitz- und Konferenzfragen der Vereinten Nationen in Wien«, womit ihm vor dem Hintergrund des Baus der Wiener UNO-City auch die Aufgabe zukam, bei den Behörden der Vereinten Nationen für die Übersiedlung von UNO-Organisationen in die österreichische Hauptstadt Überzeugungsarbeit zu leisten. Bundeskanzler Kreisky, dem das ÖVP-Mitglied Klestil die Übertragung dieser spannenden Aufgabe zu verdanken hatte, war es ein großes Anliegen, Wien zur dritten UNO-Stadt zu machen, und dementsprechend ablehnend war die Haltung der ÖVP. Einige Monate vor den Nationalratswahlen be-

merkten einflussreiche Parteifreunde zu Klestil: »Warum strengst du dich so an, dass die UNO-City voll wird; wär doch klass, wenn sie in ein paar Monaten noch immer halb leer wäre.«
Kreisky honorierte die Loyalität des Christdemokraten: 1978 wurde Klestil zum Botschafter Österreichs bei den Vereinten Nationen ernannt, vier Jahre später erfolgte die Ernennung zum Botschafter in den USA und bei der »Organisation der amerikanischen Staaten« (OAS). Das »profil« schrieb damals über Klestil: »Dieser neue Diplomatentypus ist selbst in Österreich bereits in das aristokratische Wespennest eingebrochen. Er vereinigt, so wie Klestil, die wichtigsten Qualitäten des Aufsteigerwillens – ein im Wesentlichen geschlossenes, konservativ-liberales Weltbild, gepaart mit dem Glauben an Funktionsmodernismen. So gelingt ihm Angleichung ohne Selbstaufgabe, mit der er Kreiskys österreichischen Weg zu ändern, ohne zu verändern, einschlagen kann, ohne dabei seine katholische, christlichsoziale Herkunft verleugnen zu müssen.«
Als Klestil US-Präsident Ronald Reagan, den er noch von seiner Zeit in Kalifornien, wo Reagan von 1967 bis 1975 Gouverneur war, kannte, sein Beglaubigungsschreiben überreichte, scherzte dieser: »Da kommen ausgerechnet wir zwei aus Kalifornien. Und jetzt frieren wir hier.« In Washington verstand es Klestil, sich ein fein gesponnenes Netz aus guten und allerbesten Kontakten und Beziehungen zu erarbeiten, die bis in die höchsten Kreise der US-Administration reichten. »›Access‹ – Zugang zu den höchsten Machtstellen«, schrieb Klestil (1997, 19) »– ist das magische Wort in der US-Metropole. Ich hatte ›access‹, kannte die wichtigsten Politiker von früher, spielte Tennis mit ihnen und war entschlossen, diesen Vorteil für Österreich zu nützen.«
Der Staatsbesuch von Bundespräsident Kirchschläger und die außergewöhnlich medienwirksame Gala-Aufführung der Spanischen Reitschule vor dem Weißen Haus, in deren Folge Reagan ein Lipizzaner geschenkt wurde, waren auf Initiativen Klestils zurückzuführen. Aber auch die »größte Enttäuschung (seiner) beruflichen Laufbahn« erlebte Klestil als Botschafter in den USA. Just an jenem Tag im April 1987, als er nach Österreich abreiste, um eine neue Aufgabe in Wien zu übernehmen, wurde Bundespräsident Waldheim auf die »Watchlist« gesetzt. Außenminister Mock hatte Klestil zum »Generalsekretär für auswärtige Angelegenheiten« und damit zum ranghöchsten Beamten des Außenministeriums befördert. 1988 holte der 55-Jährige die 34-jährige Diplomatin Margot Löffler als Mitarbeiterin in sein Büro. »Es

ist von beiden nie eingestanden worden, gilt aber als so gut wie sicher, dass dies auch der Beginn ihrer über das enge Arbeitsverhältnis hinausreichenden privaten Beziehung war« (Ziegler 1999, 135). Diese außereheliche Beziehung findet in die vorliegende politisch-biografische Skizze nur deshalb Eingang, weil sie mehrfach für Diskussionen sorgte, die über das Private weit hinausgingen.

Anfang Juni 1991 stattete Generalsekretär Klestil in Begleitung einer hochrangigen Delegation Israel einen Besuch ab, der »den österreichischen Wunsch nach besseren Beziehungen« unterstreichen sollte, wie es im Außenpolitischen Bericht (1991, 616) hieß. Nach seiner Rückkehr verursachte Klestil einiges Aufsehen, da er am Flughafen Schwechat im vertraulichen Gespräch mit Journalisten Waldheim den Verzicht auf eine neuerliche Kandidatur »empfohlen« hatte und einer seiner Gesprächspartner damit an die Öffentlichkeit gegangen war. Doch auch im Vieraugengespräch mit Waldheim blieb Klestil bei seiner Einschätzung: »Ich muss dir leider sagen, dass sich international nichts bewegen wird!«

Bundespräsident

Nach Waldheims erleichternder Klarstellung, dass er für eine zweite Amtsperiode nicht mehr zur Verfügung stehen werde, bestand die realistische Möglichkeit, dass für dessen Nachfolge eine unbestrittene, integrative Persönlichkeit als gemeinsamer Kandidat von SPÖ und ÖVP nominiert werden könnte. Kirchschläger, der geradezu bekniet wurde, noch einmal zu kandidieren, was verfassungsrechtlich wieder möglich gewesen wäre, lehnte ebenso ab wie Hugo Portisch. Als weitere mögliche Kandidaten wurden Helmut Zilk, Alois Mock, Heinrich Neisser und der ehemalige Botschafter Ludwig Steiner genannt (Felt/Semrau 1993, 288). Vizekanzler Erhard Busek erinnerte sich, dass er Vranitzky zuerst Herbert Krejci, der zu diesem Zeitpunkt Generalsekretär der Industriellenvereinigung war, und etwas später den Karrierediplomaten Klestil als gemeinsamen Kandidaten der Koalition vorgeschlagen hatte, Vranitzky lehnte jedoch beide Male ab (»News« vom 23. Dezember 1992).

Mit der Nominierung des in der Öffentlichkeit unbekannten Klestil, für den sich die Partei nach der definitiven Absage Mocks entschieden hatte, nahm der ÖVP-Bundesparteivorstand am 15. November 1991

ein großes Risiko auf sich. »Es ist schade um jeden Schilling, den wir in diesen Mann stecken«, hatte der Finanzreferent der ÖVP gemeint. Busek, der erst am 28. Juni gegen Bernhard Görg in einer Kampfabstimmung zum Parteiobmann gewählt und vier Tage darauf zum Vizekanzler angelobt worden war, ging aber auch ein beträchtliches persönliches Risiko ein, denn nur *ein* Szenario hätte ihm wirklich genützt: ein Sieg Klestils, an welchen aber außer Busek niemand in der Volkspartei glaubte. Hätte Klestil hingegen eine schwere Niederlage erlitten, hätte dies die ÖVP an den Rand einer Zerreißprobe gebracht, hätte er nur knapp verloren, wäre in ihm ein ernst zu nehmender Widersacher für Busek erwachsen. Der spätere Bundespräsident war in der Öffentlichkeit jedenfalls ein unbeschriebenes Blatt, weshalb ihm gegen den populären, 53-jährigen Sozialdemokraten Rudolf Streicher, der seit 1986 als Bundesminister für Verkehr und Verstaatlichte Unternehmen amtierte, keinerlei Chancen eingeräumt wurden.
Einige Zeit bevor die Festlegung auf Streicher erfolgte, hatte sich eine Runde prominenter Sozialdemokraten privat zusammengefunden, um über die Kandidatenfrage zu beraten (Palme 1999, 223 f). Ex-ÖGB-Präsident Benya und Beppo Mauhart sprachen sich dafür aus, dass Bundeskanzler Vranitzky als Präsidentschaftskandidat der SPÖ antreten sollte, Unterstützung fanden sie mit diesem Vorschlag beim Wiener Finanzstadtrat Hans Mayr sowie bei Hannes Androsch, dessen Verhältnis zu seinem ehemaligen Sekretär Vranitzky damals bereits zerrüttet war. Im Falle einer Kandidatur Vranitzkys wäre vermutlich Streicher sein Nachfolger als Regierungschef geworden, was nach Meinung einiger Beobachter dem so genannten »Androsch-Clan« erneut Einfluss auf die Bundespolitik eingeräumt hätte. Anders als die genannten Persönlichkeiten war Altbundeskanzler Sinowatz der Meinung, seine »Entdeckung« Vranitzky sollte Kanzler bleiben. Vranitzky selbst dachte wohl nie ernsthaft an eine Kandidatur, nach einer Unterredung mit Benya lehnte er diese Variante jedenfalls ab. Streicher, der es sich mit seiner Zusage nicht leicht gemacht und lange gezögert hatte, war selbstverständlich schon seit geraumer Zeit im Gespräch gewesen. Bevor das entscheidende Gespräch zwischen ihm und Vranitzky stattfand, hatte sich Streicher noch mit Androsch beraten. Dieser soll damals zu seinem Freund gesagt haben: »Bundespräsident sein – Rudi, das ist wirklich nicht dein Strickmuster!« Bei dieser Gelegenheit bekam Streicher die oben erwähnte Studie von Schärf über das Bundespräsidentenamt ausgehändigt, die Androsch, dessen Gattin eine Ver-

wandte Schärfs ist, vom ehemaligen Bundespräsidenten persönlich erhalten hatte. Streicher, der sich ursprünglich »zu jung« für die Kandidatur wähnte, sagte schließlich auf das Drängen Vranitzkys hin zu. »Also, ich war gerne Verkehrsminister«, blickte er zurück, »aber als ich dann ja gesagt habe, wollte ich unbedingt gewinnen« (Kunz 1994, 244).

Die FPÖ nominierte am 22. November die Dritte Nationalratspräsidentin Heide Schmidt. Die 1948 in Bayern geborene, als Tochter sudetendeutscher Flüchtlinge in Wien aufgewachsene Juristin wurde dem Fernsehpublikum als Assistentin der Volksanwälte Zeillinger und Josseck bekannt. Nach nur einem Jahr als Bundesrätin wurde sie 1988 zur Generalsekretärin der FPÖ bestellt. 1990 wurde sie in den Nationalrat gewählt und von ihrer Partei für das Amt der Dritten Präsidentin nominiert. Nachdem Schmidt, die als das »liberale Gesicht« der FPÖ galt, öffentlich gegen die skandalösen, Mitte Februar ruchbar gewordenen Thesen eines freiheitlichen »Grundsatzreferenten«, wonach eine »drohende Umvolkung der deutschen Volks- und Kulturgemeinschaft« drohe, aufgetreten war, entluden sich die Spannungen zwischen ihr und Haider Anfang März 1992 in der Ankündigung des Parteiobmannes, dass er seine Präsidentschaftskandidatin ab diesem Zeitpunkt nicht mehr zu unterstützen gedenke. Erst nach einem erniedrigenden »Canossa-Gang« Schmidts zeigte sich Haider noch einmal »großzügig«, vor laufenden Fernsehkameras schlüpfte er in die Rolle des verzeihenden Vaters, der die irrende, jedoch zurückgefunden habende Tochter noch einmal aufzunehmen geneigt ist. Der Karikaturist Dieter Zehentmayr zeichnete später eine schwer verprügelte Heide Schmidt mit einem gewaltigen blauen Auge im »Heim für misshandelte Frauen«. Von ihren Leidensgenossinnen getröstet, seufzt sie: »Ich bin halt abhängig von ihm ...«

Seitens der Grünen wurde am 8. Dezember 1991 der 79-jährige, in Berlin geborene »Zukunftsforscher« Robert Jungk nominiert. Der Sohn eines österreichisch-jüdischen Schauspielers, der vor den Nationalsozialisten flüchten musste, studierte in der Schweiz Philosophie und Psychologie, im Anschluss daran war er als Journalist tätig. 1950 wurde er Bürger der Vereinigten Staaten, 1967 nahm er die österreichische Staatsbürgerschaft an und lebte seither in Salzburg. Seine wichtigsten Bücher – z. B. »Die Zukunft hat schon begonnen« oder »Heller als tausend Sonnen« – hatten die Zukunft der Menschheit angesichts ihres nuklearen Zerstörungspotenzials zum Thema. 1986 erhielt der mehrfach ausgezeichnete, seit fast zwei Jahrzehnten an der TU Berlin lehrende Jungk den »Alternativ-Nobelpreis«. Seine Präsidentschaftskandidatur nützte er, um mit großer Leidenschaft für eine menschlichere Welt einzutreten, für die Ökologisierung der Wirtschaft und eine glaubwürdige Friedenspolitik.

Von allen vier Kandidaten und den dahinter stehenden Parteien wurde ein fairer Wahlkampf geführt, was nach den Ereignissen von 1986 auch mehr als geboten schien. Dem Autor ist nicht bekannt, ob in der SPÖ die sich innerhalb von Klestils Wahlkampfteam erhärtenden Vermutungen, wonach Klestil ein Verhältnis mit Margit Löffler, der vielleicht aktivsten Mitarbeiterin seines Wahlkampfteams, unterhalten würde, bekannt waren, instrumentalisiert wurden sie jedenfalls nicht. Da rund um Klestil das Potemkinsche Dorf eines gut katholischen, perfekten Ehemannes und Familienvaters aufgebaut worden war und diese auf konservative Bedürfnisse zurecht geschnittene Fassade jederzeit zusammenbrechen konnte, ging der spätere Sieger mit Löfflers Omnipräsenz ein beträchtliches Risiko ein. Ein Foto aus dem Wahlkampf erlangte großen Bekanntheitsgrad: Thomas und Edith Klestil jubeln den Menschen zu, dicht gefolgt von Frau Löffler, deren Hand auf Klestils Hüfte ruht.

Zu Beginn des Wahlbewegung galt es für Klestil zuallererst, seinen Bekanntheitsgrad zu erhöhen. Äußerst motiviert und fest von seiner Chance, reüssieren zu können, überzeugt, vermochte er seinen Optimismus glaubhaft zu kommunizieren. »Ich reise nicht mit einem Varietéprogramm und einer Standardrede«, erklärte er von Anfang an, »ich will diskutieren« (zit. nach Riedl 1993, 121). Anlässlich des traditionellen »Dreikönigs-Treffens« der ÖVP unternahm Klestil einen von den Medien als »schweren Fehler« bezeichneten, enttabuisierenden Vorstoß in Sachen Staatsvertrag und Neutralität, der ihm nicht nur höchste Aufmerksamkeit einbrachte, sondern auch den Eindruck hinterließ, dass hier ein von taktischem und parteipolitischem Kalkül unbeeinflussbarer Fachmann kompetent und unkonventionell über zukünftige Entwicklungen räsoniere. Organisatorisch wie strategisch hob sich der perfekt geplante Klestil-Wahlkampf von jenem der Mitbewerber deutlich ab. Nach amerikanischem Vorbild erfolgte eine Trennung von Wahlkampfleitung und Wahlkampf-Management. Es wurde ein »überparteiliches Personenkomitee zur Unterstützung der Wahl von Dr. Thomas Klestil« angeregt, wozu extra ein Verein aus der Taufe gehoben wurde. Der »parteiunabhängige« Vereinsvorstand war allerdings mit dem Wahlkampf-Management Klestils identisch, die Wahlkampfleitung war in der Bundesparteizentrale der ÖVP angesiedelt. Mit gutem Recht machten die »Salzburger Nachrichten« bereits bei Klestils Vorstellung in der Hofburg am 6. März 1992 eine »gute Show nach amerikanischem Muster« aus.

Während Streicher bewusst als Kandidat der SPÖ, die ganz auf die Mobilisierbarkeit ihrer Sympathisanten zu vertrauen schien, präsentiert wurde, suggerierte die ÖVP unentwegt die Unabhängigkeit ihres Kandidaten, der allerdings mehrfach für die Volkspartei auf deren Nationalratsliste kandidiert hatte. Die Vorgangsweise der ÖVP, die sich demonstrativ im Hintergrund hielt, trug taktisch klug und nicht ohne Zynismus der latenten Anti-Parteienstimmung im Lande Rechnung. In diesem Sinne ist auch der erfolgreiche Slogan »Macht braucht Kontrolle« zu verstehen: Das über den Niederungen des politischen Alltags thronende Staatsoberhaupt soll als unabhängige und neutrale Kraft, als Kontrolleur und Vetoist, über das Tun und Unterlassen der Parteien wachen. Auch das seit Jahrzehnten strapazierte »Gleichgewichtsargument« wurde ins Treffen geführt, Bundeskanzler und Bundespräsident sollten nicht der gleichen »Farbe« angehören. Der gesamte Klestil-Wahlkampf basierte auf einer gründlichen Studie über das Amtsverständnis der Bevölkerung, welche zeigte, dass trotz des Präsidentschaftswahlkampfes von 1986 und dessen Folgen keine tatsächliche Entmythifizierung des Amtes stattgefunden hatte. Demnach sollte der Bundespräsident über dem politischen Alltagsgeschehen stehen, volkstümlich aber nicht volksnahe sein und vor allem die Republik in der Welt repräsentieren. Auf dieses Anforderungsprofil hin wurde Klestil, der sich hauptsächlich auf einige Großveranstaltungen konzentrierte, getrimmt.

Rudolf Streicher, der mit dem Slogan »Die Kraft der Entschlossenheit«, der sein »Macher«-Image unterstreichen sollte, angetreten war, führte hingegen eine traditionelle, kraftraubende Wahlauseinandersetzung mit an die 500 Veranstaltungen, mit Trachtengruppen und Musikkapellen. In den Meinungsumfragen lag Streicher im Durchschnitt zwischen 10 und 12 Prozent vor Klestil, doch das Wahlergebnis vom 26. April 1992 brachte ein ernüchterndes Ergebnis. Mit 40,7 Prozent der gültig abgegebenen Stimmen lag der Favorit nur knapp vor Klestil, der 37,2 Prozent erzielen konnte. Auf Schmidt entfielen 16,4 Prozent, auf Jungk 5,7 Prozent. »Zu diesem Zeitpunkt war mir klar«, meinte Streicher im Rückblick, »dass diese Wahl für mich verloren ist oder dass nur ein Wunder ein anderes Ergebnis bringen könnte« (Kunz 1994, 240). Ganz anders Klestil: »Da habe ich gewusst: Ich schaffe es!« Bei dem nach der Verlautbarung des Wahlergebnisses anschließenden Fernsehauftritt, zu dem Streicher zu Fuß gekommen war, worauf er stark schwitzte, was äußerst unvorteilhaft wirkte, vermochte ein strahlender, Optimismus und unbedingten Siegeswillen ausstrahlender Klestil die Favoritenrolle zu besetzen. Die Stichwahl zwischen Streicher und Klestil, für den Jörg Haider nun eine klare Wahlkampfempfehlung abgab, fand am 24. Mai statt. Mit 56,9 Prozent wurde Klestil zum Bundespräsidenten gewählt, Streicher erhielt fast 600000 Stimmen weniger und kam auf lediglich 43,1 Prozent.

In seiner Antrittsrede nach der Angelobung vor der Bundesversammlung am 8. Juli 1992 skizzierte Klestil aus seiner Sicht die wesentlichen Herausforderungen und Probleme der Zukunft, wobei er, Karl Popper folgend, seiner Überzeugung Ausdruck verlieh, dass wir uns nicht von der Frage »Was wird kommen?« leiten lassen sollten, sondern von der Frage »Was sollen wir tun, um womöglich die Welt ein wenig besser zu machen?« Österreichs Zukunft liege in der Einigung Europas: »Ich bekenne mich ... zur Mitwirkung Österreichs am Bau einer neuen europäischen Friedensordnung, deren Konturen sich heute schon abzeichnen. Wir müssen aber auch selbst nach besten Kräften für unsere eigene Sicherheit sorgen ... Wir müssen ernsthaft und im vollen Bewusstsein der damit verbundenen Verantwortung über Inhalt und Zukunft unserer Neutralität nachdenken. Die Neutralität ist nicht Selbstzweck, sondern dient der Zukunft unseres Landes. Die veränderte Situation in Europa und die neuen Bedrohungsbilder erfordern eine Fortentwicklung der Neutralität in Richtung Solidarität ...« Auch hinsichtlich der Frage der europäischen Integration, zu der es nach Klestil »keine wirkliche Alternative« gäbe, vertrat er eine eindeutige Haltung: »Die Europäische Gemeinschaft ist die Kraft in Europa. Je früher wir ihr angehören, umso eher können wir ihre Politik mitbestimmen. Wir haben allen Grund, selbstbewusst in die Beitrittsverhandlungen zu gehen. Auch hier halte ich eine offene und ehrliche Diskussion über die Vor- und Nachteile einer österreichischen EG-Mitgliedschaft für unverzichtbar.« Zu einer zukunftsweisenden Politik zähle auch die »ehrliche und aufrichtige« Befassung mit der Geschichte. »Das sind wir den unzähligen Opfern schuldig, die Unmenschlichkeit, Hass und Rassenwahn in der Vergangenheit gefordert haben. Das sind wir aber auch uns selber schuldig.« Vor dem Hintergrund seines persönlichkeitsorientierten Wahlkampfes war sein Bekenntnis zu den Parteien wichtig: »Es geht nicht ohne sie ... Umso wichtiger ist es, wie es um ihr Ansehen bestellt ist. Es ist durchaus legitim, dass Politiker für sich und ihre Partei Macht anstreben.« Eine lebendige Demokratie benötige aber auch die Kontrolle der Macht durch ... Bereitschaft zu fairer Kritik, wobei den Medien eine »unverzichtbare Aufgabe« zukomme. Nach einem Bekenntnis zu den »Benachteiligten der Gesellschaft«, zu welchen das neu gewählte Staatsoberhaupt Frauen mit Doppelbelastung, Familien mit Kindern, Bauern, Behinderte, ältere Menschen und Minderheiten zählte, schloss er mit dem Aufruf: »Arbeiten wir gemeinsam für unser geliebtes Österreich!«

Klestil trat in einer Zeit sein Amt an, in der die österreichische Parteienlandschaft, deren jahrzehntelange Hyperstabilität europaweit ohnehin ein unikales Phänomen war, seit einigen Jahren interessanten Verwerfungen ausgesetzt war. Neben dem Einzug der Grünen in den Nationalrat und dem starken Stimmenzuwachs für die FPÖ bewirkte im Februar 1993 die Gründung des »Liberalen Forums« – einer Gruppe von zunächst fünf Nationalratsabgeordneten, die sich unter der Führung von Heide Schmidt von den Freiheitlichen losgesagt und mit diesem Schritt eine fünfte parlamentarische Kraft etabliert hatte – eine Neuformierung der politischen Landschaft im Sinne eines fragmentierten Mehrparteiensystems. Durch diese Dekonzentration des Parteiensystems (drei Mittelparteien und zwei Kleinparteien) eröffneten sich neue Koalitionsmöglichkeiten, die den Spielraum des Bundespräsidenten, welcher den Buchstaben der Verfassung zufolge »Herr der Regierungsbildung« ist, ohne Zweifel erweitern würden. Klestil war sich dieses Umstandes bereits im Wahlkampf sehr bewusst, seine Zusicherung, ein »starkes« und »aktives« Staatsoberhaupt werden zu wollen, betraf allerdings nicht in erster Linie seine Rolle bei den Regierungsbildungen, über welche noch zu berichten sein wird, sondern vor allem auch seine Funktionen im Bereich der Außen- und Staatspersonalpolitik. Obwohl Klestil immer wieder versicherte, kein »Zwischenrufer in der Tagespolitik« sein zu wollen, wurde ihm nicht lange nach Amtsantritt von vielen Seiten vorgeworfen, er wäre zu ehrgeizig, habe merkbar »abgehoben« und würde seine Macht über Gebühr beanspruchen. Sogar von »Klestilismus« wurde bereits getuschelt. Die aufkeimende Rivalität zwischen den Machtzentren »Hofburg« und »Ballhausplatz«, die zunächst noch symbolischer Natur war, nahm zuweilen groteske Formen an, etwa als auf dem Dachfirst des Bundes-

kanzleramtes plötzlich zwei (!) Fahnen mit Staatswappen montiert und nachts beleuchtet wurden, was umgehend dazu führte, dass auch die traditionelle Flagge auf dem Dach der Hofburg mit einem neu angekauften Scheinwerfer bestrahlt wurde.
Ernste Differenzen zwischen Bundespräsident und Bundeskanzler bzw. den hinter Klestil und Vranitzky stehenden Parteienkonstellationen ergaben sich im Zuge der Finalisierung des EU-Beitritts. Die Verhandlungen (Schaller 1997, 59 ff) hatten Anfang Februar 1993 begonnen und konnten Anfang März 1994 großteils abgeschlossen werden. Zum Erfolg der Verhandlungen hatte auch Klestil seinen Beitrag geleistet: »Mitterrand war es auch, der ... wesentlich dazu beigetragen hatte, die letzten Stolpersteine auf unserem Weg in die Europäische Union zu beseitigen. Bei einer Begegnung im Élyséepalast – im Vorfeld des damals alles entscheidenden EU-Gipfels in Edinburgh – hatte Mitterrand dem von mir vorgetragenen Wunschkatalog lange und aufmerksam zugehört. Am Ende sagte er: ›Noch heute Nachmittag sehe ich EU-Präsident Delors und werde dabei das Interesse Frankreichs an einer raschen Lösung der noch offenen Probleme ... betonen. Ihr Österreicher müsst rasch zur Union – Ihr seid das Herz Europas« (Klestil 1997, 138 f).
Nachdem das Europäische Parlament dem Verhandlungsergebnis zugestimmt hatte, konnte der Nationalrat am 5. Mai das »Bundes-Verfassungsgesetz über den Beitritt Österreichs zur Europäischen Union« (EU-B-VG) mit der notwendigen Zweidrittelmehrheit beschließen (der Bundesrat folgte am 7. Mai), worauf Klestil die Volksabstimmung über das EU-B-VG für den 12. Juni 1994 ansetzte. Diese erste obligatorische Volksabstimmung der Zweiten Republik war notwendig geworden, weil der EU-Beitritt aufgrund der Konsequenzen für mehrere *Baugesetze* des B-VG eine *Gesamtänderung der Bundesverfassung* (Art. 44 Abs. 3 B-VG) darstellte. Klestil hatte sich stets klar für den Beitritt ausgesprochen und erklärte am 10. Juni in einer TV-Ansprache: Es gehe »an diesem Sonntag ... nicht um Politiker oder Parteien und schon gar nicht um Denkzettel, sondern um Österreich ... An diesem Sonntag sind wir alle – wie immer das eigene Urteil lauten mag – eine einzige Österreich-Partei ... Ich selbst werde mit Ja stimmen« (»Die Presse« vom 11. Juni 1994). Der Bundespräsident präsentierte sich einmal mehr als überparteiliche Integrationsfigur und erteilte jeder partei- und wahlpolitischen Vereinnahmung der Abstimmung eine Absage. Bereits Ende Mai hatte er die Aufforderung Haiders, gegen

den Beitritt zu stimmen, um der Regierung einen »Denkzettel« zu verpassen, mit den Worten zurückgewiesen: »Dies ist keine Zeit der Parteipolitik und der persönlichen Profilierung auf Kosten der Europapolitik« (»Der Standard« vom 31. Mai 1994). Bei einer Wahlbeteiligung von 82,4 Prozent sprachen sich nach einer über weite Strecken polemischen Auseinandersetzung 66,58 Prozent für das B-VG über den Beitritt Österreichs zur EU aus, womit der Weg für die Unterzeichnung des Beitrittsvertrages und später für die Ratifikation in den Mitgliedsstaaten frei war. Die Unterzeichnung war für den 24. Juni angesetzt, an dem der EU-Ratsgipfel auf der griechischen Insel Korfu stattfand.

Die Euphorie über den Ausgang des Plebiszits verflog rasch, als in Österreich ein unwürdiges Tauziehen darüber einsetzte, wer seitens der Republik seine Unterschrift unter das Dokument setzten solle. Neun Tage vor der Unterzeichnung erneuerte Klestil mit Nachdruck seinen bereits vor geraumer Zeit erhobenen Vertretungsanspruch nach außen und kündigte wenige Tage später an, er werde an dieser Sitzung des Europäischen Rats[28] teilnehmen. – Im Art. 65 Abs. 1 der Verfassung heißt es: »Der Bundespräsident vertritt die Republik nach außen ...« Diese Bestimmung verursacht beträchtliche Auslegungsschwierigkeiten hinsichtlich dessen, was »Vertretung der Republik nach außen« bedeutet. 1993 hatte ein vom Verfassungsrechtler Friedrich Koja (1993, 622 ff) vorgelegtes Gutachten dem Bundespräsidenten in der Interpretation dieses ersten Halbsatzes umfangreiche Befugnisse konzediert. In die Tagespolitik hinein reichende Konsequenzen hatte vor allem folgender Passus: (Es) »ist der Bundespräsident befugt, an jenen Konferenzen teilzunehmen, die in schöner Undeutlichkeit als ›Treffen der Staats- und Regierungschefs‹ bezeichnet werden, wenn und sofern es dabei um eine Repräsentation Österreichs in seiner Gesamtheit geht ... Der Vorschlag eines anderen Organs ist für diese Konferenzteilnahme nicht erforderlich, weil die Bindung des Bundespräsidenten an Vorschlag und Gegenzeichnung anderer Organe ... auf ›rechtsverbindliche‹ Akte beschränkt ist.« – Nach langem Hin und Her akkordierten die Koalitionspartner, dass der Vertrag vom Bundeskanzler, vom Außenminister, dem Chefverhandler und einem Sektionsleiter unterzeichnet werde. Klestil wurde Redezeit eingeräumt.

Mit »Korfu« setzten heftige integrationspolitische Kompetenzstreitigkeiten zwischen einer »Präsidialkoalition« (Klestil, ÖVP, FPÖ) und einer »Ampelkoalition« (SPÖ, Grüne, LIF) ein, die auf den nahenden Nationalratswahlkampf hinwiesen. Das Ergebnis vom 9. Oktober

1994 brachte eine herbe Enttäuschung für SPÖ und ÖVP, die erstmals seit 1945 die gemeinsam gehaltene Zweidrittelmehrheit verloren hatten. Die SPÖ kam auf 34,9 Prozent (65 Mandate), die ÖVP auf 27,7 Prozent (52 Mandate), die FPÖ auf 22,5 Prozent (42 Mandate), die Grünen auf 7,3 Prozent (13 Mandate) und die Liberalen auf 6,0 Prozent (11 Mandate). Am 11. Oktober erfolgte das übliche Prozedere. Die Regierung demissionierte und wurde vom Staatsoberhaupt ihres Amtes enthoben. Gleichzeitig beauftragte Klestil die bisherigen Mitglieder der Bundesregierung bis zur Bildung einer neuen Bundesregierung mit der Fortführung der Verwaltung ihrer Ämter. Nachdem nun fünf Parteien im Nationalrat vertreten waren und sich SPÖ, ÖVP und FPÖ in ihrer Größe angenähert hatten, erweiterte sich Klestils Spielraum bei der Regierungsbildung. Seine Erklärung, dass aus einer »raschen Regierungsbildung« nichts werde, trug diesem Umstand Rechnung. Da jedoch die neuerliche Einigung zwischen den bisherigen Koalitionären ziemlich offensichtlich war, Busek hatte sich auf eine Koalition mit der SPÖ »ohne Wenn und Aber« eingeschworen, vermochte er lediglich das Tempo der Verhandlungen zu bestimmen. Aus seinem »Umfeld« wurde außerdem festgehalten, dass der bisherige Automatismus, den Obmann der stimmenstärksten Partei mit der Regierungsbildung zu betrauen, zwar »gute österreichische Übung, aber keineswegs eine absolute Verpflichtung darstellt«, was von vielen Kommentatoren als Versuch Klestils, sich in Szene zu setzen, gegeißelt wurde: Den Chef der mandatsstärksten Partei bei der Regierungsbildung zu übergehen wäre ein »Bruch der Verfassungswirklichkeit« und ein Schritt in Richtung »Präsidialrepublik«. Erst nach Gesprächen mit den Spitzenkandidaten der anderen Parteien, die Klestil eingeladen hatte, ihre Vorstellungen zu artikulieren, beauftragte er Vranitzky mit der Regierungsbildung. Nach harten Verhandlungen wurde am 29. Oktober mit dem Kabinett Vranitzky IV erneut eine SPÖ-ÖVP-Koalition angelobt.

Der Konflikt um die außenpolitischen Kompetenzen ging unterdessen weiter. Am 12. November regte Mock die Einrichtung eines Gremiums zur Festlegung der Koordination für den EU-Rat an, doch die SPÖ lehnte diesen »Versuch, Klestil in die Regierung zu reklamieren« ab. Neben dem Staatsvertrag über den Beitritt zur EU mussten noch andere Verfassungsänderungen verabschiedet werden, insbesondere auch das »EU-Begleitverfassungsgesetz«. SPÖ, Grüne und LIF wollten darin die zukünftige Rolle des Bundespräsidenten im Gefüge der

EU festschreiben, doch ÖVP und FPÖ verhinderten sogar eine Klarstellung im Ausschussbericht, dass das Vertretungsrecht im Europäischen Rat dem Bundeskanzler zukommt. Zentraler Kritikpunkt war, dass der Bundespräsident im Gegensatz zu den Regierungsmitgliedern dem Parlament nicht verantwortlich sei. Haider hielt damals fest: »Wenn auch nur ein Beistrich an der jetzigen verfassungsrechtlichen Situation des Bundespräsidenten geändert wird, gibt es keine Zustimmung der FPÖ.« Die SPÖ[29] vertrat die Auffassung, dass »die verfassungsrechtliche Stellung des Bundespräsidenten zur Ausräumung eines Spannungsverhältnisses zwischen Bundespräsident und Nationalrat [und indirekt damit auch zur Bundesregierung] geringfügig verändert werden« sollte, womit jene Punkte gemeint waren, »die den autoritären antiparlamentarischen Zug der B-VG-Novelle 1929 ausmachen«.
Vizekanzler Busek kritisierte damals, dass – »teils verdeckt und teils offen« – Aversionen sozialdemokratischer Politiker gegen »Person und Amt des österreichischen Staatsoberhauptes« auszumachen seien. Als der neue SPÖ-Klubobmann Peter Kostelka Klestil am 7. Dezember seinen Antrittsbesuch abstattete, drohte der Konflikt zu eskalieren. »Noch nie in meinem ganzen politischen Leben«, erzählte Kostelka daraufhin im Parlament, sei er so gedemütigt worden. Er habe sich gefühlt wie ein »junger Leutnant, der das Bild Seiner Majestät im Suff beleidigt hat« und nun vom Kaiser zur Rechenschaft gezogen werde. »Wenn das Parlament in meine Rechte eingreift«, soll Klestil sich erregt haben, »werde ich das Gesetz nicht unterschreiben.« Als Kostelka den Einwand machte, dass dies ein Verfassungbruch wäre, soll der Bundespräsident gereizt erwidert haben: »Ich kenne meine Rechte, ich werde mich zur Wehr setzen ... Ich habe das Land hervorragend vertreten, was ich alles geleistet habe, man kann mir nichts vorwerfen« (»profil«, Heft 50/1994). Als Klestil in dieser aufgeheizten Atmosphäre seiner Überzeugung Ausdruck verlieh, dass nach dem Beitritt zur EU der »nächste Schritt« jener in die Westeuropäische Union (WEU) wäre, trat der bisher noch nie dagewesene Fall ein, dass mit dem Nationalratspräsidenten der protokollarisch »zweite Mann im Staate« den »ersten« brieflich »maßregelte«. Heinz Fischer warf in seinem Schreiben an Klestil die grundsätzliche Frage auf, »welchen Charakter Erklärungen des Bundespräsidenten zu Themen von internationaler Relevanz oder auch in den Gremien der Europäischen Union haben, die nicht auf Beschlüsse der Bundesregierung beruhen ... Mit derarti-

gen Initiativen würden Grundprinzipien des parlamentarischen Systems in sensiblen Bereichen berührt ... Es scheint mir daher ... nicht unproblematisch, wenn der Bundespräsident Erklärungen von außenpolitischer Relevanz abgibt, die über die Beschlusslage in Regierung und Parlament hinausgehen« (»profil«, Heft 50/1994).
Parallel zu diesen (halb-)öffentlichen Scharmützeln wurden die für den EU-Beitritt relevanten Gesetze, darunter auch das »Begleitgesetz«, beschlossen. Nachdem die Ratifikationsverfahren in allen EU-Ländern abgeschlossen waren, wurde Österreich am 1. Jänner 1995 Mitglied der Europäischen Union. Wenngleich Klestil der Auffassung ist, dass er sein Recht zur Vertretung nach außen im Zusammenhang mit dem Europäischen Rat nur delegiert habe, ist er doch der Verlierer des skizzierten Konflikts. Der Bundeskanzler als politisches Leitungsorgan und der Außenminister sind die Gewinner. Durch den EU-Beitritt haben die Minister gegenüber dem Staatsoberhaupt an Macht gewonnen, das Integrationsverfassungsrecht räumt dem Bundespräsidenten keinerlei Mitbestimmung ein.
In diesen Monaten des Streits über die Rechte des Bundespräsidenten war Klestil aufgrund seiner Eheprobleme negativ in die Schlagzeilen gekommen. In der Silvesternacht 1993/94 hatte Edith Klestil ihre Koffer gepackt und war aus der Amtsvilla ausgezogen. Der Skandal war perfekt. Klestils Privatleben geriet über viele Wochen zum bevorzugten Thema in den Medien. Die »Entsakralisierung« des höchsten Amtes im Staate, die während des Waldheim-Wahlkampfes eingesetzt hatte, forderte ihren Tribut und kostete Klestil vorübergehend viel Sympathie und Ansehen, insbesondere aber auch politische Substanz. Vor allem ab der zweiten Jahreshälfte 1994 wurde von verschiedenen Seiten gefordert, die Kompetenzen des Bundespräsidenten in einzelnen Bereichen einzuschränken (Dickinger 1999a, 180 ff). Manche forderten sogar die Abschaffung des Amtes, so z. B. der Abgeordnete der Grünen Renolder, der Klestil hart angriff und als »Knecht von Jörg Haider und Alois Mock« apostrophierte (»Der Standard« vom 10. Jänner 1995). Andere wiederum urgierten eine Aufwertung des Amtes. Klestil hatte sich nie von den seit 1993 erhobenen und 1994 ausdifferenzierten verfassungspolitischen Vorschlägen der FPÖ, die unter der Chiffre »Dritte Republik« bekannt wurden, distanziert. Die Freiheitlichen, deren Obmann die repräsentative Demokratie als »überholt« bezeichnete, schlugen eine Totalreform der Verfassung vor, eine »umfassende Staatsreform«, die speziell auch eine Aufwertung des Bundes-

präsidenten-Amtes nach sich ziehen sollte. Während das Amt des Bundeskanzlers abzuschaffen sei, soll ein »Bundesministerpräsident« der Regierung vorstehen. (Dickinger 1996, 367 ff). Nachdem man Haider in diesem Kontext die Frage gestellt hatte: »Hat er Ihren Absichten zugestimmt oder wie hat sich Klestil verhalten?«, und dieser antwortete: »Ich will das Staatsoberhaupt nicht interpretieren, aber ich schätze, dass wir keine stark unterschiedlichen Positionen hatten«, wurde natürlich dementsprechend spekuliert (»NEWS«, Heft 2/1995). Einschlägige Ausführungen Klestils über die repräsentative Demokratie vom September 1996 wurden jedenfalls mit einigem Befremden zur Kenntnis genommen. Er hielt als Eröffnungsredner eines Symposions über die Zukunft der Demokratie unter anderem fest, dass durch den Vertrauensschwund in die Parteien als Brücke zwischen Volk und Staat auch die Idee der repräsentativen Demokratie an Überzeugungskraft verloren habe. Die Distanz zwischen den Bürgern und der Politik sei gewachsen, den Österreichern seien die demokratischen Institutionen ihres Staates vielfach fremd geworden. Österreich brauche nach Jahrzehnten unumschränkter Macht der Parteien deutliche Signale der Bürgermitbeteiligung, vor allem in Form erweiterter direkter Demokratie. Es müsse eine neue Balance zwischen repräsentativen und plebiszitären Komponenten geben. Politiker von SPÖ und ÖVP kritisierten die Ausführungen Klestils, selbst ÖVP-Klubobmann Khol bezeichnete sie als »zu wenig differenziert und zu simplifizierend«. Die Ursache, dass Klestil seinem Unbehagen über die »Allmacht« der Parteien Luft gemacht hatte, mag auch daran liegen, dass beiden Koalitionsparteien die von ihm besonders »unabhängig« und »öffentlich« praktizierte Staatspersonalpolitik unangenehm war. Diskutiert wurde z. B. über die Modalitäten bei der Ernennung von Schuldirektoren, worüber Klestil sich bereits zu Beginn seiner Amtszeit empört hatte. »Diesen Parteihandel ... kann man nicht einfach hinnehmen ... Das sind Fälle, wo der Wiener Bürgermeister Zilk gesagt hat, es komme ihm das Kotzen. Und ich habe ihn zitiert, weil mir auch das Kotzen kommt« (zit. nach Riedl 1993, 18). Seitens des Parlaments wurde Klestil im März 1994 heftig attackiert, weil er bei der Ernennung eines Mitglieds des Verfassungsgerichtshofs die beiden erstgereihten Kandidaten eines vom Nationalrat erstellten Dreier-Vorschlages übergangen hatte und die Drittgereihte Lisbeth Lass ernannte. SPÖ-Klubobmann Willi Fuhrmann erklärte, Klestil »missachte damit als erster Bundespräsident in der Geschichte einen Vorschlag des Nationalrats«. Bis zu

diesem Zeitpunkt war es »Konventionalregel« gewesen, der Reihung des Parlaments zu entsprechen. Aus ebendiesem Grund wurde im Rahmen einer Novelle der Verfassung festgelegt, dass Nationalrat und Bundesrat dem Bundespräsidenten für die Nachbesetzung von Mitgliedern des Verfassungsgerichtshofes nur mehr eine Person vorschlagen werden (BGBl. Nr. 1013/1994). Der Bundespräsident wurde also seitens der Parteien über den Weg einer Anlassverfassungsgesetzgebung »diszipliniert«.
Am 22. April 1995 wurde der bisherige Wirtschaftsminister Wolfgang Schüssel als Nachfolger von Erhard Busek, der 1991 den nur zwei Jahre amtierenden Josef Riegler abgelöst hatte, zum Obmann der ÖVP gewählt. »Ich will die Nummer eins und Bundeskanzler werden«, hatte Schüssel, der Anfang Mai auch Vizekanzler wurde, den begeisterten Delegierten des ÖVP-Parteitages zugerufen. Ursprünglich überlegte er, ob nicht ein Verbleib im Wirtschaftsministerium sinnvoll wäre, doch auf Anraten Klestils hin entschied er sich für die Übernahme des Außenministeriums. Mock, der »Held von Brüssel« und unermüdliche Befürworter der schwarz-blauen Zusammenarbeit, musste weichen. Schon nach hundert Tagen hatte Schüssel tatsächlich das Kunststück zuwege gebracht, seine nun wieder Optimismus und Geschlossenheit ausstrahlende Partei, welche in den Meinungsumfragen bereits hinter die FPÖ zurückgefallen war, in das Spiel um die Positition des Bundeskanzlers zurückzubringen. Zwar wollte er die Koalition mit der SPÖ fortsetzen, doch die ÖVP sollte in dieser »Koalition neu« die stärkste Kraft sein. 1995 konnten sich die Regierungspartner einmal mehr über einen Budgetentwurf nicht einig werden. Anlässlich der schwierigen Verhandlungen hatte Schüssel vergeblich versucht, Klestil, der wie seine Vorgänger in solchen Situationen auch zu vermitteln versuchte, als »Schiedsrichter« zu vereinnahmen, was dieser mit dem Hinweis zurückwies, dass er hierfür verfassungsrechtlich kein Mandat habe. Klestil sprach sich für die Fortführung der großen Koalition aus und lehnte das Ansinnen gewisser Kreise in der ÖVP, den »fliegenden Wechsel« zur FPÖ zu wagen, ab. Schüssel ließ die Koalition platzen und trat mit dem Plan in die für den 17. Dezember 1995 ausgeschriebenen Nationalratswahlen, als Sanierer der Staatsfinanzen erstmals seit 1966 die SPÖ zu überholen und ein viertel Jahrhundert nach der Abwahl von Josef Klaus für die Volkspartei das Kanzleramt zu erobern. Doch es kam ganz anders. Der Urnengang bescherte der SPÖ und damit Vranitzky, der als Garant für Stabilität und die Sicherung der Pen-

sionen gut verkauft worden war, einen unerwarteten Sieg. Außerdem konnten Sozialdemokraten und Volkspartei die Zweidrittelmehrheit im Nationalrat zurückerobern. Die Wahl brachte folgende Mandatsaufteilung: SPÖ 71, ÖVP 52, FPÖ 41, Grüne 9, LIF 10. Klestil ging ganz ähnlich wie 1994 vor: »Die bisherige Praxis war, dass man den Chef der jeweils stimmenstärksten Partei ... beauftragt hat. In der Verfassung steht das nicht. Der Bundespräsident wird also bedenken, welche Mehrheitsfindung im Parlament möglich ist, sonst wird eine Regierung nicht funktionieren« (»Der Standard« vom 27. April 1995). Schließlich entschied man sich erwartungsgemäß für die Fortsetzung der großen Koalition und am 12. März 1996 wurde die Regierung Vranitzky V von Klestil angelobt. Nachfolger des unglücklich agierenden Andreas Staribacher als Finanzminister wurde der bisherige Verkehrsminister Viktor Klima. Ein in diesem Ausmaß unerwarteter Rückschlag für die Sozialdemokraten ergab sich aber bereits am 13. Oktober 1996 aus dem Ergebnis der ersten Wahl österreichischer Abgeordneter für das EU-Parlament. Die ÖVP wurde mit ihrer Spitzenkandidatin Ursula Stenzel stärkste Partei und erreichte 29,6 Prozent, während die SPÖ nur auf 29,2 Prozent kam, knapp gefolgt von der FPÖ mit 27,5 Prozent. Die Grünen erhielten damals 6,8 Prozent, die Liberalen 4,2 Prozent.

Bereits zur Jahreswende 1996/97 stand die Koalition vor ihrer nächsten Zerreißprobe. Es entbrannte ein heftiger Streit über den Verkauf der dem »schwarzen« Lager zugeordneten, im Eigentum der Republik stehenden »Creditanstalt-Bankverein« (CA) an die »rote«, im Einfluss der Gemeinde Wien stehende »Bank Austria«, die das beste Offert gelegt hatte. Klima, der seit diesem Zeitpunkt als Vranitzkys unumstrittener »Kronprinz« gehandelt wurde, hatte diesen »Deal« geschickt eingefädelt. »Insider wissen«, erklärte er später, »dass ich mir durchaus Mühe gegeben habe, der ÖVP das Gesicht wahren zu helfen, auch unter Zuhilfenahme von Thomas Klestil ... Aber Schüssel hat geglaubt, die Sache mit politischem Druck beeinflussen zu können« (zit. nach P. Pelinka 2000, 207). Der ÖVP-Obmann hingegen fühlte sich »echt gelegt«.

Erneut wurde in den Medien nun über die Möglichkeit einer kleinen Koalition zwischen ÖVP und FPÖ, die im Nationalrat bereits eine gemeinsame Vorgangsweise gegen die Entscheidung Klimas angekündigt hatte, spekuliert und erneut wurde kolportiert, dass Klestil eine klare Absage formuliert haben soll. Die konsequente Haltung des

Bundespräsidenten, einem »fliegenden« Koalitionswechsel keine Zustimmung zu erteilen, mag wesentlich dazu beigetragen haben, dass die SPÖ zum Entschluss kam, keinen Präsidentschaftskandidaten für 1998 aufzustellen. Es kursierte zudem das Gerücht, dass Vranitzky im Herbst 1995 zugesichert haben soll, er werde im Frühjahr 1998 nicht als Präsidentschaftskandidat antreten, wenn Klestil das Zusammengehen zwischen ÖVP und FPÖ verhindere. In diesen Monaten wurde eine merkbare Verschlechterung des Verhältnisses des Bundespräsidenten zur ÖVP und zu Schüssel konstatiert, der von Klestil einmal als »kleiner Napoleon« verhöhnt worden sein soll.

Mitte September 1996 wurde Klestil in das AKH eingeliefert, wo nach umfangreichen Untersuchungen eine seltene, lebensbedrohende Lungenkrankheit (»intestitielle Pneumonitis«) diagnostiziert wurde. Vorerst schien sein Gesundheitszustand unproblematisch zu sein, weshalb er sich hinsichtlich der Ausübung seiner Rechte und Pflichten nicht für verhindert ansah. Wesentlich mehr noch als 1973/74 bei Jonas zog die wochenlange Erkrankung Klestils politisch substanzielle Fragen bezüglich der ärztlichen Informations- bzw. Schweigepflicht sowie insbesondere der im B-VG (Art. 64 Abs. 1) problematisch geregelten Vertretungsfrage im Falle der Verhinderung[30] des Staatsoberhauptes (Mayer 1998, 303 ff) nach sich. Die behandelnden Mediziner hatten es nicht für notwendig befunden, den zur Vertretung verpflichteten Bundeskanzler über den gesundheitlichen Zustand des nicht ansprechbaren, in eine Art Tiefschlaf versetzten Bundespräsidenten zu informieren. Schnoddrig begründet wurde dies sinngemäß damit, dass es wohl ohnehin »keinen Krieg gegen die Ukraine« geben würde und »am Wochenende eh nix« passiere. Als Klestil zwei Wochen nach seiner Entlassung am 14. November 1996 eine Ansprache im Fernsehen hielt, war die allgemeine Bestürzung über den inferioren Gesundheitszustand des Staatsoberhauptes, der um Jahre gealtert schien, groß. Da er sich für amtsfähig hielt, besorgte er seine Geschäfte, wenngleich etwas eingeschränkt, doch mit beträchtlichem Pflichtgefühl, von seiner Amtsvilla aus. In diesen für Klestil existenziellen und gewiss auch einsamen Wochen beging die Boulevardzeitung »täglich Alles«, die schon zuvor mit dem Aufmacher »Klestil, wann gibst du die Löffler ab?« getitelt hatte, mit der auflagenträchtigen Schlagzeile »Aids-Gerüchte über Klestil« einen Tabubruch besonders geschmackloser Art.

Nachdem Vranitzky seinen Rücktritt angekündigt hatte, wurde Klima[31] am 28. Jänner 1997 gemäß Verfassungskonvention zum Bundeskanzler ernannt und auch die Regierungsumbildung seitens der Sozialdemokraten wurde vom Bundespräsidenten zur Kenntnis genommen. Unmittelbar nach Vranitzkys Rücktritt lehnte das Präsidium der ÖVP ein konkretes, telefonisches Angebot Haiders zu einem »fliegenden Koalitionswechsel« ab, der FPÖ-Chef erschien als »zu großes Risiko« (»Wiener Zeitung« vom 22. Jänner 1997). Ab diesem Zeitpunkt stellte sich die Koalitionsfrage nicht mehr, weil sich »die Arbeit mit dem neuen Kanzler Klima anfangs sehr gut anließ, wir beide wollten eine neue und effektive Form der Zusammenarbeit« (zit. nach P. Pelinka 2000, 250).

Was Klestil und dessen Amtsführung anlangt, so wurde festgestellt, dass auf seine »wilden« Jahre »milde« gefolgt seien. Die anfänglich ausgelotete »Kontrolle der Macht« mündete in ein pragmatisches Verständnis seiner Funktion. »Die Zahmheit des heutigen Klestil hat auch Ursachen, die im privaten Bereich zu suchen sind«, hieß es in den »Salzburger Nachrichten« vom 23. September 1997. »Die Trennung von seiner Ehefrau hat dem Bundespräsidenten Autorität, seine langwierige Erkrankung im vergangenen Jahr hat ihm Kraft gekostet. Obgleich die beiden Probleme nichts mit seiner Amtsführung zu tun haben, gehören sie zur Bilanz Klestils. Denn sollte der Bundespräsident im kommenden Frühjahr nochmals vor die Bürgerinnen und Bürger treten, könnte das so genannte Private mehr Wählerstimmen bewegen als alles, was Thomas Klestil in politischer Hinsicht erreicht – oder auch nicht erreicht hat.« Die Frage der Wiederkandidatur war bereits zu Jahresbeginn 1997 aufgeworfen worden, Klima hatte angedeutet, dass die SPÖ in diesem Falle womöglich keinen Gegenkandidaten aufstellen werde. Klestil selbst erklärte am 2. Februar, er werde sich die Frage »im Sommer gründlich überlegen und im Herbst die Entscheidung bekannt geben«.

Bevor Klestil in dieser Frage Klarheit schaffte, trat der 65-jährige Baumeister Richard Lugner am 7. November 1997 mit der Ankündigung seiner Kandidatur an die zunächst amüsierte Öffentlichkeit. Lugners suggestiver Plakatslogan »Damit es anders wird – Lugner« dokumentierte die Stoßrichtung seines populistischen Wahlkampfes, der vor allem Ressentiments, Vorurteile und Ängste sowie die üblichen anti-parteipolitischen Stereotype bediente. Vorschnell kanalisierte Ankündigungen und Versprechen dokumentierten, dass dieser Kandidat vom Aufbau der Verfassung bzw. der Stellung des Bundespräsidenten im B-VG wenig bis gar keine Ahnung hatte. Obwohl Lugner in peinlicher

Penetranz mit seinem »intakten Familienleben« zu punkten versuchte und bemerkte, er würde anders als Klestil »ohne Nebenfrauen« auskommen, fand die befürchtete Politisierung des Privaten nicht statt. Im Laufe der nächsten Monate stellte sich allerdings heraus, dass mit dem rhetorisch unbegabten, intellektuell von fast allen Journalisten als nicht satisfaktionsfähig eingeschätzten Geschäftsmann, der einer breiten Öffentlichkeit durch seine Omnipräsenz in der ORF-Sendung »Seitenblicke« bekannt geworden war, vor allem als Anlaufstation für Protestwähler durchaus zu rechnen sein würde. Lugners Kandidatur stand symbolisch für die fortschreitende Entpolitisierung der Politk.
Eine knappe Woche nach Lugner gab Heide Schmidt, die erklärte, sie »fürchte in diesem Wahlkampf die totale Verluderung« (»profil«, Heft 47/1997), ihre Kandidatur bekannt. Ihre nicht ganz glaubwürdige Begründung bezog sich auf den ihrer Meinung nach fragilen Gesundheitszustand Klestils. Wäre dieser in einer möglichen Stichwahl verhindert und würde man die 24-stündige Nachnominierungsfrist verstreichen lassen (§ 18 Bundespräsidentenwahlgesetz, Anm. C. D.), so ihre Argumentation, stünde nur mehr Lugner als Kandidat zur Verfügung. In Wirklichkeit dürfte sich das LIF durch die Kandidatur ihrer telegenen Obfrau einen Mobilisierungs- und Motivationsschub erwartet haben. Schmidt hielt fest, sie wolle »im ersten Wahlgang Zweite und im zweiten Wahlgang Erste werden«, es sei die Zeit für eine Frau an der Spitze der Republik reif. Sie sprach sich dafür aus, dass der Bundespräsident in Zukunft nur mehr eine Periode amtieren sollte, die in diesem Fall aber länger als sechs Jahre zu sein hätte. »Damit bräuchte er auf nichts Rücksicht nehmen als auf die Verfassung, die gesellschaftliche Situation und sein Gewissen (»NEWS«, Heft 2/1998). Ferner plädierte Schmidt für ein präsidiales »Rückverweisungsrecht« von Gesetzen und vor dem Hintergrund des EU-Beitritts für eine Ausweitung der Informationsrechte des Präsidenten.
Klestil erklärte am 14. November, sich für eine zweite Amtsperiode bewerben zu wollen. Seine Kandidatur wurde von einem überparteilichen, vor allem aus älteren Honoratioren bestehenden Personenkomitee, als dessen Spiritus rector Helmut Zilk, der ehemalige Bürgermeister von Wien, fungierte, getragen. Der prominente Sozialdemokrat war selbst im Vorfeld der Bundespräsidentenwahl 1992 als zweifellos aussichtsreicher Kandidat der SPÖ im Gespräch gewesen, doch er hatte abgelehnt. Auch weitere namhafte SPÖ-Politiker wie Anton Benya und Hans Mayr gehörten dem Komitee an. Bei dessen Vorstellung in

einem Wiener Palais wurde von Klestils Ärzten versichert, dass dieser wieder vollständig genesen sei. In seiner Rede ging der Bundespräsident auf seine Vorstellungen bezüglich der nächsten Regierungsbildung ein: »Ich verweise auf das, was ich schon öfter, auch im Ausland gesagt habe. Es sind nur demokratische Parteien im Parlament vertreten, die demokratisch gewählt werden und entsprechend ihrem Gewicht an der Gestaltung der Politik teilnehmen. Es ist gute Tradition, dass der Chef der stimmenstärksten Partei mit der Regierungsbildung beauftragt ist, aber in der Verfassung nicht zwingend vorgeschrieben.« Schließlich nahm er seine Vorgangsweise nach der Nationalratswahl vom 3. Oktober 1999 vorweg: Er werde mit den Vertretern aller Parteien sprechen, um mögliche Mehrheiten auszuloten. Erst dann werde er den Auftrag zur Bildung einer Regierung geben, die im Parlament eine breite Mehrheit und im Ausland hohes Ansehen haben sollte (»Der Standard« vom 21. November 1998).
Die SPÖ wartete zunächst die Entscheidung Klestils ab und fasste dann am 17. November den absehbaren Beschluss, dass kein eigener Kandidat nominiert würde. Obwohl auch akkordiert wurde, dass es keine Wahlempfehlung für Klestil geben werde, sprachen sich u. a. die Junge Generation, die Sozialistische Jugend, der VSStÖ und die »Initiative für eine sozialistische Politik in der SPÖ« explizit gegen den amtierenden Bundespräsidenten aus, im Wiener Bürgermeister Michael Häupl fand er hingegen einen ungleich mächtigeren Fürsprecher. Frauenministerin Prammer, Innenminister Einem und der Tiroler Parteivorsitzende Prock hatten sich für einen eigenen Kandidaten ausgesprochen. Der Verzicht auf einen solchen fiel der Parteispitze naturgemäß nicht leicht, doch die Beweggründe lagen auf der Hand. Mit Ausnahme von Vranitzky oder auch Zilk, die beide nicht zur Verfügung standen, hätte aller Wahrscheinlichkeit nach kein SPÖ-Kandidat gegen das amtierende Staatsoberhaupt eine Chance gehabt, Hannes Androsch, der etwas später ausgerechnet von Haider ins Gespräch gebracht werden sollte, vielleicht ausgenommen. Für das Antreten eines bloßen »Zählkandidaten«, so hieß es zumindest, wären die Wahlkampfkosten zu hoch. Die Namen Dohnal, Hostasch, Lacina und Jankowitsch waren von verschiedenen Personen oder Gruppen als potenzielle Kandidaten gehandelt worden. Der ausschlaggebende Grund lag freilich in erster Linie darin, dass man der FPÖ, die sich noch lange bedeckt halten sollte, nicht die Möglichkeit einräumen wollte, einen »blau-schwarzen« Kandidaten zu präsentieren.

Im Herbst 1997 war die Möglichkeit diskutiert worden, dass seitens der Grünen, der Liberalen, der sozialdemokratischen Jugend, einiger katholischer Gruppen und alternativer Organisationen eine überparteiliche Persönlichkeit kandidiert werden könnte. Nachdem aber noch im September die 65-jährige ORF-Journalistin Barbara Coudenhove-Kalergi, der man aufgrund ihres Images als »rote Gräfin« und »konservative Katholikin« eine integrative Wirkung zutrauen durfte, abgesagt hatte, spitzte sich bei den Liberalen die Entscheidung auf Schmidt zu, von deren überraschender Kandidatur sich die Grünen überrumpelt fühlten. Von November bis Februar wurde diskutiert, ob die Grünen einen Kandidaten ins Rennern schicken sollten, als mögliche Bewerber wurden Van der Bellen, Petrovic, Öllinger und Lichtenberger genannt. Auch die Option, eine von den Grünen und Teilen der SPÖ getragene Kandidatin, z. B. Eva Rossmann, zu nominieren, wurde zur Diskussion gestellt. Zahlreiche Grün-Politiker waren immer wieder für den Verzicht auf das Amt des Bundespräsidenten eingetreten, zumindest aber für eine starke Beschränkung der präsidialen Rechte. Z. B. wurde gefordert, dass der Oberbefehl über das Bundesheer vom Präsidenten auf die Regierung übergehen sollte. In den Monaten vor der Wahl wurde vor allem der breite Spielraum des Staatsoberhauptes bei der Regierungsbildung kritisiert, worin sich »spätfeudale Rituale« entfalten würden.

Anfang März 1998 stand endgültig fest, dass sich mit der 39-jährigen evangelischen Superintendentin Gertraud Knoll eine weitere Kandidatin um das höchste Amt im Staat bewerben würde. Im Proponentenkomitee für Knoll waren neben dem langjährigen Finanzminister Lacina auch so unterschiedliche Persönlichkeiten wie André Heller, Johannes Mario Simmel oder Karlheinz Böhm vertreten. »Die Knollsche Regenbogenkoalition«, schrieb das »profil« (Heft 17/1998), »spannte sich von konservativen Bürgerlichen zu städtischen Linken, von ehemaligen 68ern über Bäuerinnen, Pensionisten und Studenten zu Gewerkschaftern.« Die junge Kandidatin, die sich als »Bischöfin« karenzieren ließ, wurde unisono als persönlich glaubwürdig und integer eingeschätzt, vor allem aber war sie politisch ein unbeschriebenes Blatt. Dieser Umstand barg Chancen wie Risken. Wenngleich speziell die Grünen mit ihr sympathisierten, konnte sie mit keiner Partei in eine engere Verbindung gebracht werden, auch Knolls Wahlkampf definierte sich über die klassischen Codes der Entparteipolitisierung. Es wurde transportiert, dass durch einen Wahlsieg der mehrfachen Mutter so wie in den Zeiten der Maria Theresia »endlich« wieder »Kinderlachen« in der Hofburg zu hören wäre, Termini wie »Gefühl«, »Wärme« und »Menschlichkeit« wurden von Knoll gegen die von Klestil in Anspruch genommenen Vorzüge »Erfahrung, Professionalität und Internationalität« in Stellung gebracht. Konkreten Fragen zur EU und zum Euro, zur Neutralität und zur NATO, wich die Superintendentin zumeist aus, in sozialen und humanitären Belangen hingegen vermochte sie schon bald an Profil zu gewinnen. Im Hinblick auf Klestil und Knoll meinte Hans Rauscher treffend, der Wähler könne »zwischen angejahrter Erfahrung und frischer Unerprobtheit wählen«. Für die FPÖ war die Bundespräsidentenwahl insbesondere im Hinblick auf die Nationalratswahlen 1999 interessant und deswegen hauptsächlich von strategischer Bedeutung. Mit Ofner, Sichrovsky, Partik-Pablé, Prinzhorn, Brauneder und Riess-Passer, der stellvertretenden Parteiobfrau und Organisatorin des »Anti-Euro-Volksbegehrens«, für das Klestil übrigens überraschend positive Worte gefunden hatte, wurden zwar mehrere potenzielle Kandidaten namhaft gemacht, doch im Prinzip war von führenden Freiheitlichen immer klar zum Ausdruck gebracht worden, dass eine mögliche Unterstützung Klestils von dessen Haltung im Zusammenhang mit bestimmten Fragen, z. B. der Neuregelung der Politikerbezüge, abhängig gemacht werde. Noch Anfang März brachte Haider den ehemaligen FPÖ-Obmann Götz als möglichen Kandidaten ins Spiel, doch eine »stille Präsidialkoalition« mit SPÖ und ÖVP war strategisch natürlich wesentlich klüger. Außerdem hatte sich Klestil in den vergangenen Jahren jeder klaren und pointierten Kritik gegenüber der FPÖ enthalten[32], im Frühjahr 1996 war er sogar als Festredner zur Feier des 40-jährigen Bestandes der FPÖ aufgetreten, welche dadurch ein gutes Stück Respektabilität zurückzugewinnen vermochte. Wenngleich Klestil in seinen Ausführungen auch Toleranz gegenüber einzelnen Volksgruppen eingefordert hatte, blieb vor allem sein Plädoyer gegen politische Ausgrenzung in Erinnerung, »niemand in Österreich«, meinte er, habe »das Monopol auf Wahrheit, Anständigkeit oder Mitmenschlichkeit (»Der Standard« vom 13./14. April 1996). Noch Anfang April 1998 bemerkte Klestil in der »Pressestunde«, dass ein Wechsel zu Schwarz-Blau »theoretisch möglich« sei, womit die Entscheidung der FPÖ, auf eine eigene Kandidatur zu verzichten und auf den amtierenden Bundespräsidenten zu setzen, relativ logisch erschien (»Der Standard« vom 6. April 1998).

Weitere Kandidaten waren u. a. der steirische Richter und Grün-Politiker Martin Wabl, der allerdings von seiner Partei nicht unterstützt wurde, Béla Rabelbauer (!) und Karl Walter Nowak, der Generalsekretär der Bürgerinitiative »Die Neutralen Österreichs«. Jeder Bewerber benötigte bis zum 20. März, dem letzten Tag der möglichen Kandidatennominierung, die Unterschrift von 6000 Wahlberechtigten oder fünf Nationalratsabgeordneten, um überhaupt zur Wahl antreten zu können. Neben Lugner, Knoll und Klestil, der sich als »Bürgerpräsident« ebenfalls um die notwendige Anzahl von Unterstützungserklärungen bemühte, schaffte auch der durch die Aktion »Bruder Baum« bekannt gewordene Nowak diese Hürde. Klestil vermied in diesem Wahlkampf die direkte Konfrontation mit seinen Mitbewerbern, was ihm einmal mehr den Vorwurf der Abgehobenheit eintrug. Klestils Gesundheitszustand, eine vor allem von Lugner skandalisierte »Pensionsaffäre«[33] sowie die Trennung von seiner Ehefrau und das ungeklärte Verhältnis zu Margot Löffler erwiesen sich nicht als wahlentscheidende Faktoren. Klestil war erst am 23. März in den Wahlkampf eingestiegen. Sein Freund Gerd Bacher hatte festgehalten: »Noch nie wurde die Wahl zum Bundespräsidenten zu einem derartigen PR-Klamauk zwischen Schamlosigkeit, Ahnungslosigkeit und Anmaßung missbraucht ... Häme, Niedertracht, Respektlosigkeit kennzeichnen oft den politischen Jargon, ein exhibitionistischer Hang zur Lächerlichkeit tobt sich aus; man verkennt als Mündigkeit, was nur Würdelosigkeit ist. Zumutbar ist alles ...«
Am 19. April 1998 wurde Klestil mit 63,49 Prozent wieder gewählt. Auf Knoll entfielen 13,53 Prozent, auf Schmidt 11,08 Prozent, Lugner erreichte 9,94 Prozent und Nowak 1,95 Prozent. »Ich bin froh und glücklich«, kommentierte Klestil seinen Wahlerfolg, er werte das Ergebnis als »klare Bestätigung meiner korrekten und überparteilichen Amtsführung.« Keine Partei erlag in der Folge der Versuchung, diesen Sieg für sich zu reklamieren. Die von zahlreichen Politikern verschiedener Parteien angekündigte »Generaldebatte« über das Flaggschiff Bundespräsident, über dessen Rechte und Pflichten, geriet unmittelbar nach der Wahl in das ruhigere Fahrwasser einer »verfassungspolitischen Nachlese«, welche erwartungsgemäß auf die »scientific community« beschränkt blieb (Journal für Rechtspolitik, H. 5/1998). Mit Ausnahme einer partiellen Änderung des Wahlmodus blieb alles beim Alten.
Nach Klestils Angelobung vor der Bundesversammlung im alten

Reichsratssaal des Parlaments am 8. Juli 1998 erfolgte die traditionelle Ansprache, in der er gleich zu Beginn auf seine Aufgabe als Staatsoberhaupt hinwies, »sich für ein harmonisches Miteinander aller Staatsorgane« einzusetzen. Im Anschluss bekannte er sich in aller Deutlichkeit zur Europäischen Union und zu deren Erweiterung. Die Österreichische EU-Präsidentschaft sei für ihn »ein historischer Auftrag, die Erweiterung und Vollendung der Union energisch voranzutreiben«. Er werde der Regierung »überall dort engagiert zur Seite stehen, wo es heißt, Sorgen aufzugreifen und auszuräumen, Herzen zu öffnen und alle Kreativen und Innovativen zu ermutigen, das enorme Potenzial der europäischen Integration zu nützen«. Er sei »entschlossen, [sein] Kapital an Erfahrung und Vertrauen dafür einzusetzen«. In einer »Zeit wachsender Europäisierung und Gobalisierung« habe der Bundespräsident der »Repräsentant Österreichs nach außen« zu sein, angesichts zunehmender Individualisierung sei er »Hüter der Gemeinsamkeit nach innen«. Er müsse für alle Überforderten »eine Stimme der Orientierung« sein und er wolle seine Stimme überall dort erheben, »wo wir in Fragen der Zukunft, der Sicherheit und der demokratischen Entwicklung zurückbleiben könnten«. Weiters führte Klestil aus, dass er »mögliche Fehlentwicklungen, Verwachsungen und Versteinerungen« aufzeigen und dort zu »Reform und Aufbruch mahnen« müsse, »wo wir in Verzug geraten könnten«. Er wolle »Mut zu mehr Demokratie machen, Mut, aus der Bequemlichkeit und Unmündigkeit herauszutreten«. An die Stelle des verwalteten Bürgers müsse eine lebendige Bürgergesellschaft treten. Als die drei »Zukunftsthemen« nannte er die Vermeidung einer Kluft zwischen Politiker und Bürger, eine »notwendige« Bildungs- und Forschungsinitiative und die Sicherheit Österreichs. In Anlehnung an seine Ausführungen anlässlich seiner ersten Angelobung vor sechs Jahren hielt er fest, dass die Neutralität in Richtung Solidarität fortentwickelt werden müsse. Klestil schloss mit den Worten: »Ich wüsste kein anderes Land, das mehr Anlass hätte, an seine Zukunft zu glauben, als unsere geliebte Heimat, die Republik Österreich!«

Wie diesen Ausführungen zu entnehmen ist, galt die Bewältigung der österreichischen Ratspräsidentschaft als *die* große Herausforderung für die kommenden Monate. Die »Agenda 2000«, die Einführung des Euro, die gemeinsame Außenpolitik und innere Sicherheit, die Bekämpfung der Arbeitslosigkeit sowie die Themen Osterweiterung und Landwirtschaft standen im Zentrum der Politik, etwa 40 Ministertreffen und 1600 Treffen auf Beamtenebene mussten organisatorisch bewältigt werden. Die am 1. Juli 1998 von Großbritannien übernommene Präsidentschaft, die am 11. und 12. Dezember mit dem Treffen der Staats- und Regierungschefs ihr großes Finale feierte, verschaffte sowohl Klima als auch Schüssel gute Möglichkeiten zur Profilierung, nach außen signalisierte die Regierung erfolgreich Geschlossenheit, intern aber wucherten nicht selten Rivalitäten und kleinliche Eifersüchteleien, die mit Beginn des nächsten Jahres immer augenscheinlicher zutage traten.

»Das ganze Jahr 1999 war katastrophal«, bilanzierte Klima, »inhaltlich ging fast nichts mehr weiter, es wurden nur mehr Dissonanzen in den Vordergrund gestellt« (zit. nach P. Pelinka 2000, 222). Dies traf insbesondere auf die Diskussion über die zukünftige Sicherheitspolitik zu. Während die ÖVP die Option eines späteren NATO-Beitritts ausdrücklich festschreiben wollte, war die SPÖ strikt dagegen. Überlagert wurden alle Zwistigkeiten von den Landtagswahlen am 7. März in Salzburg, Tirol und Kärnten. SPÖ und ÖVP, die zu Jahresbeginn in den Meinungsumfragen noch bei ungefähr 35 Prozent bzw. 30 Prozent lagen (die FPÖ lag bei etwa 25 Prozent), hatten ursprünglich bei den Landeshauptmännern vorgefühlt, ob diese einer Zusammenlegung der Landtagswahlen mit den Nationalratswahlen zustimmen würden, doch die ÖVP-Politiker winkten ab. In Kärnten konnte die FPÖ an diesem denkwürdigen Wahltag 42 Prozent der Stimmen erreichen, worauf Haider, der im Juni 1991 aufgrund seiner berüchtigten Äußerung über die »ordentliche Beschäftigungspolitik« im Dritten Reich abgewählt worden war, erneut zum Landeshauptmann bestellt wurde. SPÖ und ÖVP, geschockt vom Triumph des Freiheitlichen, der von den Kärntnern aus seiner innenpolitischen Isolation »herausgewählt« worden war, blockierten seine Wahl entgegen vorherigen Ankündigungen nicht.

Klestil, der am 23. Dezember 1998 unter Ausschluss der Öffentlichkeit und im kleinsten Kreise seine Freundin Margot Löffler geheiratet hatte, kommentierte diese Ereignisse mit keinem Wort. Überhaupt hatte er seit seiner Wiederwahl auf Stellungnahmen beinahe völlig verzichtet. Dem Wunsch Bachers, Klestil möge nun endlich »voll ins Kraut fahren«, entsprach er in keiner Weise. Er schwieg selbst bei Ereignissen, angesichts derer ein klärendes Statement des Staatsoberhauptes jedenfalls nicht fehl am Platze gewesen wäre, so z. B. nach dem Lawinenunglück von Galtür, vor dessen Hintergrund die ungenügende Ausrüstung des Bundesheeres deutlich geworden war, oder nach dem Tod des abgeschobenen Asylanten Marcus Omofuma, dem man den Mund zugeklebt hatte. »Hallo, Herr Bundespräsident, hat man Ihnen den Mund verklebt?«, fragten die »Salzburger Nachrichten« zynisch. Auch die ausländerfeindliche Politik der FPÖ, die 1993 mit dem Anti-Ausländer-Volksbegehren »Österreich zuerst« ein erstes, mit dem Nationalratswahlkampf 1999 (die Wiener FPÖ affichierte Plakate mit dem Text »Stopp der Überfremdung«) ein zweites Mal die Fremdenfeindlichkeit als Zugpferd eingesetzt hatte, wurde seitens des Bundespräsidenten nicht expressis verbis verurteilt. Bei Kulturschaffenden machte sich Klestil anlässlich der Eröffnung der »Salzburger Feststpiele« unbeliebt, indem er »Harmonie statt Konfrontation, Gleichklang statt Provokation« einforderte. Die zweiten Wahlen der österreichischen Abgeordneten zum EU-Parlament am 13. Juni brachten der SPÖ, welche die Themen Neutralität und Arbeit geschickt gespielt hatte, wieder einen leichten Aufschwung. Sie wurde mit 31,7 Prozent der Stimmen vor der ÖVP, die auf 30,6 Prozent kam, stärkste Partei, die FPÖ fiel mit 23,5 Prozent hinter ihr Resultat von 1996 zurück. Die Grünen kamen auf 9,3 Prozent, das LIF nur auf 2,6 Prozent. Die Nationalratswahl vom 3. Oktober wurde nun zur »Entscheidungswahl« stilisiert, zum »Richtungskampf«, doch in Ermangelung von seriösen Alternativen zweifelten nur ganz wenige Beobachter an einer Fortsetzung der großen Koalition. Atmosphärisch hatte sich freilich seit langem eine tiefgreifende Unzufriedenheit breit gemacht, viele Wähler schienen sich einfach nach einer Abwechslung zu sehnen, der Ruf nach einer »Wende« wurde – den guten ökonomischen Daten und sozialen Standards zum Trotz – immer lauter.

Das vorläufige Endergebnis der Nationalratswahl vom 3. Oktober 1999 (vor Auszählung der Wahlkarten) wies die seit 30 Jahren regierende SPÖ ungeachtet des Umstandes, dass sie die mit Abstand stimmenstärkste Partei blieb, als große Verliererin aus, sie kam nur auf 33,39 Prozent. Beinahe gleich stark waren ÖVP (26,90 Prozent) und FPÖ (27,22 Prozent). Die Grünen kamen auf beachtliche 7,10 Prozent und die Liste Lugners, der vor der Wahl die Partei »Die Unabhängigen« aus der Taufe gehoben hatte, erreichte 1,02 Prozent. Das Liberale Forum kam nur auf 3,41 Prozent und erreichte die 4-Prozent-Hürde für den Wiedereinzug in den Nationalrat nicht.

Schüssel hatte etwa einen Monat vor der Wahl aufgrund katastrophaler Umfrageergebnisse für die ÖVP dargelegt, dass seine Partei in die Opposition gehen würde, wenn sie auch nur ganz knapp hinter die

FPÖ zu liegen käme. Seine Erklärung vom 7. September, dass die Volkspartei »unter keinen Umständen an einer Regierung teilnehmen (werde), wenn wir nicht zumindest Zweite sind«, schien klarzumachen, dass nun alles auf die Auszählung der von über 388 000 Wahlberechtigten angeforderten Wahlkarten ankommen würde. Das amtliche Endergebnis[34] ergab am 12. Oktober jedoch einen hauchdünnen Vorsprung der FPÖ auf die ÖVP von 415 Stimmen, worauf der Bundesparteivorstand der Volkspartei die assoziationsfreudige Parole ausgab, die ÖVP hätte die »Weichen in Richtung Opposition« gestellt.

Zwei Tage später beauftragte der Bundespräsident Klima als Vorsitzenden der mandatsstärksten Partei mit so genannten »Sondierungsgesprächen über Inhalte für ein mögliches künftiges Regierungsprogramm«, welche mit allen Parlamentsparteien, auch mit der FPÖ, zu führen seien.[35] Einmal mehr bekräftigte Klestil, dass die neue Regierung »im In- und Ausland Ansehen genießen« müsse. Man wolle »step by step« vorgehen, verlautbarte die Präsidentschaftskanzlei. Außerdem formulierte Klestil neun »Bedingungen« (Konsolidierung des Staatshaushalts, Abschaffung des Proporzsystems im öffentlichen und halböffentlichen Bereich, Erarbeitung einer gemeinsamen Sicherheitspolitik u. a. m.) für eine zukünftige Regierung. Haider kritisierte, dass Klestil sich »zu sehr auf einen roten Bundeskanzler konzentriere«, der Präsident werde sich »noch an andere Farben gewöhnen müssen«. Auf die scharfe Kritik aus dem Ausland meinte er, spätere Argumentationsmuster antizipierend, dass die SPÖ »eine sozialistische Internationale (organisiert habe), um ihren Absturz ... zu kaschieren« (»Der Standard« vom 15. Oktober 1999).

Klestil traf in der Folge nicht nur Klima mindestens einmal pro Woche, er führte auch Gespräche mit allen anderen Parteivorsitzenden. Parallel zu den Sondierungsgesprächen führte die Volkspartei aber auch so genannte »Zukunftsgespräche« mit der FPÖ. Schüssel legte jedoch stets Wert darauf, keine Koalitionsgespräche zu führen. Mit kühler Professionalität improvisierte er den Spagat zwischen seiner Rolle als Vizekanzler der provisorisch weiter amtierenden Bundesregierung und seiner Rolle als deklarierter Oppositionsführer, der sich formal auch zum Klubobmann der ÖVP-Fraktion im Nationalrat wählen ließ. Mitte Oktober verlieh Klestil ausgerechnet am ÖGB-Bundeskongress seinem Wunsch nach einer SPÖ-ÖVP-Koalition überdeutlich Ausdruck: »Wir brauchen eine Regierung, die auf solider Basis steht und die drängenden Probleme lösen kann. Das gilt auch angesichts des schwierig zu deutenden Wahlergebnisses. Es entlässt niemanden aus der Verantwortung – und es entbindet niemanden von seiner Verpflichtung gegenüber Österreich ... Die politischen Gruppierungen ... werden in der nächsten Zeit gefordert sein, so manches parteipolitische Interesse und so manche taktische Überlegung zurückzustellen. Ich werde mich nicht scheuen zu appellieren, zuerst an unser Land und erst danach an ihre Parteien zu denken« (»profil«, Heft 42/1999).

Bereits in diesen Tagen wurde darüber gesprochen, dass die ÖVP mit Klima »nicht mehr könne«. – »Der Wolfgang nimmt Klima intellektuell nicht ernst, das kann nicht gut gehen«, hatte ein hoher ÖVP-Politiker bereits im März einem Journalisten prophezeit. Angeblich soll Klestil vorgefühlt haben, ob die SPÖ gegebenenfalls mit einem Wechsel von Klima zu Innenminister Karl Schlögl einverstanden wäre. Viele Wochen später wurde vereinzelt sogar vorgeschlagen, Klima *und* Schüssel abzuberufen, um die Verhandlungen in Gang zu bringen. Am 24. November schließlich forderte Klestil von der ÖVP eine Entscheidung über die Teilnahme an der Regierung, doch es wurde ihm beschieden, dass die Volkspartei sich nicht drängen lasse, man lasse sich nicht »in die Regierung prügeln«. In großen Teilen der Öffentlichkeit, beim Bundespräsidenten und bei Hans Dichands »Kronen Zeitung«, in welcher »von besonderer Seite« die »taktischen Spiele der ÖVP« verurteilt wurden, stieß Schüssels taktisches Spiel zunehmend auf Ablehnung, doch dieser hielt seine Linie aufrecht. Am 5. Dezember leitete er den strategischen Schwenk ein. »Wir sind die einzige Partei, die schlicht mit allen reden kann. Wir sind die echte Mitte Österreichs geworden und daher wäre es unsinnig, wenn wir uns solchen Gesprächen verschließen.«

Einen Tag später präsentierte Klima dem Bundespräsidenten sein Resümee der Sondierungsgespräche, worauf er am 9. Dezember 1999 mit der Regierungsbildung beauftragt wurde. Da die SPÖ eine Koalition mit der FPÖ ausschloss, musste sie um die ÖVP buhlen, deren Obmann nun hoch zu pokern begann. Am 13. Dezember endlich beschloss die ÖVP, in Regierungsverhandlungen mit der SPÖ einzutreten, die vier Tage später begannen. Doch auch zwischen ÖVP und FPÖ herrschten rege Kontakte, die gegen Jahresende zu Gerüchten führten, wonach diese beiden Parteien bereits einen »Geheimpakt« geschlossen hätten. Schüssel würde die Verhandlungen mit der SPÖ scheitern lassen und mit der FPÖ zwei Legislaturperioden koalieren.

Am 13. Jänner 2000 riss Klestil der Geduldsfaden, er »warnte« SPÖ und ÖVP vor einem Scheitern der Verhandlungen, worauf er von Haider scharf kritisiert wurde: Der Bundespräsident habe nicht das Recht, sich apodiktisch auf eine rot-schwarze Mehrheitsbildung festzulegen. Am heftigsten fiel die Polemik des »Presse«-Chefredakteurs Unterberger aus, der am 15. Jänner eine Kolumne mit dem grotesken Titel »Will Klestil putschen?« verfasste. Im Zusammenhang mit der so genannten »Neuwahl-Drohung« des Bundespräsidenten bemühte Unterberger, der bereits »die schwerste Verfassungskrise der Zweiten Republik« heraufdämmern sah, einen aufgesetzten, an Otto Schulmeister erinnernden »Kassandrismus«: »Macht Klestil jedoch mit seiner Drohung Ernst, dann steht die Republik in Flammen. Dann würde er ... ›auf Vorschlag‹ der SPÖ die Macht auf hundert Tage an sich reißen, ein Verhalten, das in manchen Ländern als Putsch bezeichnet würde ... Klestil würde international in eine Kategorie mit ... Tudjman abgleiten ... Auch in Burma oder Nigeria gibt es eine Tradition, dass von den Machthabern Wahlergebnisse unter Vorwänden hinweggefegt werden.«
Kurz darauf einigten sich die Verhandler von SPÖ und ÖVP während der neunten Verhandlungsrunde über die wesentlichen Inhalte, nicht jedoch über die Ressortverteilung. Nach innerparteilichen Diskussionen über die Inhalte der Verhandlungen forderte die ÖVP am 20. Jänner plötzlich das Finanzministerium. Außerdem wurde urgiert, dass auch der Gewerkschafter Nürnberger den Koalitionspakt unterschreiben müsse. Die lächelnde Versicherung eines Figl aus früheren Tagen – »Das wär ja g'lacht, wenn ma net z'samm'kommen täten« – galt nicht mehr. In der SPÖ verursachten die »unzumutbaren Forderungen« der ÖVP zusehends Verärgerung, und auch der zuletzt unterbreitete Vorschlag, das Finanzministerium mit einem parteiunabhängigen Experten zu besetzen, konnte nicht mehr verhindern, dass die SPÖ in der Nacht vom 20. auf den 21. Jänner 2000 das Aus der Regierungsverhandlungen verkündete. Um 3.15 Uhr früh stand nach 13 Jahren das Ende der großen Koaliton endgültig fest. Daraufhin beauftragte Klestil SPÖ-Chef Klima erneut mit der Regierungsbildung, doch ein Minderheitskabinett der SPÖ war von Anfang an eine rein theoretische Option. Am 24. Jänner nahmen ÖVP und FPÖ offiziell Regierungsverhandlungen auf, die so harmonisch und rasch abgewickelt wurden, dass sich die Vermutungen hinsichtlich vorangegangener Absprachen zu erhärten schienen.

Am 31. Jänner 2000, Klestil hatte an diesem Tag Haider wegen dessen Ausfälle gegenüber ausländischen Spitzenpolitikern zurechtgewiesen, sandte der portugiesische Ministerpräsident und EU-Ratspräsident Guterres ein brisantes Schreiben nach Wien. »Die Regierungen der 14 Mitgliedsstaaten« würden im Falle einer Regierungsbeteiligung der FPÖ »keinerlei offizielle bilaterale Kontakte auf politischer Ebene mit einer österreichischen Regierung unter Einbindung der FPÖ betreiben oder akzeptieren«, hieß es in diesem Text. Es werde außerdem »keine Unterstützung für österreichische Kandidaten geben, die Positionen in internationalen Organisationen anstreben«, ferner würden »österreichische Botschafter in den EU-Hauptstädten nur noch auf technischer Ebene empfangen«. Schüssel ignorierte diese »schallende Ohrfeige für die österreichische Diplomatie« (Paul Lendvai) und entschloss sich trotz allem für eine blau-schwarze Koalition mit ihm als Bundeskanzler.

Klestil hätte zwar die Möglichkeit gehabt, ein Kabinett seiner Wahl zu ernennen, welches ihm in der Folge einen Vorschlag zur Auflösung des Nationalrats zu unterbreiten in der Lage gewesen wäre (Dickinger 1999a, 122 ff), doch der Weg zu Neuwahlen hätte vermutlich einzig und allein der FPÖ Nutzen gebracht. Zähneknirschend und mit versteinerten Gesichtszügen nahm Klestil, der Schüssel bereits nach dem OSZE-Gipfeltreffen im November vor »sehr besorgten und kritischen Stimmen« verschiedener Staats- und Regierungschefs gewarnt hatte, am 4. Februar 1999 die Angelobung der FPÖ-ÖVP-Regierungsmitglieder vor. Schüssel und Haider hatte er zuvor zur Unterzeichnung einer Präambel[36] zum Koalitionsabkommen gezwungen (»Ich habe gestern Dr. Schüssel und Dr. Haider klargemacht, dass eine Missachtung der in der Erklärung niedergelegten Bekenntnisse zu Europa und zum ... Rechtsstaat schwerwiegende innen- und außenpolitische Folgen haben wird«), die eigentlich nur selbstverständliche Mindeststandards enthielt, doch die späteren Reaktionen Haiders und anderer FPÖ-Funktionäre auf die Sanktionen haben illuminiert, dass Klestils Sorgen mehr als berechtigt waren.

Der Bundespräsident hatte sich auch geweigert, Thomas Prinzhorn, den FPÖ-Spitzenkandidaten der zurückliegenden Wahl, aufgrund dessen Erklärung, Ausländer würden zur Steigerung ihrer Fortpflanzungsfähigkeit gratis Hormonpräparate erhalten, zum Finanzminister und den Wiener FPÖ-Chef Kabas, der die Verantwortung für den Anti-Ausländer-Wahlkampf trug, zum Verteidigungsminister zu ernennen.

Ein Artikel von Alfred Worm (»NEWS«, Heft 17/2000) spricht Bände: »Die Wahlschlusskundgebung der FPÖ am 1. Oktober 1999 ... war ein horribler Höhepunkt freiheitlicher Verbalgewalt. Bei dieser historischen Veranstaltung haben FPÖ-Spitzenmandatare stundenlang gegen Ausländer gehetzt – nie zuvor im demokratischen Österreich sind Menschenmassen derart hasserfüllt aufgepeitscht worden. Hilmar Kabas war einer dieser Hetzer.« Später soll Kabas, der dies bestritt, am Rande einer Parteiveranstaltung Klestil als »Lump« apostrophiert haben, es wäre »eine Schande«, einen solchen Präsidenen zu haben. – Leider ist damals keinem Journalisten das Aperçu des Hoffmann von Fallersleben eingefallen: »Der größte Lump im ganzen Land, das ist und bleibt der Denunziant.«
Diese Episode ist nur *ein* Beispiel für das zerrüttete Verhältnis Klestils zur FPÖ, die er noch kurz davor in Frankreich verteidigt hatte. »Es wäre falsch«, meinte er, »Haider mit der ›extremen Rechten‹ gleichzusetzen.« Eine demokratisch gewählte Partei, die im Parlament vertreten sei, hätte das Recht, »entweder in der Opposition oder in der Regierung an der Definition der Politik mitzuwirken« (»Der Standard« vom 13. Februar 1999). In der Endphase der Regierungsbildung soll Klestil Haider mit der Aufforderung, er möge sich hier nie mehr blicken lassen, aus der Hofburg komplimentiert haben. Die anschließenden Insinuationen der FPÖ, wonach Klima und Klestil die Sanktionen im Ausland »bestellt« hätten, erinnerten stark an ähnliche Unterstellungen der ÖVP während der Waldheim-Krise, die Klestil als Botschafter und Generalsekretär im Außenministerium hautnah miterlebt hatte, was mit ein Grund für seine Besorgnis gewesen sein mochte. Mit der neuen politischen Konstellation gingen auch zwei personelle Rochaden einher. Nach Klimas Rücktritt wurde am 18. Februar der 40-jährige Abgeordnete Alfred Gusenbauer als neuer (designierter) SPÖ-Vorsitzender vorgestellt, Haider wurde nach fast 14 Jahren an der Spitze der FPÖ von Vizekanzlerin Riess-Passer abgelöst. Was vom Rücktritt Haiders, der nur mehr »einfaches Parteimitglied« sein wollte, zu halten war, machte der Zweite Nationalratspräsident Prinzhorn unmissverständlich klar: »Es gibt keinen Rücktritt, Haider ist stärker als je zuvor!«
Mitte April präsentierte Klestil in einer Grundsatzrede vor dem Europäischen Parlament in Straßburg seine Vorschläge über ein »Monitoring«-Verfahren, welches sowohl für die »EU-14« wie auch für Österreich einen akzeptablen Ausweg aus der Sanktionspolitik ge-

währleisten sollte. Klestil dachte dabei an einen für alle EU-Staaten geltenden Überwachungsmechanismus, der gegenüber jenen Mitgliedsstaaten, die gegen Grundprinzipien der Union verstoßen, zur Anwendung gebracht werden sollte. Seit Verhängung der Sanktionen hielt Klestil laufend Kontakte zu ausländischen Spitzenpolitikern, warb um Verständnis und betrieb stille Diplomatie. Auf dem glatten Parkett der Außenpolitik, in den Residenzen und Staatskanzleien, gelten die einschlägigen Verhaltensmuster des gelernten Diplomaten, seine Körpersprache und Gewandtheit, mithin die Summe jener Persönlichkeitsmerkmale, die im Inland nicht selten als Arroganz interpretiert werden, als Codes für Souveränität und Professionalität.

Von Beginn seiner Amtszeit an war die Vertretung nach außen für Klestil einer seiner wichtigsten Aufgabenbereiche. Für eine differenzierte Annäherung an seine internationalen Kontakte, Grenztreffen, Arbeitsbesuche und Staatsbesuche ist hier nicht annähernd Platz. Die mir von der Präsidentschaftskanzlei übermittelte Liste der offiziellen und inoffiziellen Besuche ist ganze zehn Seiten lang, im Zeitraum vom 15. Juli 1992 bis zum 18. Februar 2000 finden sich 88 Termine, die wiederum für eine ungleich höhere Zahl an Gesprächen stehen. Klestil entwickelte eine umfangreiche Reisediplomatie, die im Zeichen der Teilnahme Österreichs am europäischen Integrationsprozess und der Vertiefung der Kontakte zu den neuen Demokratien Zentral- und Osteuropas standen. Im August 1994 organisierte er ein Treffen von zehn mitteleuropäischen Staatsoberhäuptern in Alpbach. Er besuchte alle Mitgliedsländer der EU sowie deren »Hauptstädte« Brüssel, Luxemburg und Straßburg. Abgesehen von diesen Staaten war Klestil in den Jahren bis zum EU-Beitritt auch in Jordanien, Ägypten, Syrien und Israel zu Gast. Im Jänner 1995 nahm er an den Gedenkfeierlichkeiten anlässlich des 50. Jahrestages der Befreiung des KZ Auschwitz-Birkenau teil. Nach dem EU-Beitritt besuchte er u. a. Indonesien, Thailand, Vietnam und China. Ebenfalls 1995 standen Besuche in Russland und den USA, wo Klestil mit Bill Clinton zusammentraf, auf dem Programm. Er nahm auch an den Trauerfeierlichkeiten für die verstorbenen Staatsmänner François Mitterrand (1996) und König Hussein von Jordanien (1999) teil. Als Klestils größte diplomatische Herausforderung erwiesen sich aber gewiss die Sanktionen der »EU-14« gegen die Bundesregierung.

Spätestens 2003 wird ein neuer Nationalrat gewählt und der Bundespräsident könnte ähnlich wie 1999/2000 eine bedeutsame, vielleicht auch entscheidende Rolle bei der anschließenden Regierungsbildung spielen. Das Ausmaß seines Einflusses wird einerseits natürlich vom Wahlergebnis abhängen und andererseits von der Qualität der Entwicklung respektive der internationalen Wahrnehmung der FPÖ. Falls diese ihre Aufgabe als Regierungspartei ohne schwerwiegende Fehler wahrzunehmen in der Lage sein sollte, was im Lichte der bisherigen Erfahrungen ebenso wie bezüglich der habituellen Unberechenbarkeit Haiders alles andere als gewiss ist, hätte Klestil einer Neuauflage der ÖVP-FPÖ-Koalition wenig entgegenzusetzen. Auch im Falle einer parlamentarischen Mehrheit von SPÖ und Grünen wäre der Bundespräsident zur Sanktionierung des Wählerwillens, d. h. zur Angelobung einer rot-grünen Koalition aufgerufen. Ähnliches gilt für eine mögliche Wiederbelebung der SPÖ-ÖVP-Koalition. Die zweite Amtsperiode Klestils endet im Jahre 2004. Frühestens dann kann eine vorläufige Bilanz seiner Präsidentschaft gezogen werden, das Ergebnis einer vorläufigen Zwischenbilanz kann sich grosso modo sehen lassen. Klestils vorzügliche Qualitäten als Repräsentant nach außen und sein professionelles, leider erfolgloses »Krisenmanagement« im Zuge der Regierungsbildung 1999/2000 drängen ungeachtet seines redundanten Zwistes mit SPÖ, Grünen und Liberalen 1994/95 die Beschlagwortung seiner Rolle als *Der Diplomat* gebieterisch auf.

Anmerkungen

1 Zitate ohne näheren Verweis auf die Quelle entstammen Renners Lebenserinnerungen »An der Wende zweier Zeiten« (1946).

2 Renners reiches publizistisches Schaffen wurde in der Bibliografie von Schroth (1970) dokumentiert.

3 1929 erschien diese richtungweisende Arbeit unter dem Titel »Die Rechtsinstitute des Privatrechts und ihre soziale Funktion« in erweiterter und modifizierter Form.

4 1873 wurde für den Reichsrat ein Kurienwahlsystem eingeführt, welches die besitzenden Schichten stark bevorzugte. In drei Kurien (Großgrundbesitzer, Städte, Handels- und Gewerbekammern) wurde direkt gewählt, in der Kurie der Landgemeinden indirekt (durch Wahlmänner). 1882 wurde das Wahlrecht durch Senkung der Mindeststeuerleistung ausgeweitet. 1896 kam eine fünfte Kurie hinzu, die allgemeine Wählerkurie. Alle männlichen Staatsbürger über 24 Jahre erhielten das allgemeine Wahlrecht, welches jedoch kein gleiches war, da die einzelnen Kurien höchst ungleich gewichtet waren.

5 Um dieses Kapitel nicht mit zu vielen Literaturhinweisen zu überfrachten, verweise ich an dieser Stelle auf einige wichtige Bücher, die auch weiterführende Literatur enthalten: Andics (1962); Hanisch (1994); Holtmann (1978); Hoor (1966); Jedlicka (1977); Portisch (1989); Steininger/Gehler (1997); Tálos/Neugebauer (1988); Tálos/Hanisch/Neugebauer (1988); Tálos u. a. (1995); Weinzierl/Skalnik (1983).

6 Franz Dinghofer für die Deutschnationalen, Johann Hauser (bis zum 30. Oktober) und anschließend Jodok Fink für die Christlichsozialen und Karl Seitz für die Sozialdemokraten.

7 Einen guten Überblick über die Verfassungspolitik ab 1918 sowie zahlreiche, den Forschungsstand repräsentierende Literaturverweise offerieren die einzelnen Beiträge in: Österreichische Parlamentarische Gesellschaft (Hg.): 75 Jahre Bundesverfassung, Wien 1995.

8 Als Bundeskanzler fungierten zwischen 1920 und 1938 Michael Mayr, Johannes Schober, Walter Breisky, Ignaz Seipel, Rudolf Ramek, Ernst Streeruwitz, Carl Vaugoin, Otto Ender, Karl Buresch, Engelbert Dollfuß, Kurt Schuschnigg und Arthur Seyss-Inquart.

9 Am 14. Juli hatte ein Geschworenengericht sein skandalöses Urteil über zwei Todesfälle verkündet, die am 30. Jänner infolge eines Zusammenstoßes des Republikanischen Schutzbundes der Sozialdemokratie und einer rechten Frontkämpfervereinigung im burgenländischen Schattendorf zu beklagen waren. Ein Kriegsinvalide und ein Arbeitersohn waren als Teilnehmer einer von der SDAP organisierten Demonstration mit Schüssen aus einem Gasthof ermordet worden. Nach dem Freispruch der Angeklagten setzten in Wien Massendemonstrationen ein, in deren Verlauf der Justizpalast in Flammen auf-

ging. Polizeipräsident Schober erteilte nach vielfachen Konsultationen mit der Regierung und Bürgermeister Seitz den Schießbefehl. 89 Menschen starben, davon 85 Demonstranten und vier Polizisten.

10 In der Ersten Republik fanden vier Nationalratswahlen statt. 1920 – inklusive der Wahlen in Kärnten (1921) und im Burgenland (1922) – konnte die SDAP 69 von 183 Mandaten erringen, 1923 (aufgrund einer Wahlrechtsreform waren nur noch 165 Mandate zu vergeben) 68, 1927 71 und 1930 72.

11 Am 4. Juli wurde das 1. Kontrollabkommen unterzeichnet, am 9. Juli das Zonenabkommen. Wien wurde in vier Besatzungszonen aufgeteilt, der 1. Gemeindebezirk wurde der gemeinsamen Kontrolle unterstellt.

12 Eine Anekdote, die Bundespräsident Hainisch im Mittelpunkt führt, sollte die machtpolitische Bedeutungslosigkeit des Staatsoberhauptes illustrieren: Der Bundespräsident geht spazieren und verliert sein Taschentuch. Ein Passant hebt es auf, läuft ihm nach und übergibt es ihm. Hainisch dankt überschwänglich. Der Passant erklärt, dass sein Dienst doch gar nicht der Rede wert sei, worauf ihn der Bundespräsident belehrt, wie wichtig das Taschentuch für ihn ist. Es sei nämlich das Einzige, in das er seine Nase stecken dürfe.

13 Die Wahlen brachten folgenden Mandatsstand: SPÖ (58), ÖVP (36), KPÖ (6).

14 Michael Hainisch (1858–1940), ein parteiloser Privatgelehrter und Nationalökonom, wurde im Dezember 1920 zum ersten Bundespräsidenten der Republik Österreich gewählt und blieb es bis 1928.

15 Das genaue Wahlergebnis findet sich im nachfolgenden Kapitel über Adolf Schärf.

16 Da sich der VDU nicht als Partei deklarierte, nahm er für die Wahlen die Bezeichnung »Wahlpartei der Unabhängigen« (WdU) an.

17 Dieser Abschnitt fußt in erster Linie auf den 1963 erschienenen »Erinnerungen« Schärfs, Zitate ohne Quellenangabe stammen aus diesem Buch.

18 Obwohl Schärf erst am 15. Dezember offiziell zum Vorsitzenden gewählt wurde und bis zu diesem Zeitpunkt die Funktion eines ersten stellvertretenden Vorsitzenden innehatte, da Seitz am 25. Juni wieder den Vorsitz übernommen hatte, fällt diese Wahl doch in seine »Ära«. Die Wahl vom 25. November 1945 brachte folgendes Ergebnis: ÖVP (49,80 Prozent – 85 Mandate), SPÖ (44,60 Prozent – 76 M), KPÖ (5,42 Prozent – 4 M). 1949 kam die ÖVP auf 44,03 Prozent (77 M), die SPÖ auf 38,71 Prozent (67 M), die WdU auf 11,67 Prozent (16 M) und der aus KPÖ und Linkssozialisten bestehende »Linksblock« auf 5,08 Prozent (5 M). Beim nächsten Urnengang, am 22. Februar 1953, gelang es den Sozialisten, die ÖVP an Stimmen zu überholen, doch aufgrund der geltenden Wahlarithmetik blieben die Christdemokraten um ein Mandat vorne. ÖVP (41,26 Prozent – 74 M), SPÖ (42,11 Prozent – 73 M), WdU (10,95 Prozent – 14 M), KPÖ/Volksopposition (5,28 Prozent – 4 M). Bei den Wahlen vom 13. Mai 1956 fielen die Sozialisten wieder deutlich hinter die Volkspartei zurück: ÖVP (45,96 Prozent – 82 M), SPÖ (43,04 Prozent – 74 M), FPÖ (6,52 Prozent – 6 M), »Linksblock« (4,42 Prozent – 3 M).

19 Der sozialistische Verkehrsminister Otto Probst hatte den Namen eines neuen ÖBB-Bodenseeschiffes mit »Karl Renner« festgelegt, während die Vorarl-

berger Landesregierung den Namen »Vorarlberg« präferiert hätte; eine aufgebrachte Menschenmasse hatte die Schiffstaufe schließlich gewaltsam verhindert.

20 Zur endgültigen Regelung vgl. das Bundesverfassungsgesetz vom 2. Juni 1977, BGBl. Nr. 323/1977 und Dickinger 1999a, 75 ff.

21 10. Oktober 1971: SPÖ (50,04 Prozent – 93 M), ÖVP (43,11 Prozent – 80 M), FPÖ (5,45 Prozent – 10 M)
5. Oktober 1975: SPÖ (50,41 Prozent – 93 M), ÖVP (42,95 Prozent – 80 M), FPÖ (5,41 Prozent – 10 M)
6. Mai 1979: SPÖ (51,03 Prozent – 95 M), ÖVP (41,90 Prozent – 77 M), FPÖ (6,06 Prozent – 11 M)
24. April 1983: SPÖ (47,60 Prozent – 90 M), ÖVP (43,20 Prozent – 81 M), FPÖ (4,98 Prozent – 12 M)

22 Wirklich unterstützt wurde Kirchschläger von der ÖVP freilich nicht. Hans Mahr, zu dieser Zeit Sprecher des Komitees »Österreicher für Kirchschläger«, hatte sich bitter über die »Mundpropaganda der ÖVP, weiß zu wählen«, beklagt (»profil«, Heft 37/1997).

23 Nachdem es keinen Sinn macht, die rund zwei Dutzend Auslandsreisen aufzulisten, wird im Kapitel über Kirchschläger darauf verzichtet.

24 Eine erschöpfende Chronologie der Kriegsvergangenheit Waldheims kann hier natürlich nicht gegeben werden, an dieser Frage näher Interessierte müssen auf die einschlägige Literatur (z. B. Rosenbaum 1993, 476) verwiesen werden.

25 Bei den Koalitionsverhandlungen war auch die vernünftige Vereinbarung getroffen worden, die Frist zwischen dem ersten und einem möglichen zweiten Wahlgang bei Bundespräsidentenwahlen auf 14 Tage herabzusetzen, umgesetzt wurde diese Vereinbarung allerdings nicht.

26 SPÖ (42,8 Prozent – 80 M), ÖVP (32,1 Prozent – 60 M), FPÖ (16,6 Prozent – 33 M), Grüne (4,8 Prozent – 10 M).

27 Die Schlussfolgerungen der Historikerkommission wurde veröffentlicht in: »profil«, Heft 7/1988.

28 Im »Europäischen Rat« finden sich wenigstens zweimal im Jahr die Staats- und Regierungschefs der EU-Mitgliedsstaaten zusammen, um die großen »Leitlinien« der Politik zu formulieren, nicht aber um irgendwelche Rechtsakte zu setzen. Es handelt sich dabei um eine Art »Gipfelkonferenz«, auf welcher erörtert wird, wie ein Mitgliedsstaat im »Rat der EU«, d. i. der Ministerrat, abzustimmen gedenkt bzw. wie Entscheidungen des »Rates der EU« nationalstaatlich umgesetzt werden sollen. Verbindliches Gemeinschaftsrecht wird hier allerdings nicht geschaffen. In diesem Gremium ist Einstimmigkeit erforderlich. Wenn aber für Österreich anstatt des Bundeskanzlers der Bundespräsident im »Europäischen Rat« auftritt, unterscheidet er sich von seinen Amtskollegen maßgeblich dadurch, dass er weder einen Beschluss des »Rates der EU« umzusetzen vermag noch den einzelnen Bundesministern ihr Abstimmungsverhalten diktieren kann.

29 Schreiben von Klubobmann Peter Kostelka vom 31. Juli 1996 an den Autor.

Die SPÖ unterbreitete den Vorschlag, dass das Recht des Bundespräsidenten, den Nationalrat jederzeit auflösen zu können, entfallen sollte. Ferner vertrat sie die Meinung, dass die Tagungen des Nationalrats nicht mehr vom Bundespräsidenten, sondern vom Nationalratspräsidenten einberufen werden sollten. Schließlich sollten die Anklagebefugnisse des Staatsoberhauptes vor dem Verfassungsgerichtshof der einfachen Mehrheit des Nationalrates bzw. Bundesrates zukommen.

30 Vertreter des verhinderten Bundespräsidenten ist für den Zeitraum von 20 Tagen der Bundeskanzler, ab dem 21. Tag gehen die Funktionen des Bundespräsidenten auf das Kollegium der drei Nationalratspräsidenten über, die auch im Falle einer dauernden Erledigung des Amtes (z. B. Tod des Amtsinhabers) bis zum Amtsantritt des neu gewählten Staatsoberhauptes als »Verweser« fungieren. Die Fragen, was eine »Verhinderung« eigentlich ist und wer zu beurteilen hat, ob der Bundespräsident verhindert ist, standen im Herbst 1996 im Zentrum einschlägiger Diskussionen.

31 Am 9. April löste er Vranitzky auch als Bundesparteivorsitzender der SPÖ ab.

32 Dem Verfasser ist lediglich eine Bemerkung Klestils aus 1993 bekannt, als dieser in Bezug auf Haider feststellte, dass »es zunehmend schwerer (wird), einen Extremismus der Sprache nicht zuzugeben oder nicht zu verurteilen«.

33 Klestil wurde am 1. Oktober 1997 per Bescheid mitgeteilt, dass er als ehemaliger Beamter des Außenamtes »kraft des Gesetztes mit Ablauf des 31. Dezember 1997 in den Ruhestand zu treteten« habe, womit ihm zusätzlich zu seinen Bezügen als Bundespräsident eine Beamtenpension zustand. Klestil, der Anfang Februar 1998 insistierte, dass er nie aktiv um eine Pension angesucht habe, gab schließlich eine Verzichtserklärung ab und forderte ein »Eliminieren des fehlerhaften Gesetzes«.

34 SPÖ: 33,15 Prozent (65 M); FPÖ: 26,91 Prozent (52 M); ÖVP: 26,91 Prozent (52 M), Grüne: 7,40 Prozent (14 M), LIF (3,65 Prozent), DU (1,02 Prozent).

35 Es ist im Rahmen dieses Beitrages aus Platzgründen nicht möglich, alle Stationen der schwierigen Verhandlungen inklusive deren Hintergründe zu rekonstruieren, einige grundsätzliche Bemerkungen zur Chronologie müssen genügen.

36 »... Die Zusammenarbeit der Koalitionsparteien beruht auf einem Bekenntnis zur Mitgliedschaft Österreichs in der Europäischen Union. Die Bundesregierung ist den Grundsätzen der Freiheit, der Demokratie, der Achtung der Menschenrechte und Grundfreiheiten sowie der Rechtsstaatlichkeit verpflichtet. In der Vertiefung der Integration und der Erweiterung der Union liegt auch Österreichs Zukunft ... Die Bundesregierung tritt für Respekt, Toleranz und Verständnis für alle Menschen ein, ungeachtet ihrer Herkunft, Religion oder Weltanschauung ...«

Literatur- und Quellenverzeichnis

Über das Leben und die politische Tätigkeit von Karl Renner (Hannak 1965; Rauscher 1995), Theodor Körner (Kollman 1973) und Adolf Schärf (Stadler 1982a) liegen ausgezeichnete Biografien vor, was Waldheim anlangt, so sind vor allem seine Kriegszeit sowie der Präsidentschaftswahlkampf 1986 und dessen Folgen gut erforscht. Über Jonas und Kirchschläger stehen neben ganz wenigen wissenschaftlich motivierten Aufsätzen nur journalistische Arbeiten zur Verfügung. Mit Ausnahme eines ebenfalls von einem Journalisten verfassten Buches über Klestil (Riedl 1993) existieren über den gegenwärtigen Amtsinhaber (noch) keine einschlägigen Arbeiten, Klestils Präsidentschaft und Wahlkämpfe bzw. dessen Rolle bei der Regierungsbildung nach den Nationalratswahlen 1999 habe ich auf der Grundlage meiner Zeitungs- bzw. Zeitschriftensammlung (hauptsächlich »Standard«, »Presse«, »News«, »Profil« und »Format«) zu rekonstruieren versucht. Für Redentexte und andere Unterlagen habe ich der Präsidentschaftskanzlei zu danken. Renner, Schärf und Waldheim haben – mehr oder weniger brauchbare bzw. vollständige – Memoiren geschrieben, alle Bundespräsidenten – Körner und Jonas ausgenommen – haben, ungeachtet deren Reden, schriftlich zu wesentlichen politischen und gesellschaftlichen Problemen Stellung bezogen. Die relevanten Monografien, Überblicksdarstellungen und Sammelbände über die politische Geschichte der Zweiten Republik fanden in das vorliegende Buch ebenso Eingang wie Aufsätze in wissenschaftlichen Zeitschriften, Redensammlungen und Memoiren abgetretener Spitzenpolitiker.

Ableitinger, Alfred: Die innenpolitische Entwicklung, in: Wolfgang Mantl (Hg.): Politik in Österreich. Die Zweite Republik: Bestand und Wandel, Wien/Köln/Graz 1992, S. 119 ff.

Andics, Hellmut: Der Staat, den keiner wollte. Österreich 1918 bis 1938, Wien 1962.

Andics, Hellmut: Der Fall Otto Habsburg, Wien/München 1965.

Ardelt, Rudolf G.: Sozialdemokratie und bürgerliche Öffentlichkeit. Überlegungen zum Hainfelder Parteitag, in: Isabella Ackerl u. a. (Hg.): Politik und Gesellschaft im alten und neuen Österreich. FS für Rudolf Neck, Wien 1981, S. 214 ff.

Bailer-Galanda, Brigitte/Neugebauer, Wolfgang: Haider und die »Freiheitlichen« in Österreich, Berlin 1997.

Bauer, Otto: Die österreichische Revolution, Wien 1923.

Berchtold, Klaus: Der Bundespräsident. Eine Untersuchung zur Verfassungstheorie und zum österreichischen Verfassungsrecht, Wien/New York 1969.

Bollmus, Reinhard: Staatliche Einheit trotz Zonentrennung. Zur Politik des Staatskanzlers Karl Renner gegenüber den Besatzungsmächten in Österreich im Jahre 1945, in: Ulrich Engelhardt u. a. (Hg.): Soziale Bewegung und politische Verfassung, Stuttgart 1976, S. 677 ff.

Born, Hans-Peter: Für die Richtigkeit – Kurt Waldheim, München 1988.

Botz, Gerhard: Theodor Körner, in: Friedrich Weissensteiner (Hg.): Die österreichischen Bundespräsidenten. Leben und Werk, Wien 1982, S. 162 ff.

Braunthal, Julius: The tragedy of Austria, London 1948.

Brook-Shepherd, Gordon: Österreich. Eine tausendjährige Geschichte, München 2000.

Bruckmüller, Ernst: Hermann Withalm, in: Herbert Dachs/Peter Gerlich/Wolfgang C. Müller (Hg.): Die Politiker. Karrieren und Wirken bedeutender Repräsentanten der Zweiten Republik, Wien 1995, S. 613 ff.

Brügel, Ludwig: Geschichte der österreichischen Sozialdemokratie (5 Bände), Wien 1922 ff.

Brusatti, Alois/Heindl, Gottfried (Hg.): Julius Raab. Eine Biografie in Einzeldarstellungen, Linz o. J.

Csendes, Peter: Wien in der zweiten Hälfte des 20. Jahrhunderts. Von der zerstörten Stadt zur internationalen Metropole, in: Josef Rauchenberger (Hg.): Stichwort Demokratie. 50 Jahre Zeitgeschehen, Wien 1994, S. 37 ff.

Dachs, Herbert/Gerlich, Peter/Müller, Wolfgang C. (Hg.): Die Politiker. Karrieren und Wirken bedeutender Repräsentanten der Zweiten Republik, Wien 1995.

Dachs, Herbert: Von der »Sanierungspartnerschaft« zur konfliktgeladenen Unübersichtlichkeit. Über politische Entwicklungen und Verschiebungen während der Großen Koalition 1986 bis 1994, in: Reinhard Sieder/Heinz Steinert/Emmerich Tálos (Hg.): Österreich 1945–1995, Wien 1995, S. 290 ff.

Dachs, Herbert u. a. (Hg.): Handbuch des politischen Systems Österreichs. Die Zweite Republik (3., erweiterte und völlig neu bearbeitete Auflage), Wien 1997.

Dickinger, Christian: Die »Dritte Republik«. Freiheitliche »Reformvorschläge« auf dem Wege zu einer autoritären Präsidialrepublik, in: SWS-Rundschau, Heft 4/1996, S. 367 ff.

Dickinger, Christian: Die Macht des Bundespräsidenten, in: Die Zukunft, Heft 8/1997, S. 13 ff.

Dickinger, Christian: Das österreichische Staatsoberhaupt. Geschichte – Verfassung – Amtsverständnis – Entwicklungsperspektiven, in: SWS-Rundschau, Heft 3/1998, S. 345 ff.

Dickinger, Christian: Der Bundespräsident im politischen System Österreichs, Innsbruck/Wien 1999a.

Dickinger, Christian: »Zampano tritt auf!« Bruno Kreisky und die Medien: eine Spurensuche, in: Medien & Zeit, Heft 3/1999b, S. 26 ff.

Dickinger, Christian: Der Kreisky-Androsch-Konflikt. Versuch einer Annäherung (i. V.).

Die österreichischen Bundespräsidenten (Österreich-Reihe 198/200), Wien 1963.

Dokumentationsarchiv des österreichischen Widerstandes (Hg.): Handbuch des österreichischen Rechtsextremismus, Wien 1993.

Drimmel, Heinrich: Gott erhalte, Wien 1976.

Drimmel, Heinrich: Die Antipoden. Die Neue Welt in den USA und das Österreich vor 1918, Wien 1984.

Duczynska, Illona: Der demokratische Bolschewik. Zur Theorie und Praxis der Gewalt. München.

Duczynska, Illona (Hg.): Theodor Körner. Auf Vorposten. Ausgewählte Schriften 1928–1938, Wien 1977.

Dusek, Peter/Pelinka, Anton/Weinzierl, Erika: Zeitgeschichte im Aufriss, Wien 1988.

Eger, Reiner: Krisen an Österreichs Grenzen. Das Verhalten Österreichs während des Ungarnaufstandes 1956 und der tschechoslowakischen Krise 1968. Ein Vergleich, Wien/München 1981.

Ellenbogen, Wilhelm: Menschen und Prinzipien. Erinnerungen, Urteile und Reflexionen eines kritischen Sozialdemokraten, Wien/Köln/Graz 1981.

Embacher, Helga/Reiter, Margit: Die 2. Republik und ihr Umgang mit der NS-Vergangenheit am Beispiel der Beziehungen zwischen Österreich und Israel, in: ÖZP, Heft 1/1995, S. 53 ff.

Ermacora, Felix: Die Watchlist-Entscheidung der USA gegen Kurt Waldheim im Lichte des Völkerrechts und allgemeiner Rechtsgrundsätze, in: Andreas Khol/Gerhard Ofner/Alfred Stirnemann (Hg.): Österreichisches Jahrbuch für Politik '87, München/Wien 1988, S. 213 ff.

Feltl, Gerhard/Semrau, Eugen: Persönlichkeit und Image. Gründe und Hintergründe der Wahl von Thomas Klestil zum österreichischen Bundespräsidenten, in: Andreas Khol/Gerhard Ofner/Alfred Stirnemann (Hg.): Österreichisches Jahrbuch für Politik '92, München/Wien 1993, S. 287 ff.

Fischer, Heinz (Hg.): Einer im Vordergrund: Taras Borodajkewycz, Wien 1966.

Fischer, Heinz (Hg.): Karl Renner. Portrait einer Evolution, Wien/Frankfurt/Zürich 1970.

Fischer, Heinz: Die Kreisky-Jahre 1967–1983, Wien 1993.

Fischer, Heinz: Reflexionen, Wien 1998.

Gehler, Michael/Sickinger, Hubert (Hg.): Politische Skandale und Affären in Österreich. Von Mayerling bis Waldheim, Thaur/Wien/München 1995.

Gehler, Michael: »... eine grotesk überzogene Dämonisierung eines Mannes ...«, in: Michael Gehler/Hubert Sickinger (Hg.): Politische Skandale und Affären in Österreich. Von Mayerling bis Waldheim, Thaur/Wien/München 1995, S. 614 ff.

Gerlich, Peter: Theodor Körner, in: Herbert Dachs/Peter Gerlich/Wolfgang C. Müller (Hg.): Die Politiker. Karrieren und Wirken bedeutender Repräsentanten der Zweiten Republik, Wien 1995, S. 307 ff.

Gerlich, Peter (Hg.): Österreichs Nachbarstaaten. Innen- und außenpolitische Perspektiven, Wien 1997.

Glaise-Horstenau, Edmund: Die Katastrophe. Die Zertrümmerung Österreich-Ungarns und das Werden der Nachfolgestaaten, Wien 1929.

Goldinger, Walter: Karl Renner (1870–1950), in: Hugo Hantsch (Hg.): Gestalter der Geschicke Österreichs, Innsbruck/Wien/München 1962, S. 625 ff.

Goldinger, Walter/Binder, Dieter A.: Geschichte der Republik Österreich 1918–1938, Wien/München 1992.

Gruber, Karl: Zwischen Befreiung und Freiheit. Der Sonderfall Österreich, Wien 1953.

Gruber, Karl: Meine Partei ist Österreich. Privates und Diplomatisches, Wien 1988.

Gruber, Karl u. a. (Hg.): Wir über Waldheim, Wien/Köln/Weimar 1992.

Gulick, Charles: Österreich von Habsburg zu Hitler (Band II), Wien 1948.
Gutkas, Karl: Die zweite Republik Österreich 1945–1985, Wien 1985.
Gutschner, Peter: Franz Jonas, in: Herbert Dachs/Peter Gerlich/Wolfgang C. Müller (Hg.): Die Politiker. Karrieren und Wirken bedeutender Repräsentanten der Zweiten Republik, Wien 1995, S. 250 ff.
Hanisch, Ernst: Der lange Schatten des Staates, Österreichische Gesellschaftsgeschichte im 20. Jahrhundert, Wien 1994.
Hannak, Jacques: Karl Renner und seine Zeit. Versuch einer Biografie, Wien 1965.
Hannak, Jacques: Adolf Schärf – Oskar Helmer, in: Walter Pollack (Hg.): Tausend Jahre Österreich. Eine biografische Chronik (3 Bände), hier Band 3: Der Parlamentarismus und die beiden Republiken, Wien o. J., S. 450 ff.
Hantsch, Hugo (Hg.): Gestalter der Geschicke Österreichs, Innsbruck/Wien/München 1962.
Harpprecht, Klaus: Am Ende der Gemütlichkeit. Ein österreichisches Tagebuch, München 1989.
Hartmann, Jürgen/Kempf, Udo: Österreich, in: dies.: Staatsoberhäupter in westlichen Demokratien. Strukturen, Funktionen und Probleme des »höchsten Amtes«, Opladen 1989, S. 157 ff.
Hautmann, Hans/Kropf, Rudolf: Die österreichische Arbeiterbewegung vom Vormärz bis 1945, Wien 1974.
Heindl, Gottfried: Die letzten Lebensjahre Julius Raabs, in: Alois Brusatti/Gottfried Heindl (Hg.): Julius Raab. Eine Biografie in Einzeldarstellungen, Linz o. J., S. 357 ff.
Helmer, Oskar: 50 Jahre erlebte Geschichte, Wien 1957.
Herzstein, Edwin: Waldheim. The Missing Years, New York 1988.
Höbelt, Lothar: Die Bundespräsidenten-Wahlen in der Ersten und Zweiten Republik, Wien 1986.
Höbelt, Lothar: Von der vierten Partei zur dritten Kraft. Die Geschichte des VdU, Graz 1999.
Holtmann, Everhard: Zwischen Unterdrückung und Befriedung. Sozialistische Arbeiterbewegung und autoritäres Regime in Österreich 1933–1938, Wien 1978.
Hoor, Ernst: Österreich 1918–1938. Staat ohne Nation. Republik ohne Republikaner, Wien/München 1966.
Horvath, Elisabeth: Ära oder Episode. Das Phänomen Bruno Kreisky, Wien 1989.

Jagschitz, Gerhard: Theorie und Praxis des österreichischen Ständestaates, in: Leopold Rettinger u. a. (Hg.): Zeitgeschichte, Wien 1982.
Jaminsky, Borys: Der Weg in die Hofburg. Dr. Rudolf Kirchschläger, Wien 1975.
Jedlicka, Ludwig: Ein Heer im Schatten der Parteien. Die militärpolitische Lage Österreichs 1918–1938, Graz 1955.
Jedlicka, Ludwig: Dr. h. c. Theodor Körner, in: ders., Vom alten zum neuen Österreich. Fallstudien zur österreichischen Zeitgeschichte 1900–1975, St. Pölten 1977, S. 170 ff.
Jochum, Manfred: Die Zweite Republik in Dokumenten und Bildern, Wien 1982.
Journal für Rechtspolitik (H. 5/1998).
Kaltefleiter, Werner: Die Funktionen des Staatsoberhaupts in der parlamentarischen Demokratie, Köln/Opladen 1970.
Kammer für Arbeiter und Angestellte für Wien (Hg.): Die Zeit der großen Visionen ist niemals vorbei. Reden von Bundespräsident Franz Jonas, Wien 1974.
Karas, Othmar (Hg.): Die Lehre. Österreich: Schicksalslinien einer europäischen Demokratie, Wien 1988.
Kaufmann, Fritz: Sozialdemokratie in Österreich. Idee und Geschichte einer Partei von 1889 bis zur Gegenwart, Wien/Müchen 1978.
Kelsen, Hans: Vom Wesen und Wert der Demokratie, Tübingen 1929.
Khol, Andreas: Die Kampagne gegen Waldheim – Internationale und nationale Hintergründe, in: ders./Gerhard Ofner/Alfred Stirnemann (Hg.): Österreichisches Jahrbuch für Politik '86, München/Wien 1987, S. 97 ff.
Khol, Andreas/Faulhaber, Theodor/Ofner, Günther (Hg.): Die Kampagne. Kurt Waldheim – Opfer oder Täter?, München/Berlin 1987.
Kirchschläger, Rudolf: Der Friede beginnt im eigenen Haus. Gedanken über Österreich, Wien u. a. 1980.
Kirchschläger, Rudolf: Integration und Neutralität, in: Erich Bielka/Peter Jankowitsch/Hans Thalberg (Hg.): Die Ära Kreisky. Schwerpunkte der österreichischen Außenpolitik, Wien 1983, S. 61 ff.
Kirchschläger, Rudolf: Zwölf Jahre im Amt des Bundespräsidenten – ein Rückblick, in: Bernd-Christian Funk u. a. (Hg.): Staatsrecht und Staatswissenschaften in Zeiten des Wandels. Festschrift für Ludwig Adamovich, Wien/New York 1992, S. 202 ff.
Klaus, Josef: Macht und Ohnmacht in Österreich. Konfrontationen und Versuche, Wien 1971.

Kleindel, Walter: Österreich. Daten zur Geschichte und Kultur, Wien 1995.

Klestil, Thomas: Themen meines Lebens. Österreich auf dem Weg ins nächste Jahrtausend, Graz 1997.

Koja, Friedrich: Die Stellung des Bundespräsidenten in der Verfassung. Seine politische Funktion, in: Friedrich Weissensteiner (Hg.): Die österreichischen Bundespräsidenten. Leben und Werk, Wien 1982, S. 9 ff.

Koja, Friedrich: Wer vertritt die Republik nach außen?, in: Juristische Blätter, Heft 10/1993, S. 622 ff.

Koja, Friedrich: Die rechtlichen und politischen Möglichkeiten des Bundespräsidenten bei der Ernennung der Bundesregierung, in: Journal für Rechtspolitik, Heft 3/1994, S. 175 ff.

Kollman, Eric C.: Theodor Körner. Militär und Politik, Wien 1973.

Kollman, Eric C.: Theodor Körner, in: Walter Pollack (Hg.): Tausend Jahre Österreich. Eine biografische Chronik (3 Bände), hier Band 3: Der Parlamentarismus und die beiden Republiken, Wien o. J., S. 443 ff.

Konrad, Helmut/Lechner, Manfred: Millionenverwechslung. Franz Olah. Die Kronen Zeitung. Geheimdienste, Wien/Köln/Weimar 1992.

Koref, Ernst: Die Gezeiten meines Lebens, Wien/München 1980.

Körner, Theodor: Denkschrift über das Heerwesen der Republik (herausgegeben vom Militärverband der Republik Österreich), Wien 1924.

Körner, Theodor: Zwei Monate Aufbauarbeit in Wien, in: Sozialistische Hefte, Heft 2/1945.

Kramer, Helmut: Strukturentwicklung der Außenpolitik (1945–1996), in: Herbert Dachs u. a. (Hg.): Handbuch des politischen Systems Österreichs. Die Zweite Republik (3., erweiterte und völlig neu bearbeitete Auflage), Wien 1997, S. 715 ff.

Kreisky, Bruno: Theodor Körner, in: Norbert Leser (Hg.): Werk und Widerhall. Große Gestalten des Sozialismus, Wien 1964, S. 227 ff.

Kreisky, Bruno: Franz Jonas, in: Walter Pollack (Hg.): Tausend Jahre Österreich. Eine biografische Chronik (3 Bände), hier Band 3: Der Parlamentarismus und die beiden Republiken, Wien o. J., S. 476 ff.

Kreisky, Bruno: Reden (2 Bände), Wien 1981.

Kreisky, Bruno: Bruno Pittermann, in: Heinz Fischer/Leopold Gratz (Hg.): Bruno Pittermann. Ein Leben für die Sozialdemokratie, Wien 1985.

Kreisky, Bruno: Zwischen den Zeiten. Erinnerungen aus fünf Jahrzehnten, Wien 1986.

Kreisky, Bruno: Im Strom der Politik. Erfahrungen eines Europäers, Berlin 1988.

Kreisky, Bruno: Der Mensch im Mittelpunkt. Der Memoiren dritter Teil (herausgegeben von Oliver Rathkolb, Johannes Kunz und Margit Schmidt), Wien 1996.

Kreuzer, Franz: Dr. Adolf Schärf. Ein Bundespräsident für alle Österreicher, Wien 1963.

Kreuzer, Franz: Franz Jonas. Der Weg des Bundespräsidenten, Wien 1965.

Kreuzer, Franz: Ein Leben für Österreich – Franz Jonas, Wien/München 1969.

Kreuzer, Franz: Franz Jonas. Sein Weg und Wirken. Zum 70. Geburtstag unseres Bundespräsidenten, Wien 1969.

Kreuzer, Franz: Was wir ersehnen von der Zukunft Fernen. Der Ursprung der österreichischen Arbeiterbewegung. Das Zeitalter Victor Adlers, Wien 1988.

Kriechbaumer, Robert: Österreichs Innenpolitik 1970–1975, München/Wien 1981.

Kriechbaumer, Robert (Hg.): Die Transformation der österreichischen Gesellschaft und die Alleinregierung von Bundeskanzler Dr. Josef Klaus, Salzburg 1995.

Kunschak, Leopold: Österreich 1914–1934, Wien 1934.

Kunz, Johannes: Erinnerungen. Johannes Kunz im Gespräch mit Prominenten (3 Bände), Wien 1989, 1991 und 1994.

Lehner, Oskar: Österreichische Verfassungs- und Verwaltungsgeschichte mit Grundzügen der Wirtschafts- und Sozialgeschichte, Linz 1992.

Leitner, Thea: Körner aus der Nähe. Ein Lebensbild, Wien 1952.

Leitner, Thea/Kreuzer, Franz: Das Buch vom Dr. Schärf, Wien o. J. (= 1957).

Lendvai, Paul/Ritschel, Karl Heinz: Kreisky. Porträt eines Staatsmannes, Wien 1972.

Leser, Norbert (Hg.): Werk und Widerhall. Große Gestalten des Sozialismus, Wien 1964.

Leser, Norbert: Zwischen Reformismus und Bolschewismus. Der Austromarxismus als Theorie und Praxis, Wien 1968.

Leser, Norbert: Karl Renner, in: Walter Pollack (Hg.): Tausend Jahre Österreich. Eine biografische Chronik (3 Bände), hier Band 3: Der Parlamentarismus und die beiden Republiken, Wien o. J., S. 217 ff.

Leser, Norbert: Karl Renner, in: Friedrich Weissensteiner (Hg.): Die

österreichischen Bundespräsidenten. Leben und Werk, Wien 1982, S. 122 ff.
Leser, Norbert: Bilanz der Ära Waldheim, in: Karl Gruber u. a. (Hg.): Wir über Waldheim, Wien/Köln/Weimar 1992, S. 93 ff.
Liegl, Barbara: Das Liberale Forum, in: Herbert Dachs u. a. (Hg.): Handbuch des politischen Systems Österreichs. Die Zweite Republik (3., erweiterte und völlig neu bearbeitete Auflage), Wien 1997, S. 315 ff.
Maderthaner, Wolfgang: Die Sozialdemokratie, in: Emmerich Tálos u. a. (Hg.): Handbuch des politischen Systems Österreichs. Erste Republik 1918–1933, Wien 1995, S. 177 ff.
Mantl, Wolfgang (Hg.): Politik in Österreich. Die Zweite Republik: Bestand und Wandel, Wien/Köln/Graz 1992.
Mapother, John: Wie man auf die Watchlist kommt. Eine wahre Geschichte aus Amerika, Wien 1997.
Mayer, Heinz: Die »Verhinderung« des Bundespräsidenten, in: Heinz Schäffer (Hg.): Staat – Verfassung – Verwaltung. Festschrift für Friedrich Koja, Wien 1998, S. 303 ff.
Meissl, Sebastian/Mulley Klaus-Dieter/Rathkolb, Oliver (Hg.): Verdrängte Schuld – verfehlte Sühne. Entnazifizierung in Österreich 1945–1955, Wien 1986.
Migsch, Alfred: Adolf Schärf in seiner Zeit, Wien 1965.
Mitten, Richard H.: Politics of Antisemitics Prejudice. The Waldheim Phenomenon in Austria, Boulder 1992.
Mock, Alois: Rudolf Kirchschläger. Mensch und Staatsmann, in: Alois Mock/Herbert Schambeck (Hg.): Verantwortung in unserer Zeit. Festschrift für Rudolf Kirchschläger, Wien 1990, S. 167 ff.
Molden, Fritz: Besetzer, Toren, Biedermänner. Ein Bericht aus Österreich 1945–1962, Wien 1980.
Mommsen-Reindl, Margareta: Die österreichische Proporzdemokratie und der Fall Habsburg, Wien/Graz 1976.
Müller, Wolfgang C.: SPÖ und große Koalition. Zur innerparteilichen Begründung und Diskussion der Regierungsbeteiligung (1945–1966), in: Peter Pelinka/Gerhard Steger (Hg.): Auf dem Weg zur Staatspartei. Zu Geschichte und Politik der SPÖ seit 1945, Wien 1988, S. 23 ff.
Müller, Wolfgang C.: Adolf Schärf, in: Herbert Dachs/Peter Gerlich/Wolfgang C. Müller (Hg.): Die Politiker. Karrieren und Wirken bedeutender Repräsentanten der Zweiten Republik, Wien 1995b, S. 502 ff.
Müller, Wolfgang C.: Österreich: Festgefügte Koalitionen und stabile Regierungen, in: Wolfgang C. Müller/Kaare Strom (Hg.): Koalitionsregie-

rungen in Westeuropa. Bildung, Arbeitsweise und Beendigung, Wien 1997, S. 109 ff.

Nasko, Siegfried: Karl Renner. Vom Bauernsohn zum Bundespräsidenten, in: Katalog Dr.-Karl-Renner-Museum (Gloggnitz/NÖ), Wien 1981, S. 21 ff.

Nasko, Siegfried (Hg.): Karl Renner in Dokumenten und Erinnerungen, Wien 1982.

Nasko, Siegfried: Karl Renner, in: Friedrich Weissensteiner/Erika Weinzierl (Hg.): Die österreichischen Bundeskanzler, Wien 1983, S. 24 ff und S. 240 ff.

Österreichische Parlamentarische Gesellschaft (Hg.): 75 Jahre Bundesverfassung, Wien 1995.

Palme, Liselotte: Androsch. Ein Leben zwischen Geld und Macht, Wien 1999.

Parlamentsdirektion der Republik Österreich (Hg.): Das österreichische Parlament, Wien 1984.

Pelinka, Anton/Weinzierl, Erika (Hg.): Das große Tabu. Österreichs Umgang mit seiner Vergangenheit, Wien 1987.

Pelinka, Anton: Karl Renner zur Einführung, Hamburg 1989.

Pelinka, Anton: Zur österreichischen Identität, Wien 1990.

Pelinka, Anton: Die kleine Koalition. SPÖ – FPÖ 1983–1986, Wien 1993.

Pelinka, Anton: Karl Renner, in: Herbert Dachs/Peter Gerlich/Wolfgang C. Müller (Hg.): Die Politiker. Karrieren und Wirken bedeutender Repräsentanten der Zweiten Republik, Wien 1995a, S. 485 ff.

Pelinka, Anton: Kurt Waldheim, in: Herbert Dachs/Peter Gerlich/Wolfgang C. Müller (Hg.): Die Politiker. Karrieren und Wirken bedeutender Repräsentanten der Zweiten Republik, Wien 1995b, S. 586 ff.

Pelinka, Peter/Steger, Gerhard (Hg.): Auf dem Weg zur Staatspartei. Zu Geschichte und Politik der SPÖ seit 1945, Wien 1988.

Pelinka, Peter: Österreichs Kanzler. Von Leopold Figl bis Wolfgang Schüssel, Wien 2000.

Pick, Hella: Und welche Rolle spielt Österreich? Vom besetzten Grenzland zum offenen EU-Staat: die Alpenrepublik im internationalen Blickfeld, Wien 1999.

Pollack, Walter (Hg.): Tausend Jahre Österreich. Eine biografische Chronik (3 Bände), hier Band 3: Der Parlamentarismus und die beiden Republiken, Wien o. J.

Pollak, Walter: Sozialismus in Österreich. Von der Donaumonarchie bis zur Ära Kreisky, Wien/Düsseldorf 1979.

Portisch, Hugo: Österreich II. (3 Bände), Wien 1985, 1986 und 1996.
Portisch, Hugo: Österreich I. Die unterschätzte Republik, Wien 1989.
Rauchensteiner, Manfried: Die Zwei. Die große Koalition in Österreich 1945–1966, Wien 1987.
Rauchensteiner, Manfried: Der Tod des Doppeladlers. Österreich-Ungarn und der Erste Weltkrieg, Graz/Wien/Köln 1993.
Rauchensteiner, Manfried: Der Sonderfall. Die Besatzungszeit in Österreich 1945 bis 1955, Graz/Wien/Köln 1995.
Rauscher, Walter: Karl Renner. Ein österreichischer Mythos, Wien 1995.
Reichhold, Ludwig: Geschichte der ÖVP, Graz/Wien/Köln 1975.
Reichhold, Ludwig: Julius Raab als Parteiobmann, in: Alois Brusatti/Gottfried Heindl (Hg.): Julius Raab. Eine Biografie in Einzeldarstellungen, Linz o. J., S. 201 ff.
Reimann, Viktor: Die Dritte Kraft in Österreich, Wien u. a. 1980.
Reiter, Margit: Konstruktion(en) der Vergangenheit. Am Beispiel der Reden von Bundespräsident Klestil und FPÖ-Obmann Haider zum 50. Geburtstag der Republik Österreich, in: Zeitgeschichte, Heft 11/12/1997, S. 388 ff.
Renner, Karl: Denkschrift über die Geschichte der Unabhängigkeitserklärung Österreichs und die Einsetzung der provisorischen Regierung der Republik, Wien 1945.
Renner, Karl: An der Wende zweier Zeiten. Lebenserinnerungen, Wien 1946.
Renner, Karl: Reden. Für Recht und Frieden. Eine Auswahl der Reden des Bundespräsidenten Dr. Karl Renner (herausgegeben von der Österreichischen Bundesregierung), Wien 1950.
Renner, Karl: Österreich von der Ersten zur Zweiten Republik, Wien 1953.
Rieder, Heinz: Kaiser Karl. Der letzte Monarch Österreich-Ungarns, München 1981.
Riedl, Joachim: Thomas Klestil. Macht braucht Kontrolle, Wien 1993.
Ritschel, Karl Heinz (Hg.): Dr. h. c. Franz Jonas. Für Freiheit und Gerechtigkeit. Aus den Reden des Bürgermeisters von Wien und Bundespräsidenten von Österreich, Wien 1967.
Rosenbaum, Eli: Betrayal. The untold story of the Kurt Waldheim. Investigation and cover-up, New York 1993.
Schaller, Christian: Österreichs Weg in die Europäische Union – E(W)G/EU-Diskurs in Österreich, in: Herbert Dachs u. a. (Hg.): Handbuch des politischen Systems Österreichs. Die Zweite Republik (3., erweiterte und völlig neu bearbeitete Auflage), Wien 1997, S. 53 ff.

Schambeck, Herbert: Zum Amtsverständnis des österreichischen Bundespräsidenten, in: Alois Mock/Herbert Schambeck (Hg.): Verantwortung in unserer Zeit. Festschrift für Rudolf Kirchschläger, Wien 1990, S. 181 ff.
Schärf, Adolf: Der Bundespräsident. Eine politische Studie (Denkschrift), o. O. 1947.
Schärf, Adolf: April 1945 in Wien, Wien 1948.
Schärf, Adolf: Zwischen Demokratie und Volksdemokratie, Wien 1950.
Schärf, Adolf: Österreichs Erneuerung 1945–1955, Wien 1955.
Schärf, Adolf: Österreich wieder in Freiheit 1955–1957 (Manuskript aus dem Nachlass), 1961.
Schärf, Adolf: Erinnerungen aus meinem Leben, Wien 1963.
Schärf, Adolf: Der Teil und das Ganze, Wien 1965.
Schausberger, Norbert: Franz Jonas, in: Friedrich Weissensteiner (Hg.): Die österreichischen Bundespräsidenten. Leben und Werk, Wien 1982, S. 258 ff.
Schenz, Marco: Bundespräsident Rudolf Kirchschläger, Wien 1984.
Schroth, Hans: Karl Renner. Eine Bibliografie, Wien/Frankfurt/Zürich 1970.
Sieder, Reinhard/Steinert, Heinz/Tálos, Emmerich (Hg.): Österreich 1945–1995. Politik. Gesellschaft. Kultur, Wien 1995.
Schiffkorn, Aldemar: Bundespräsidentenwahl, in: Heribert Forstner u. a. (Hg.): Oberösterreicher (Band 4). Landeshauptmann Heinrich Gleißner, Linz 1985, S. 234 ff.
Seipel, Ignaz: Der Kampf um die österreichische Verfassung, Wien 1930.
Spitzmüller, Alexander: ... und hat auch Ursach, es zu lieben, Wien 1955.
Stadler, Karl R.: Adolf Schärf. Mensch, Politiker, Staatsmann, Wien/München/Zürich 1982a.
Stadler, Karl R.: Adolf Schärf, in: Friedrich Weissensteiner (Hg.): Die österreichischen Bundespräsidenten. Leben und Werk, Wien 1982, S. 208 ff.
Steininger, Rolf/Gehler, Michael (Hg.): Österreich im 20. Jahrhundert. Vom Zweiten Weltkrieg bis zur Gegenwart (2 Bände), Wien 1997.
Steininger, Rolf: Südtirol 1918–1999, Innsbruck/Wien 1999.
Stenografische Protokolle der Bundesversammlungen der Republik Österreich.
Stourzh, Gerald: Um Einheit und Freiheit. Staatsvertrag, Neutralität und das Ende der Ost-West-Besetzung Österreichs 1945–1955, Wien/Graz 1998.

Swoboda, Wilhelm: Die Partei, die Republik und der Mann mit den vielen Gesichtern. Oskar Helmer und Österreich II. Eine Korrektur, Wien 1993.

Tálos, Emmerich/Neugebauer, Wolfgang (Hg.): »Austrofaschismus«. Beiträge über Politik, Ökonomie und Kultur 1934–1938, Wien 1988.

Tálos, Emmerich/Hanisch, Ernst/Neugebauer, Wolfgang (Hg.): NS-Herrschaft in Österreich 1938–1945, Wien 1988.

Tálos, Emmerich u. a. (Hg.): Handbuch des politischen Systems Österreichs. Erste Republik 1918–1933, Wien 1995.

Tončić-Sorinj: Erfüllte Träume, Wien/München 1982.

Trost, Ernst: Figl von Österreich, Wien/München/Zürich 1972.

Unfried, Berthold: Versionen der Erinnerung an Nationalsozialismus und Krieg in Österreich und ihre Veränderungen in der Waldheim-Debatte, in: Zeitgeschichte, Heft 9/10/1997, S. 302 ff.

Verosta, Stephan: Rudolf Kirchschläger, in: Friedrich Weissensteiner (Hg.): Die österreichischen Bundespräsidenten. Leben und Werk, Wien 1982, S. 314 ff.

Vocelka, Karl: Wiens Trümmerjahre, Wien/München 1985.

Vodopivec, Alexander: Wer regiert in Österreich, Wien 1960.

Vodopivec, Alexander: Der verspielte Ballhausplatz. Vom schwarzen zum roten Österreich, Wien 1978.

Vranitzky, Franz: Im Gespräch mit Armin Thurnher, Frankfurt am Main 1992.

Waldheim, Kurt: Der österreichische Weg, Wien/München/Zürich 1971.

Waldheim, Kurt: Im Glaspalast der Weltpolitik, Düsseldorf 1985.

Waldheim, Kurt: Worauf es mir ankommt (herausgegeben von Hans Sassmann), Graz 1992.

Waldheim, Kurt: Die Antwort, München 1996.

Weinzierl, Erika/Skalnik, Kurt (Hg.): Österreich. Die Zweite Republik (2 Bände), Graz/Wien/Köln 1972.

Weinzierl, Erika/Skalnik, Kurt (Hg.): Österreich 1918–1938. Geschichte der Ersten Republik, Graz/Wien/Köln 1983.

Weinzierl, Erika: Die Vor- und Frühgeschichte der Zweiten Republik, in: Wolfgang Mantl (Hg.): Politik in Österreich. Die Zweite Republik: Bestand und Wandel, Wien/Köln/Graz 1992, S. 83 ff.

Weissensteiner, Friedrich (Hg.): Die österreichischen Bundespräsidenten. Leben und Werk, Wien 1982.

Weissensteiner, Friedrich/Weinzierl, Erika (Hg.): Die österreichischen Bundeskanzler, Wien 1983.

Welan, Manfried: Das österreichische Staatsoberhaupt, Wien 1986.
Welan, Manfried: Kurt Waldheim, in: Ergänzungsheft zu: Friedrich Weissensteiner (Hg.): Die österreichischen Bundespräsidenten. Leben und Werk, Wien 1982 bzw. 1987, S. 4 ff.
Welan, Manfried: Der Bundespräsident. Kein Kaiser in der Republik, Wien/Köln/Graz 1992.
Welan, Manfried: Rudolf Kirchschläger, in: Herbert Dachs/Peter Gerlich/Wolfgang C. Müller (Hg.): Die Politiker. Karrieren und Wirken bedeutender Repräsentanten der Zweiten Republik, Wien 1995, S. 289 ff.
Welan, Manfried: Das österreichische Staatsoberhaupt. Aufwertung oder Abwertung?, Wien 1997.
Withalm, Hermann: Aufzeichnungen, Graz/Wien/Köln 1973.
Withalm, Hermann: Antworten, Graz/Wien/Köln 1974.
Wodak, Ruth u. a.: »Wir sind alle unschuldige Täter!« Diskurshistorische Studien zum Nachkriegsantisemitismus, Frankfurt am Main 1990.
Ziegler, Senta: Österreichs First Ladies. Von Luise Renner bis Margot Klestil-Löffler, Wien 1999.
Zipperer, Ernst: Das war Bundespräsident Dr. Adolf Schärf, Wien 1965.

Bildnachweis:
Bildarchiv der Österreichischen Nationalbibliothek: S. 9, 45, 69
Pressefoto Votava: S. 127, 155, 185